마인드셋

MINDSET : The New Psychology of Success

MINDSET

스탠퍼드 인간 성장 프로젝트

마인드셋

"세상은 배우려는 자와 배우지 않으려는 자로 나뉜다!"

캐럴 드웩 지음 | 김준수 옮김

SUCCESS

스몰빅라이프 SMALLBIG LIFE

한국의 독자 여러분께

아마 여러분도 한번쯤, 궁금하셨던 적이 있을 겁니다.

"왜 어떤 사람은 아무리 어려운 일에도 기꺼이 도전하는 반면, 자신의 안전지대에서 벗어나지 않고 그저 머무르려는 사람도 있는 걸까? 왜 어떤 사람은 실패를 딛고 올라서는데, 어떤 사람은 실패를 겪으면 포기하고 주저앉아 버리는 걸까?"

저는 수십 년 동안 이런 질문들에 답하기 위해 노력해 왔고, 스탠퍼드대학의 제 연구진과 함께 그 이유를 밝히기 위한 연구를 계속했습니다. 그러다 마침내 어느 날, 우리는 사람들이 가진 두가지의 마음가짐(mindset), 즉 '고정 마인드셋(Fixed mindset)'과 '성장 마인드셋(Growth mindset)'을 발견하게 됐습니다.

우리 연구진이 발견한 바에 의하면, 사람들이 고정 마인드셋 상태에 있을 때는 자신의 재능과 능력이 '불변하고 고정되어 있는 자질'이라고 믿게 됩니다. 즉, 자신의 자질은 한정되어 있고 언제나 그대로일 것이라고 생각하는 것이죠. 따라서 '아무리 노력한다 해도 자질을 바꿀 수 없다'고 여기는 겁니다. 연구 결과 우리는 그 마인드셋이 사람들의 성공을 제한한다는 점을 알 수 있었습니다.

고정 마인드셋은 사람들로 하여금 도전과 실패를 두려워하게 만듭니다.

왜냐하면 도전과 실패는 자신의 능력이 가진 결함을 드러낼 것이고, 고정 마인드셋을 가진 사람들은 이 결함이 영구적이라고 여기기 때문입니다. 아무리 노력해도 고칠 수 없는 결함이므로 감추고 숨겨야 하는 것이죠.

하지만 성장 마인드셋을 가졌을 때 사람들은, 자신의 재능과 능력이 '발전될 수 있다'고 믿습니다. '부단한 노력, 훌륭한 전략, 그리고 다른 사람들의 지원과 도움을 통해 현재의 능력 수준을 높일 수 있다'고, 즉 '누구나 자신의 재능을 성장시킬 수 있다'고 믿는 겁니다. 이런 신념은 아주 대단한 효과를 발휘할 수 있습니다. 도전이 능력을 키워준다고 믿으면 사람들은 위험을 무릅쓰면서 도전에 나서게 됩니다. 또한 실패로부터 회복하는 속도도 빨라집니다. 실패했다고 해서 미래의 잠재력까지 폄하되지는 않으며, 오히려 미래의 성공을 위한 디딤돌이 되기 때문인 것이죠.

사람들이 자신의 성공과 잠재력 발현에 마인드셋이 끼치는 강력한 영향력을 이해하도록 돕기 위해, 저는 오랜 연구에 기초해 이 책, 《마인드셋》을 집필했고 2006년에 세상에 내놓았습니다. 이 책이 출간된 이래 수백만 명이 《마인드셋》을 읽었으며, 그동안 전 세계의 양육, 교육, 비즈니스와 스포츠 분야에 지대한 영향을 끼쳤습니다.

또한 우리의 성장 마인드셋을 교육 원칙으로 삼은 수많은 학교들이 설립됐고, 마이크로소프트를 비롯한 다수의 기업이 성장 마인드셋을 기업의 동력이자 문화로 받아들였습니다. 또 성장 마인드셋을 이용해 한데 뭉치고 승리에 이르는 데 성공한 스포츠 팀들(농구, 야구, 축구, 미식축구 등)도 부지기수입니다.

부모들도 자녀를 칭찬할 때 고정 마인드셋이 아닌 성장 마인드셋을 이용하면 확연히 다른 결과가 나온다는 점을 이해하게 됐습니다. 즉 아이들이 뭔가에 성공했을 때 아이의 능력이 아닌 '과정(노력과 전략)'에 대해 칭찬하는 법을 배운 겁니다. 무엇보다도 수많은 개인들이 자신의 꿈을 추구할 수 있는 용기를 얻었습니다. 자신이 현재의 상태에 갇히지 않고 평생 성장할 수 있다는 점을 이해하게 된 덕분입니다.

저는 최근에《마인드셋》의 내용을 일부 보강하기로 결심했습니다.《마인드셋》의 첫 출간 이후에 비즈니스와 관련된 새로운 연구결과 등 우리 연구진이 더 깨닫게 된 내용 중에서 반드시 독자들에게 알리고 싶은 것들이 있었기 때문입니다.

저는 또한 마인드셋을 정확히 이해하지 못하거나 효과적으로 다루는 법을 충분히 인지하지 못해 잘못 적용하는 부모들과 교육자들을 목격했기에, 그들에게 충분한 조언을 제공하여 기존의 부족함을 보충하고 바로잡고자 했습니다. 그중에서도 추가 집필을 결심하게 된 가장 결정적 이유는, 성장 마인드셋으로 이동하여 성공을 이루고자 하지만, 정작 무엇부터, 어떻게 시작해야 할지 잘 모르는 사람들이 너무도 많았기 때문입니다.

그래서《마인드셋》의 출간 10주년을 기념하는 이번 개정판에서 저는 성장 마인드셋으로의 여정을 보다 효과적으로 시작하고, 그 힘겹게 얻어낸 성장 마인드셋의 방식을 지속적으로 유지하는 방법에 대해 추가적인 내용을 덧붙이게 됐습니다. 이런 노력의 결과물을 여러분 역시 저만큼이나 즐겁게 받아들여 주셨으면 하는 바람입니다.

더불어 이 10주년 기념판으로 한국의 독자들을 새롭게 만나게 된다는 점이 저는 너무 즐겁습니다. 저는 평소 한국의 문화를 높이 평가해 왔고, 특히 교육 분야에서 한국이 가진 위상을 잘 알고 있습니다. 오늘날의 세계에서 성공하기 위해서는 도전을 마다하지 않는 사람, 좌절과 실패에 굴하지 않고 목표를 추구할 줄 아는 사람이 필요하다는 점을 저와 마찬가지로 여러분도 이해하고 있을 것입니다. 즉, 지금 우리에게는 성장 마인드셋을 가진 사람이 필요합니다. 부모, 교육자, 사업가와 코치 들이 그런 사람들을 길러내는 일에 이 책이 사용된다면, 저자로서 제게는 더할 나위 없이 기쁜 일이 될 것입니다.

고마움과 희망을 담아,

2017년 9월,

캐럴 드웩 드림.

서문

성장할 수 있다는 믿음이 인생을 바꾼다!

어느 날 학생들이 우르르 몰려와서는 제게 이 책《마인드셋》을 쓰라고 졸랐습니다. 아마도 사람들의 삶을 한층 풍요롭게 만드는 일에 우리의 연구가 활용되기를 바랐기 때문이었을 겁니다. 저 역시 오랫동안 마음에 두고 있긴 했지만 선뜻 실천하지는 못하던 일이었는데, 학생들 덕분에 이 책의 집필이 최우선순위가 될 수 있었지요.

제 연구는 사람이 가진 믿음의 힘을 밝히고자 하는 전통적 심리학의 계보를 잇고 있습니다. '우리가 자각하고 있느냐 아니냐'에 상관없이 그 믿음은 '우리가 원하는 것', 그리고 그 원하는 바의 성취 여부에 커다란 영향을 미칩니다. 이 전통적 심리학은 또한 비록 아주 단순한 믿음이라도 사람의 신념을 바꾼다는 것이 얼마나 대단한 효과를 발생시킬 수 있는지도 밝히고 있습니다.

이 책을 통해 당신은 자신에 대한 단순한 믿음, 우리의 연구에서 발견한 바로 그 믿음이 어떻게 인생의 대부분을 이끌어 가는지 깨우칠 수 있을 것입니다. 사실상 그 믿음은 당신 인생의 모든 부분을 관통하고 있습니다. 당신이 본래 자신의 성격이라고만 여겼던 것이 실제로는 대부분 이 '마인드셋'에서 비롯되었음을 깨닫게 될 것입니다. 당신의 잠재력이 제대로 발휘되지 못하는 것 또한 마인드셋의 탓이 큽니다.

지금까지 어떤 책도 이러한 마인드셋에 대해 제대로 설명하지 못했고, 각자의 삶에서 어떻게 활용해야 하는지 보여주지 못했습니다. 이제 이 책을 통해 당신은 비로소 과학, 예술, 스포츠, 비즈니스 각 분야에서 위인이 된 사람들과 그렇지 못했던 사람들의 차이를 이해할 수 있을 겁니다. 또한 당신의 파트너와 상사, 친구와 자녀의 마음도 헤아릴 수 있게 될 것이고, 당신과 자녀의 잠재력을 제대로 발휘하는 방법 역시 이 책을 통해 배울 수 있게 될 것입니다.

제가 발견한 이 놀라운 사실들을 독자들과 나눈다는 것은 제게 큰 기쁨입니다. 저는 이 책에 제 연구와 관련된 많은 사람들의 이야기 외에도 언론을 통해 접한 내용과 제가 직접 경험한 내용들을 가득 담아, 마인드셋이 한 인간에게, 조직에게, 모든 사람들에게 미치는 영향을 당신이 생생하게 체험할 수 있도록 했습니다(대부분의 경우 인명과 개인 정보는 익명으로 처리했고, 여러 사람의 이야기를 하나로 압축한 경우도 있습니다. 제 기억을 더듬어 재창조된 이야기도 다수 있는데, 최선을 다해 있는 그대로 복원하고자 노력했다는 점을 말씀드립니다).

각 장의 마지막 부분과 마지막 8장에는 이 책에서 얻을 수 있는 교훈을 당신의 삶에 어떻게 적용시킬 수 있는지 설명하는 내용을 담았습니다. '현재 당신의 인생을 이끌고 있는 마인드셋을 어떻게 파악할 것인가, 그 작동 원리를 어떻게 이해할 것인가', 또한 '마인드셋을 당신이 원하는 대로 어떻게 변화시킬 수 있는가'에 대해 파악할 수 있을 겁니다.

이 개정판에 대해서도 짧게 언급하겠습니다. 몇몇 장(章)에 중요한 새로운 정보들을 덧붙여야 했습니다. 비즈니스와 관련한 이야기를 다룬 5장에 조직의 마인드셋에 대한 새로운 연구 성과를 추가했습니다. 바로 사람뿐 아니라 하나의 조직 전체가 고유의 마인드셋을 가질 수 있다는 점이 발견된 덕분입니다! 7장에도 '가짜 성장 마인드셋'에 대한 내용을 추가했는데, 사람들이 성장 마인드셋을 해석하고 실행하는 데 적용하는, 아주 독창적이지만 문제의 소지를 안고 있는 여러 방법들에 대해 알게 되었기 때문입니다. 그리고 마인드셋을 변화시키는 방법에 대해 다룬 8장에도 성장 마인드셋을 갖추는 방법에 대한 내용을 추가했습니다. 그간 《마인드셋》을 읽은 많은 독자들이 성장 마인드셋을 기르는 방법을 보다 자세히 알려 달라고 요청한 것에 대한 일종의 응답이지요. 이렇게 추가한 내용들이 여러분의 성장과 성공에 부디 많은 도움이 됐으면 하는 바람입니다.

이 기회를 빌어 제 연구와 이 책을 가능하게 해 준 모든 사람들에게 감사의 인사를 전하고자 합니다. 우선 제 학생들 덕분에 저의 연구 경력이 비로소 완전한 기쁨으로 승화될 수 있었습니다. 제가 그들에게서 배운 만큼 그들 역시 저에게서 배웠기를 소망합니다. 또한 제 연구를 지원해 준 윌리엄 T. 그랜트 재단, 미국과학재단, 미국 교육부, 미국 정신건강연구소, 국립아동보건·인간개발연구소, 스펜서 재단, 레이크스 재단(Raikes Foundation)에도 고마움을 전합니다.

웹스터 욘스, 대니얼 메니커, 톰 페리를 비롯한 랜덤하우스 사람들, 특히 제 편집자인 캐럴린 서튼과 제니퍼 허시가 큰 힘이 되어 주었습니다. 그들의 열의와 훌륭한 제안 덕에 이 책이 한층 새로워질 수 있었지요. 최고의 에이전트인 자일스 앤더슨과 그를 만나게 해 준 하이디 그랜트에게도 감사를 보냅니다.

제게 소중한 정보와 피드백을 준 모두에게 고맙지만, 특히 폭넓고 통찰력 있는 논평을 베풀어 준 폴리 슐먼, 리처드 드웩, 매리언 페쉬킨에게 더 깊은 감사를 표하고 싶습니다. 마지막으로 사랑과 열정으로 제 삶을 한층 빛나게 하는 남편 데이비드에게 고마움을 전합니다. 이 프로젝트 내내 그의 뒷받침은 정말 커다란 도움이 되었지요.

'성장'에 대해 연구한 덕분에 저 자신도 성장할 수 있었습니다. 이 책을 통해 여러분도 저와 같은 경험을 누리길, 간절히 바랍니다.

차례

1장

원하는 것을 이루는 힘, 마인드셋

MINDSET

제가 막 경력을 시작한 젊은 연구자였던 시절 발생한 하나의 사건이 이후 제 인생을 완전히 바꿔놓았습니다. 당시에 저는 사람들이 '어떻게 실패에 대응하는가'를 연구하고자 했는데, 학생들이 어려운 문제를 접했을 때 해결하는 방식을 살펴보면 답을 얻을 수 있을 것이라고 생각했지요. 그래서 아이들을 교실로 한 명씩 불러, 편한 마음으로 퍼즐을 풀게 했습니다. 초반의 문제는 비교적 쉬웠지만, 그 다음은 상당히 난이도가 높은 문제들이 이어졌습니다. 아이들이 툴툴거리고 진땀 빼며 문제를 푸는 동안, 저는 아이들이 어떻게 생각하고 느끼는지 관찰했습니다. 사실 난관을 해결하는 방식에서 아이들마다의 차이점을 발견하리라 기대하고 진행한 실험이었지만, 정작 마주하게 된 것은 전혀 예상치 못한 광경이었지요.

어려운 퍼즐 문제와 마주한 어느 10살 소년은 의자를 바짝 당기고, 손을 비비고 입맛까지 다시며 소리치더군요. "어려운 게 너무 좋아요!" 퍼즐 풀기에 여념이 없던 또 다른 아이는 득의에 찬 표정으로 저를 쳐다보며, "이게 유익한 내용이면 좋겠는데!"라고 했고요!

'애들은 대체 뭐지?' 하는 생각이 들었습니다. 저는 그때껏 항상 실패란 극복하거나, 극복하지 못하거나 둘 중 하나라고 생각해 왔거든요. 누군가 실패를 사랑할 수도 있으리라고는 전혀 생각지 못했던 것이죠. '이 애들이

유독 별난 것인가 아니면 뭔가 특별한 점이 있는 건가?'

누구에게나 자신만의 롤 모델이 있습니다. 인생의 중대한 기로에서 방향타 역할을 해 주는 사람 말입니다. 그 아이들이 바로 저의 롤 모델이었습니다. 분명 제가 알지 못하는 뭔가를 갖고 있었고, 전 그 뭔가의 정체를 밝혀내야겠다고 마음먹었지요. 실패를 성장의 기회로 바꿔낼 줄 아는 마인드셋이란 무엇인가에 관해서 말입니다.

그 아이들은 무엇이 달랐을까요? 바로 '지적 능력을 포함한 사람의 자질들도 노력하면 성장할 수 있다'는 점을 알았던 겁니다. 그리고 그렇게 함으로써 보다 똑똑해질 수 있다는 것을요. 실패를 겪어도 낙담하지 않았을 뿐만 아니라, 자신들이 실패하고 있다는 생각조차 하지 않았습니다. 오히려 그 실패를 통해 자신들이 배워 나가고 있음을 자각하고 있었던 것이지요.

반면 그 당시의 저는 인간의 자질이란 마치 돌에 새겨진 문자처럼 변하지 않는다고 여겼습니다. '똑똑하거나' 아니면 '똑똑하지 않거나' 둘 중 하나이고, 실패란 것은 '똑똑하지 않음'을 뜻하는 것이라고 생각했습니다. 아주 간단한 구분이죠. 성공을 이끌어내고 실패하지 않는다면(어떤 방법을 쓰든지), 그건 어쨌든 똑똑하다는 뜻이라고요. 끈질기게 매달리고, 실수하고, 버텨내는 건 이러한 이분법과는 상관없는 얘기라고 생각했습니다.

'인간의 능력이 성장 가능한 것이냐, 고정 불변이냐'는 해묵은 논쟁거리이기도 합니다. 하지만 만약 인간의 지능이나 자질이 고정된 특성이 아니라 계발하고 발전시킬 수 있는 것이라면, 이는 과연 무엇을 의미할까요? 이 질문에 답하기에 앞서, 우선 오랜 세월 격렬하게 다투어 왔던 인간 본성에 대한 논쟁에 대해 먼저 살펴보기로 합시다.

사람은 왜 저마다 다른가

태초부터 사람들은 저마다 각기 다르게 생각하고 행동했으며, 서로가 가진 능력이나 개성도 달랐습니다. 그러다가 분명 누군가 의문을 제기했을 겁니다. '왜 사람들은 서로 다르지? 왜 더 똑똑하고, 더 도덕적인 사람이 있는 거지? 과연 사람들을 서로 다르게 만드는 무언가가 있는 걸까?' 이 문제에 대해 전문가들의 의견은 극명하게 둘로 나뉘었습니다. 한쪽에서는 이런 차이가 특정한 신체적 조건에 의해 발생하기에 피할 수도, 바꿀 수도 없다는 주장을 폈지요. 그들이 주장하는 신체적 조건이란 두개골의 형태(골상학), 두개골의 크기와 형상(두개학)을 포함했으며, 오늘날에는 유전자의 차이로까지 이어지고 있습니다.

반대편은 인간의 성장 배경, 경험, 훈련 정도, 학습 방식이 각기 다르기 때문이라고 주장했습니다. 이런 주장을 가장 맹렬히 펼쳤던 대표자가 IQ 테스트의 창시자인 알프레드 비네(Alfred Binet)라는 사실에 여러분이 놀랄지도 모르겠습니다. IQ 테스트라는 자체가 '아이들의 지능이란 변치 않는다'는 전제를 갖고 있다고 생각할 수 있으니까요. 하지만 실제로는 그렇지 않습니다. 20세기 초 파리에 거주했던 프랑스인 비네가 IQ 테스트를 고안한 이유는, 공립학교에 잘 적응하지 못하는 아이들을 가려내어 그들을 위한 새로운 교육 프로그램을 개발하기 위함이었습니다. 그는 아이들의 지적 능력에 개인차가 있다는 점을 인정했지만, 교육과 연습으로 지능을 근본적으로 변화시킬 수 있다고 믿었습니다. 비네는 학습 부진을 겪는 수백 명의 아이들을 다루면서 느낀 바를, 자신의 주요 저작 중 하나인 《아이들에 관한 근대적 생각들(Modern Ideas about Children)》에 이렇게 기록해 놓았습니다.

일군의 근대 철학자들은 … 개인의 지능이 고정되어 더는 늘릴 수 없다고 주장한다. 이 잔인한 염세주의에 우리는 마땅히 저항하고 대응해야 한다. … 연습과 훈련, 무엇보다도 새로운 방법을 통해 주의력, 기억력, 판단력을 키울 수 있으며 전보다 더 총명해질 수 있다.

누가 옳은 걸까요? 오늘날 대부분의 전문가들은 어느 쪽도 아니라고 입을 모읍니다. 본성이나 유전자, 양육이나 환경, 그 어느 한쪽이 아니라는 거지요. 어머니의 뱃속에서부터 그 둘 사이에는 끊임없는 주고받기가 이뤄집니다. 저명한 뇌과학자 길버트 고틀리프(Gilbert Gottlieb)의 말처럼, 사실 우리가 자라면서 유전자와 환경이 서로 협력할 뿐 아니라, 환경이 올바로 작동함으로써 유전자가 비로소 제 역할을 다 할 수 있는 것입니다.

이와 동시에, 평생 배우고 뇌를 발전시킬 수 있는 인간의 능력이 과거 과학자들이 생각했던 것보다 더 뛰어나다는 점도 밝혀지고 있습니다. 물론 각각의 사람들은 저마다 고유한 유전적 자질을 타고나지요. 그러나 타고난 기질과 적성이라는 출발점은 각기 다를지라도 저마다의 인생은 경험, 훈련과 개인적 노력에 의해 완성되는 겁니다. 현재 지능 연구의 최고 권위자라고 할 수 있는 로버트 스턴버그(Robert Sternberg)는 전문지식의 성취 여부가 "이미 고정되어 있는 능력이 아니라 부단한 추구에 의해서 결정된다"고 했습니다. 또는 비네가 알아낸 것처럼, 처음에 가장 두각을 나타냈다고 해서 반드시 마지막까지 빛을 발한다고 단정할 수는 없습니다.

두 가지 마인드셋의 의미

과학적인 이슈에 대해서 전문가라는 사람들이 자신의 의견을 개진하는 것과, 그 의견이 당신에게 어떻게 적용되는지 이해하는 것은 별개의 문제입니다. 지난 40년간의 제 연구는, '어떤 관점을 택하느냐'가 사람이 일생을 살아나가는 방식에 지대한 영향을 미친다는 점을 입증했습니다. 당신이 '어떤 관점을 택하느냐'가 자신이 되고 싶은 사람이 될 수 있는지, 인생의 가치를 실현할 수 있는지 결정한다는 것입니다. 어떻게 이런 일이 가능한 것일까요? 어떻게 하나의 단순한 믿음이 당신의 심리, 나아가 당신의 인생을 바꿔 놓을 힘을 가지는 걸까요?

인간의 자질이 돌에 새겨진 듯 불변한다는 믿음, 즉 '고정 마인드셋(fixed mindset)'은 스스로를 계속해서 증명해 보일 것을 요구합니다. 즉 당신의 지능, 개성, 도덕성이 이미 정해져 있다면, 이왕이면 충분한 양을 보유하고 있는 듯이 보여야 합니다. 그래야 인간이 갖춰야 할 기본적인 자질들이 부족하게 보이거나 느껴지지 않을 것이기 때문이지요.

우리 중에는 이런 마인드셋을 어릴 때부터 교육받아 온 사람들이 있습니다. 어린 시절, 저도 똑똑해 보이기 위해서 부단히 애를 썼습니다. 6학년 교사였던 윌슨 부인이 아이들에게 고정 마인드셋을 주입하려 했기 때문입니다. 알프레드 비네와는 달리 그녀는 사람의 IQ 점수가 그 사람을 규정짓는다고 여겼습니다. 우리는 교실에서 IQ 점수 순서대로 앉아야 했고, 반에서 가장 IQ가 높은 학생만이 깃발을 나르고, 지우개를 털고, 교장선생님에게 메모를 전할 수 있었지요. 윌슨 선생님의 그런 태도에 매일 속이 상했을 뿐 아니라, 우리 모두는 그녀가 만들어 놓은 '똑똑해 보일 것, 바보같이 굴지 말 것'이라는 그릇된 마인드셋을 목표로 삼아야 했습니다. 선생님이 숙제를 내주거나 자신의 이름을 호명할 때마다 자신의 존재마저 위기에 처하는 그런 상황에서, 누가 공부의 즐거움 따위에 관심을 둘 수 있었겠습니까?

저는 일생에서 스스로를 증명해 보이겠다는 소비적인 목표에 매달리는 사람들을 수없이 많이 봐 왔습니다. 그런 사람들은 교실뿐 아니라 자신의 직장에서도, 심지어 인간관계에서조차 그 속박을 벗어던지지 못합니다. 그들은 마주하는 모든 상황에서 자신의 지성, 개성, 혹은 인격에 대한 확인을 구하고자 하지요. 따라서 모든 상황이 곧 평가의 대상이 됩니다. '나는 성공할까, 아니면 실패할까?' '현명해 보일까, 아니면 바보같이 보일까?' '내 의견이 받아들여질까, 아니면 묵살당할까?' '승리자의 기분을 느낄까, 아니면 패배자로 남을까?' 물론, 우리가 사는 세상은 지성, 개성, 인격에 큰 가치를 둡니다. 그러니 이러한 개인의 자질들을 원하는 것은 당연한 일이 아닐까요? 일견 맞는 말처럼 보입니다.

그러나 이런 자질들을 평생 이고 살아야 할 짐으로 여기지 않는, 또 다른 마인드셋이 있습니다. 별것 아닌 패를 들고도 엄청난 카드를 쥐고 있는 것처럼 자신과 상대를 속이지 않아도 된다는 겁니다. 이 '성장 마인드셋(growth mindset)'은, 당신이 현재 가진 자질이 단지 성장을 위한 출발점일 뿐이며, 노력이나 전략, 또는 타인의 도움을 통해 얼마든지 길러낼 수 있다는 믿음에 바탕을 두고 있습니다. 애초에 갖고 있는 재능이나 적성, 관심사나 기질은 저마다 다를지라도, 누구나 응용과 경험을 통해 변화하고 성장할 수 있다는 뜻이지요. 그렇다면 성장 마인드셋을 가진 사람들은 누구나 뛰어난 인물이 될 수 있다고 주장하는 것일까요? 충분한 동기가 있고 적절한 교육만 받으면 누구든지 아인슈타인이나 베토벤처럼 될 수 있다고 믿는다는 것일까요? 물론 그렇지는 않습니다. 다만 한 개인의 '진정한 잠재력'이 파악되어 있지 않으니(또한 파악할 수도 없고), 열정과 노력, 훈련을 거친다면 어떤 성과를 낼지 미리 예단하는 것은 불가능하다는 입장인 겁니다.

다윈과 톨스토이도 어린 시절에는 그저 평범한 아이로 여겨졌다는 걸 아십니까? 위대한 골퍼로 추앙받는 벤 호건도 어렸을 때는 둔하고 버릇없는 아이였다는 사실은요? 20세기의 가장 중요한 예술가 중 한 명인 사진가 신디 셔먼은 자신의 첫 사진 수업에서 낙제했고, 최고의 여배우 제럴딘 페이지는 '재능이 없으니 연기를 그만두라'는 얘기까지 들었습니다.

중요한 자질들은 개발 가능하다고 믿는 성장 마인드셋이 학습에 대한 열망을 불러일으킨다는 점을 확인할 수 있는 대목입니다. 당신이 얼마나 위대해질 것인지, 언제 더 나아질 수 있을지에 대해 끊임없이 증명하느라 도대체 왜 시간을 낭비해야 합니까? 왜 약점을 극복하는 대신 숨기기에 급급해하는 걸까요? 당신의 성장을 자극해 주는 친구나 동료를 멀리하고, 듣기 좋은 말만 해주는 이들만 가까이 두는 이유는 뭘까요? 왜 새로운 경험을 하는 대신 이미 검증된 것만을 찾는 걸까요? 비록 결과가 신통치 않더라도, 자신을 새로운 경험에 내던지고 버티려는 열정이 성장 마인드셋의 특징이라고 할 수 있습니다. 그렇기에 성장 마인드셋을 가진 사람은 인생에서 가장 험난한 시기도 훌륭히 극복하고 번창할 수 있는 것입니다.

마인드셋에 따라 세상이 바뀐다

이 두 가지 마인드셋이 어떻게 작동하는지 살펴보기 위해, 지독히도 운이 나쁜 당신의 하루를 가정해 봅시다.

> 정말 중요하고 아끼는 수업에 들어갔더니 평가를 마친 중간고사 시험지를 교수가 나눠주고 있다. 당신의 점수는 C+이다. 꽤나 실망스럽다. 집으로 돌아가려는데 주차해 둔 차에 불법주차 딱지가 붙어 있다. 너무 울적한 마음에 친한 친구에게 전화를 걸어 하소연이라도 하려 했지만 친구는 건성으로 응대한다.

이런 상황이라면 당신은 어떤 생각이 들까요? 어떤 느낌일까요? 또 어떻게 행동할까요?

고정 마인드셋을 가진 사람들에게 물었더니 다음과 같은 대답이 돌아왔습니다.

"거부당한 느낌일 거예요." "완전 망했다는 느낌." "전 멍청이에요." "패배자라는 생각." "내가 가치 없고 멍청하다는 느낌이 들 거예요. 다른 그 누구보다도." "망했다!"

즉, 고정 마인드셋을 가진 사람들은 이 일로 자신의 능력과 가치를 평가받았다고 느낍니다.

이런 사람들이 자신의 삶에 대해 가지는 생각은 다음과 같은 식이지요.

"내 인생은 비참해요." "내 삶은 엉망이에요." "저 위에 계신 분이 날 좋아하지 않나 봐요." "세상이 나를 괴롭히고 있어요." "누군가 날 망치려고 해요." "누구도 날 좋아하지 않고, 모두가 날 미워해요." "삶은 불공평하니 노력은 쓸모없어요." "인생은 역겹고 난 멍청해요. 뭐 하나 좋은 일이 생긴 적 없어요." "난 세상에서 가장 운 나쁜 사람이에요."

잠깐. 누가 죽기라도 했나요? 큰 사고라도 터졌나요?

아니죠. 그냥 성적이 좀 나빴고, 딱지 하나 끊었고, 기분 나쁜 통화를 한 통 했을 뿐 아닌가요?

이런 사람들은 단지 자존감이 낮거나, 심각한 비관주의자이기 때문에 저런 태도를 보이는 걸까요? 그렇지 않습니다. 실패를 경험하지 않았을 때에는 이들도 성장 마인드셋을 가진 사람들과 마찬가지로 자신을 가치 있고, 긍정적이며, 밝고 매력적인 사람이라고 여깁니다.

그럼 이들은 실패를 어떻게 받아들일까요?

"어떤 일에도 시간과 노력을 들여 잘하고 싶지 않아요." "아무것도 안 해요." "침대에서 빈둥거리죠." "먹고 마시는 게 최고죠." "아무한테나 소리 질러요." "초콜릿이나 먹죠." "음악이나 들으면서 처박혀 있는 게 나아요." "벽장에 들어가 숨어 있을래요." "길 가는 사람에게 시비나 걸까 봐요." "울죠." "아무 거나 부숴요." "뭐 어쩌겠어요?"

아니, '뭐 어쩌겠어?'라니! 위 사례를 들 때 저는 일부러 F가 아닌 C학점을 택했고, 기말고사가 아닌 중간고사를 골랐습니다. 또 자동차 사고가 아니라 단지 주차 위반 딱지였을 뿐이고, 친구가 면전에서 거절한 게 아니라 그저 '건성으로' 응했을 뿐이지요. 재앙이나 돌이킬 수 없는 사건 같은 건 특별히 일어나지도 않았습니다. 그러나 이 정도의 상황에도 고정 마인드셋은 심각한 패배감과 무기력을 불러일으키는 것입니다.

성장 마인드셋을 가진 사람들에게 같은 사례를 제시했더니 그들의 대답은 완전히 달랐습니다.

"수업도 더 열심히 듣고, 주차할 때도 더 주의할 거예요. 친구는 그날 기분이 좋지 않았나 보죠." "C+라는 성적은 더 노력하라는 뜻이고 아직 남은 학기에 성적을 올릴 수 있으니 괜찮아요."

이런 식의 대답이 수도 없이 많았지만, 이쯤만 해도 무슨 말인지 충분히 이해할 수 있을 겁니다. 그럼, 그들이 실패에는 어떻게 대처하는지 봅시다. 아주 단순합니다.

"이 수업의 남은 시간 동안 더 열심히(또는 다른 방식으로) 공부해야 되겠어요. 주차 위반 벌금도 내고, 친구와 다음에 얘기하게 되면 얘길 더 잘해 봐야죠." "내 답이 뭐가 잘못됐는지, 더 좋은 답이 뭔지 찾아보고, 벌금도 내고, 친구에게 전화해서 기분 나빴다고 말할래요." "다음 과제물을 열심히 해서 교수님에게 학점 잘 달라고 얘기할 거예요. 주차할 때 더 주의하고, 친구에게 뭔 일이 있나 알아봐야죠."

당신이 화를 내는 건 단지 마인드셋의 차이 때문만은 아닙니다. 앞서와 같은 일이 벌어지면 누군들 기분 나쁘지 않겠습니까? 낮은 성적이나 친구나 연인으로부터 퇴짜를 맞는 일 등은 결코 즐거울 수 없지요. 하지만 성장 마인드셋을 가진 사람들은 자신에게 쉽게 패배자라는 낙인을 찍거나 단념해 버리지 않습니다. 아무리 큰 좌절이 찾아와도 위험을 무릅쓰고, 도전을 맞이하고, 꾸준히 밀고 나갈 준비가 되어 있지요.

비밀이 아닌 과학으로서의 마인드셋

과연 성장 마인드셋이란 것이, 정말 새롭고 진귀한 아이디어일까요? 위험을 무릅쓰는 일의 중요성과 인내의 힘을 강조한 속담이나 격언은 참으로 많습니다. "모험 없이는 얻는 것도 없다", "처음에 성공하지 못했다고 해도 도전하고 또 도전하라", "로마는 하루아침에 건설되지 않았다" 등등.

정말 놀라운 점은, 고정 마인드셋을 가진 사람들의 경우 이와 같은 말들에 동의하지 않는다는 것입니다. 그들은 이렇게 말합니다. "모험하지 않으면 잃지도 않는다", "처음에 성공하지 못했다면, 당신에게는 재능이 없는 것이다", "로마가 하루아침에 건설되지 않은 것은 아마도 그럴 운명이 아니었기 때문일 것이다." 즉 그들에게 '위험'과 '노력'이란, 자신의 무능력함을 드러내는 것이며 그 일을 하기에 적절한 사람이 아니라는 점을 증명할 뿐입니다. 고정 마인드셋을 가진 사람들이 노력을 기울이거나 도움을 받는 데 대해 갖는 불신의 정도는 놀라울 정도로 심각하지요.

위험과 노력에 대해 갖는 사람들의 생각이 보다 근원적인 마인드셋으로부터 비롯된다는 점 또한 이전에는 알지 못했던 바입니다. 사람들이 도전의 가치와 노력의 중요성을 우연히 알게 된 것은 아니라는 뜻이지요. 우리는 연구를 통해 바로 성장 마인드셋이 그런 결과를 이끌어냈다는 점을 알 수 있었습니다. 발전에 중점을 둔 성장 마인드셋을 사람들에게 가르치자 도전과 노력에 대한 새로운 사고방식이 이어져 나왔던 것입니다. 마찬가지로 도전과 노력을 싫어하는 사람들 또한 우연히 그렇게 된 것이 아닙니다. 우리가 일시적으로 사람들을 고정 마인드셋의 상태(자질이란 변하지 않는다는 믿음)에 두자, 그들은 즉각적으로 도전을 두려워하고 노력을 평가절하했습니다.

서점에서는《세상에서 가장 성공한 사람들의 비밀》같은 제목을 달고 유용한 여러 팁들을 알려주는 책들을 흔히 볼 수 있지요. 하지만 그 책들은 보통 "위험을 감수하라!"거나 "자기 자신을 믿어라!" 따위의 연관성이 없는 문장들을 나열해 놓곤 합니다. 하지만 그 책들을 읽는다고 해서 그런 일들이 어떻게 가능한지, 당신이 어떻게 그렇게 할 수 있는지는 결코 알 수 없습니다. 고작해야 그런 일을 해낸 사람들에 대한 막연한 동경만이 생길 뿐입니다. 며칠 동안은 희망에 부풀어 있을 수 있지만, 소위 '세상에서 가장 성공한 사람들의 비밀'은 여전히 그 사람들만의 것으로 남게 됩니다.

그러나 고정 마인드셋과 성장 마인드셋에 대해 이해하고 나면, 당신도 이제 그 비밀에 한걸음 다가설 수 있습니다. 사람의 자질이 돌에 새겨진 듯 불변한다는 태도와, 자질은 얼마든지 계발할 수 있다는 태도가 얼마나 다른 생각과 행동, 결과를 이끌어내는지, 그럼으로써 어떻게 당신을 완전히 다른 길로 인도하게 될지에 대해 이해한다면 말이지요. 이것이 바로 우리 심리학자들이 '아하!'의 순간이라고 일컫는 경험입니다. 저는 그 순간들을 사람들에게 새로운 마인드셋을 가르칠 때는 물론이고, 제 저작을 읽은 사람들이 보내온 편지에서도 발견합니다.

그들은 자기 자신에 대해 이렇게 얘기하지요.

"교수님의 글을 읽으면서 '이건 딱 내 얘기야!' 하는 생각이 계속해서 들었어요."

또한 자각의 순간을 고백하기도 합니다.

"교수님의 말씀에 정신이 번쩍 들었어요. 마치 우주의 비밀을 깨닫게 된 듯이!"

새로운 마인드셋을 갖게 된 사람들도 있지요.

"제 생각이 일종의 혁명처럼 바뀌는 걸 느낄 수 있었어요. 아주 놀라운 경험이었죠."

그리고 그들은 이 새로운 사고방식을 자신과 타인을 위해 실행에 옮겼습니다. 교사들은 "당신의 글 덕분에 아이들과의 관계가 달라졌고 교육에 대해 새로운 관점을 가질 수 있게 됐습니다"라거나 "교수님의 놀라운 연구가 수백 명의 학생들에게 개인적으로나 학습적으로나 엄청난 영향을 끼쳤다는 걸 알려드리고 싶습니다" 같은 반응을 전해옵니다. 저는 이런 편지들을 교사뿐 아니라 여러 지도자나 비즈니스 리더로부터도 받고 있습니다.

통찰력이 뛰어난 사람들

성장 마인드셋을 보유한 사람이라고 해도, 자신에게 아인슈타인이나 베토벤처럼 뛰어난 재능이 있다고 여기지는 않을 겁니다. 하지만 성장 마인드셋을 보유하면 자신의 능력에 대해 좀 더 자신감을 갖고 불가능해 보이는 일을 시도해 보려는 경향이 보다 강해지지 않을까요?

최근 우리 연구진은 자신의 능력을 가장 잘 파악하는 사람은 어떤 사람인지 알아보고자 했습니다. 그 결과 자신의 능력과 성과에 대해 완전히 그릇된 판단을 내리는 사람들을 찾을 수 있었습니다. 하지만 그들은 대개 고정 마인드셋을 가진 사람들이었고, 성장 마인드셋을 가진 사람들은 자신의 능력을 파악하는 데 놀라우리만치 정확했습니다.

아마 다음과 같이 생각하면 쉽게 이해할 수 있을 겁니다. 만약 성장 마인드셋을 가진 사람들처럼 자신을 발전시킬 수 있다는 믿음을 갖는다면, 현재 자신의 능력에 대해 보다 정확한 정보를 얻고자 하지 않겠습니까? 비록 자신의 현재 수준이 실망스럽더라도 말이지요. 뿐만 아니라 당신에게 배우려는 의지가 있다면, 효율적인 학습을 위해 현재 가진 능력을 분명하게 파악하길 원할 겁니다. 그러나 고정 마인드셋을 가졌다면, 당신의 소중한 능력에 대한 결과가 좋든 나쁘든, 필연적으로 왜곡된 해석을 내릴 수밖에 없습니다. 평가 결과를 과장하거나 축소하고, 다른 이유를 들어 변명하려고 한다면 당신은 자신에 대해 결코 제대로 알 수 없게 됩니다.

저명한 교육 심리학자인 하워드 가드너(Howard Gardner)는 자신의 저서 《창조적 인간의 탄생(Extraordinary Minds)》에서 "비범한 사람은 자신의 강점과 약점을 파악하는 특별한 재능을 지녔다"고 결론지었습니다. 흥미롭게도 성장 마인드셋을 가진 사람들은 가드너가 말한 그 재능을 보유한 것이라고 볼 수 있습니다.

탁월한 인재는 이것이 다르다

탁월한 인재들의 또 다른 특징은 인생의 고비를 미래의 성공으로 바꾸는 특별한 재능을 가졌다는 점입니다. 창의성을 연구하는 학자들도 이에 동의합니다. 143명의 창의성 연구자들을 대상으로 설문조사를 해 보니, '창의력을 기르는 최고의 요소'가 무엇인지에 대해서 의견이 일치하더군요. 그것은 바로 성장 마인드셋으로부터 빚어지는 '인내심'과 '회복력'이었습니다.

이쯤에서 당신은 아마 다시금 이런 의문을 제기할 수 있을 겁니다.

"단 하나의 믿음만으로 어떻게 이 모든 것들이 가능할 수 있죠? 태도 하나 달라졌다고 해서 어떻게 도전을 사랑하고, 노력의 가치를 존중하고, 역경에서 회복하고, 더 창조적이고 위대한 성공을 얻을 수 있다는 겁니까?"

이 책의 나머지 내용들을 찬찬히 읽으면, 자연스럽게 당신도 깨닫게 될 것임을 제가 보증합니다. 마인드셋의 차이가 노력과 성공에 대한 사람들의 관점을 어떻게 변화시키는지, 실패의 정의와 중요성을 어떻게 바꿔놓는지에 대해서 말이지요. 그리고 그 차이가 노력의 근원적인 의미를 밝혀내는 과정과 학교에서, 스포츠에서, 직장에서, 인간관계에서 펼쳐놓을 마법도 보게 될 겁니다. 또한 궁극적으로 그 마인드셋이 어디서 기원하는지, 어떻게 마인드셋을 변화시킬 수 있는지도 이해할 수 있을 겁니다.

마인드셋 단련법

당신의 마인드셋은 성장과 고정 중 어느 쪽일까요? 지능에 대한 다음의 질문들에 답해 보세요. 각각의 지문을 읽고 동의하는지 아닌지 자신의 입장을 정하는 겁니다.

1. 내 지능은 아주 근본적인 것이어서 거의 변하기 어렵다.
2. 새로운 뭔가를 배울 수 있지만, 지능을 완전히 변화시킬 수는 없다.
3. 지능 수준에 상관없이, 언제든 상당한 발전이 가능하다.
4. 언제나 내 지능 수준을 변화시킬 수 있다.

1번과 2번 지문은 고정 마인드셋을 대변하고, 3번과 4번은 성장 마인드셋을 대변합니다. 당신의 의견은 어느 쪽에 보다 가깝습니까? 물론 그 중간쯤에 위치할 수도 있지만, 대개의 사람들은 어느 한쪽에 기우는 경향을 보입니다.

사람들은 지능 외의 다른 능력에 대해서도 마찬가지로 특정한 성향을 가집니다. 지능을 '예술적 재능', '운동 능력', '사업 수완'으로 바꿔서 다시 시도해 보세요. 능력뿐 아니라 개인적 자질에도 적용이 가능합니다.

개성과 인성에 대한 다음의 진술들을 읽고 당신의 생각이 어느 쪽에 가까운지 판단해 보세요.

1. 나는 특정 부류의 사람이고, 다른 부류의 사람으로 변할 수 있는 방법은 거의 없다.
2. 내가 어떤 부류의 사람이든지 언제든 변할 수 있다.
3. 나는 다른 방식으로 일을 처리할 수 있지만, 정말 중요한 부분은 근본적으로 바뀌지 않는다.
4. 나는 언제든지 내 안의 아주 근본적인 부분조차 변화시킬 수 있다.

아마도 눈치챘겠지만, 1번과 3번은 고정 마인드셋을, 2번과 4번은 성장 마인드셋을 각각 반영하고 있습니다. 당신은 어느 쪽에 서 있습니까? 혹시 앞서의 '지능'에 대한 마인드셋과는 다른 결과가 나왔나요? 그럴 수도 있습니다. 지능에 대한 마인드셋은 당신의 정신적 능력과 결부될 때 비로소 나타나기 때문입니다.
반면 성격에 대한 마인드셋은 당신의 개인적 자질들과 함께 드러납니다. 예를 들면 당신이 얼마나 의존적인지, 협조적인지, 남을 배려하는지, 대인관계가 좋은지와 관련되어 있는 것이지요. 고정 마인드셋은 남들로부터 어떻게 평가받을지에 대해 마음을 쓰게 만들고, 성장 마인드셋은 얼마나 개선될 수 있는지에 집중하게 하기 때문입니다.

마인드셋의 차이에 대해 생각해 볼 수 있는 다른 방법들도 있습니다.

◎ 당신이 보기에 고정 마인드셋이 아주 심한 누군가를 한번 떠올려 보세요. 그 사람이 평소에 얼마나 자기 자신을 입증하려 애쓰는지, 실수나 잘못을 저지르는 데 대해 얼마나 예민하게 구는지 기억을 더듬어 보는 겁니다. 그 사람이 왜 그런 행동을 보이는지, 그 이유가 궁금하지

요? (아니면 혹시 당신이 그런 사람이 아닌가요?) 이제 당신은 그 이유를 짐작할 수 있을 겁니다.

◎ 이번엔 반대로 성장 마인드셋이 분명히 드러나 보이는 사람을 생각해 봅시다. 중요한 자질들을 발전시킬 수 있다는 믿음을 가진 사람 말이에요. 그가 장애를 만났을 때 어떻게 행동하는지, 그가 무엇에 최선을 다하는지 떠올려 보세요. 당신이 바꾸고 싶거나 열정을 쏟고 싶은 일이나 방식은 어떤 것입니까?

◎ 좋습니다. 이제 당신이 외국어를 새로 배우기로 결심하고 학원에 등록했다고 가정합시다. 몇 번의 수업을 받은 후, 강사가 당신을 교실 앞으로 불러내어 질문을 던지기 시작합니다.

만약 당신이 고정 마인드셋을 가졌다면, 그 자리는 당신의 능력을 시험하는 자리로 느껴질 겁니다. 당신에게 꽂히는 교실 안 모든 이들의 시선이 느껴지나요? 당신에게 점수를 매기고 있는 강사의 표정이 보이나요? 잔뜩 긴장되고 심장이 쿵쾅거리나요? 당신의 머릿속에는 다른 생각과 감정이 들어설 여지조차 없을 겁니다.

그러나 당신이 성장 마인드셋의 소유자라면, 이런 생각이 들 겁니다. '나는 겨우 초보자일 뿐인 걸. 그래서 여기 온 거지.' 그렇습니다. 당신이 학원에 온 이유는 새로운 것을 배우기 위해서지요. 강사는 단지 그 배움을 제공해 주는 사람일 뿐이고요. 긴장은 사라지고 마음이 편안해집니다.

이 이야기들을 통해 내가 전하고자 하는 메시지는 이것입니다.

"당신은 자신의 마인드셋을 바꿀 수 있다."

2장

마인드셋에 따른 인생의 차이

MINDSET

어렸을 적엔 저도 왕자님 같은 남자를 만나고 싶었습니다. 아주 잘생기고 성공한, 그럴듯한 남자를. 저 자신도 멋진 커리어를 쌓은 여성이 되길 바랐습니다. 다만 너무 어렵거나 위험하지 않은 일이어야 했어요. 그런 것들을 가져야 '나'라는 존재가 인정받을 수 있다고 여겼지요.

그런 제가 마침내 만족하기까지는 오랜 세월이 걸렸습니다. 꽤 멋진 남자를 만났지만, 아직 완성되지 않은 조각품 같은 사람이었지요. 상당한 경력도 쌓았지만, 그 길은 끊임없는 도전과도 같았습니다. 무엇 하나 쉬운 거라곤 없었지요. 그런데도 어떻게 만족했느냐고요? 바로 제 마인드셋을 바꿨기 때문이었습니다.

결정적 계기는 제 연구였습니다. 박사과정 중인 제 학생 메리 밴두라와 함께 '왜 어떤 학생은 유독 자신의 능력을 증명하는 일에 집착할까'를 설명하기 위해 연구하던 중이었지요. 자신의 능력을 증명하는 일에 집착하지 않고 자신의 상태를 자연스럽게 받아들이며 배우려는 학생들과의 차이점을 연구하던 어느 순간, 우리는 능력에는 두 가지 의미가 있다는 점을 깨닫게 됐습니다. 입증이 필요한 고정된 능력과 학습을 통해 개발할 수 있는 변화가능한 능력, 이 두 가지 말입니다.

이렇게 해서 '마인드셋'이 탄생했습니다. 제가 어느 쪽인지 저는 직감적으로 알 수 있었습니다. 그제서야 왜 그토록 평생 제가 실수와 실패를 우려해 왔는지 이해할 수 있었던 것입니다. 그리고 난생 처음으로 저에게 선택의 기회가 있다는 점도 깨닫게 됐지요.

어느 하나의 마인드셋을 선택한다는 것은, 마치 신세계에 들어서는 것과도 같습니다. '고정된 자질'이라는 세계에서 성공이란 '자신이 똑똑하거나 재능이 있다는 것을 증명하는 일'입니다. 즉 자신을 입증해야만 하는 것이죠. 반면, '변화하는 자질'의 세계에서 성공은, '새로운 무엇인가를 익히는데 최선을 다하는 일'을 뜻합니다. 즉 자신을 발전시키는 것이지요.

고정 마인드셋의 세계에서 실패는 '패배'나 '후퇴'의 동의어와 같습니다. 낮은 점수를 받고, 대결에서 지고, 해고당하고, 거부당한다는 것은 자신이 멍청하고 재능이 없다는 뜻이니까요. 자신의 잠재력을 제대로 발휘하지 못했다는 의미와 마찬가지인 겁니다. 이 세계에서 '노력'이란 나쁜 겁니다. 실패와 마찬가지로, 멍청하고 재능이 없는 사람이나 노력하고 애쓰는 거지요. 똑똑하고 능력 있는 사람에게는 노력 따윈 필요치 않습니다. 그러나 성장 마인드셋의 세계에서는 노력이란 곧, '내가 지식과 재능을 갖추도록 만들어 주는 것'으로 여겨집니다.

선택은 당신의 몫입니다. 마인드셋은 다만 하나의 믿음에 지나지 않습니다. 아무리 강력한 믿음일지라도 당신의 마음속에 있을 뿐이고, 당신이 마음먹기에 달린 것이지요. 이번 장을 읽으면서 당신이 도달하고자 하는 목표가 무엇인지, 과연 어떤 마인드셋이 그 여정을 도와줄지 생각해 보길 바랍니다.

새로운 성공의 심리학

유명 정치학자 벤저민 바버(Benjamin Barber)는 이렇게 말했습니다.

“세상은 강자와 약자, 또는 승자와 패자로 구분되지 않는다. 다만 배우려는 자와 배우지 않으려는 자로 나뉠 뿐이다.”

대체 ‘배우지 않으려는 자’는 어떻게 생기는 걸까요? 누구나 처음에는 강한 학습욕구를 갖고 태어납니다. 아기들은 매일 최선을 다해 자신의 능력을 발휘하지 않습니까. 심지어 걷기와 말하기처럼 평생에 걸쳐 가장 어려운 일조차도 그때 배우는 겁니다. 너무 어렵다거나 노력할 가치가 없다는 이유로 포기하는 법이 없어요. 아기들은 실수하거나 창피할까봐 걱정하지 않지요. 걷고, 넘어지고, 다시 일어납니다. 그저 앞만 보고 전진할 뿐이지요.

그런데 이 넘쳐흐르는 열정을 가로막는 게 있으니, 바로 고정 마인드셋입니다. 자기 자신을 평가할 수 있는 나이가 되자마자, 어떤 아이는 도전을 두려워하고 똑똑하다는 소리를 듣지 못할까봐 걱정하게 됩니다. 수천 명의 사람들을 미취학 아동 때부터 연구하고 지켜봐 온 저는, 너무나 많은 이들이 배울 수 있는 기회를 거부하는 모습을 보고 놀라지 않을 수 없었습니다.

4살배기 아이들에게 선택지를 주는 실험을 한 적이 있습니다. 조각퍼즐 맞추기를 하는데, 이미 풀어본 쉬운 퍼즐과 한 단계 더 어려운 퍼즐 중에서 어느 쪽을 풀어볼지 선택하는 실험이었지요. 그 어린 나이에도, 자질은 변하지 않는다는 고정 마인드셋을 가진 아이들은 보다 쉬운 쪽에 집착했습니다. 마치 ‘똑똑한 아이는 실수하지 않아요’라고 말하는 듯했지요.

하지만 더 똑똑해질 수 있다고 믿는 성장 마인드셋의 아이들은 그런 선택을 하게 한 자체를 의아하게 여겼습니다. ‘왜 그런 걸 물어봐요? 같은 퍼즐을 계속 풀고 싶을 리가 없잖아요?’ 그 아이들은 점점 더 어려운 퍼즐을 풀려고 도전했습니다. 한 여자아이는 “꼭 다 풀고 말 거야!”라고 외치기까지 했지요.

고정 마인드셋의 아이들은 자신이 성공했다는 확신을 갖길 원했습니다.

'똑똑한 사람은 항상 성공해야만 해.' 하지만 성장 마인드셋을 가진 아이들에게 성공이란 최선을 다하는 것일 뿐이었어요. '최선을 다하다 보면 똑똑해지겠지.'

당시 중학교 1학년이었던 한 여학생은 이렇게 정리했습니다. "지능이란 노력해야 얻는 거라고 생각해요. 그냥 주어지는 게 아니고요. 대부분의 아이들은 답을 확실히 모르면 손을 들지 않지요. 하지만 저는 언제나 손을 드는 쪽이에요. 만약 제 대답이 틀린다고 해도 선생님이 바로잡아 주실 테니까요. 아니면 손을 들고 '이건 어떻게 풀어야 해요?'라거나 '이해가 안 돼요. 도와주시겠어요?' 하고 묻죠. 그렇게 해야 제 지능이 높아질 테니까요."

배우지 않으려는 이유

퍼즐 하나 푸는 걸 포기한다는 게 그리 큰 문제는 아닐지도 모릅니다. 하지만 만약 미래를 결정지을 중요한 기회를 포기한다면 얘기가 달라지겠지요. 정말 그런 일이 일어나는지 확인하기 위해 우리는 좀 특수한 상황을 이용해 보았습니다. 홍콩대학에서는 모든 것이 영어로 진행됩니다. 수업도 영어로 진행되고, 영어로 된 교재를 사용하며, 시험도 영어로 출제되지요. 하지만 대학에 갓 입학한 학생들 중 일부는 영어가 유창하지 않은 경우도 있어서, 그들에게는 영어를 배우는 일이 시급한 과제입니다.

학교에 등록하러 온 신입생을 보면, 영어에 능숙하지 못한 학생은 티가 났습니다. 우리는 그런 학생들에게 중요한 질문을 던졌습니다. "영어 실력을 향상시켜야 할 학생들에게 학교에서 특별 강좌를 연다면, 그 강좌를 수강할 건가요?" 그러면서 동시에 '당신의 지능은 정해져 있고, 그걸 바꾸기란 거의 불가능하다' 같은 지문에 얼마나 동의하는지 답하게 함으로써 그 학생들의 마인드셋도 파악해 보았습니다. 그에 동의하는 사람이라면 고정 마인드셋에 보다 가까운 사람일 것이기 때문입니다. 반면에 성장 마인드셋을 가진 사람은 '당신은 자신의 지능을 언제나 향상시킬 수 있다'라는 쪽에 동의할 것이고요.

그 다음, 누가 영어 강좌를 수강하려 했는지 살펴봤습니다. 성장 마인드셋을 가진 학생들은 강하게 수강 의사를 밝혔지만, 고정 마인드셋의 학생들은 큰 관심을 보이지 않았습니다.

성공이란 배움에 달려 있다고 믿는 성장 마인드셋의 학생들은 기회를 잡으려 했지만, 고정 마인드셋을 가진 학생들은 자신의 약점을 드러내 보이길 원치 않았습니다. 그렇게 해서 단기적으로는 마음이 편할지 몰라도, 장기적으로는 자신의 대학생활 전체를 위험에 빠뜨릴 수 있는 선택으로 자신을 내몰고 말았습니다. 이것이 바로 고정 마인드셋이 '배우지 않으려는 사람'을 탄생시키는 과정입니다.

뇌파가 들려주는 이야기

성장 마인드셋과 고정 마인드셋의 차이는 사람들의 뇌파에서도 드러납니다. 우리 연구진은 두 가지 마인드셋을 가진 사람들을 컬럼비아대학교의 뇌파 실험실로 불러 모았습니다. 그들이 어려운 질문에 답하며 피드백을 받는 동안, 우리는 뇌파를 통해 그들이 언제 관심을 갖고 주의를 집중하는지 알아보려고 했습니다.

고정 마인드셋을 가진 사람들은 우리의 피드백이 오직 그들의 능력에 대한 것일 때만 흥미를 보였지요. 그들의 뇌파는 제출한 답이 맞거나 틀렸다고 말해줄 때 관심을 나타냈습니다.

그러나 그 질문에 대해 더 배울 수 있는 추가적 정보를 제시했을 때는 관심을 보이지 않았습니다. 심지어 자신의 답이 틀렸더라도 정답이 무엇인지 학습하는 데 관심이 없었지요. 하지만 성장 마인드셋을 가진 사람들은 자신의 지식을 늘릴 수 있는 정보에 깊은 관심을 보였어요. 그들에게는 '배움'이 우선이었던 겁니다.

당신의 우선순위는 무엇인가

다음 둘 중에서 선택해야 한다면, 당신은 무엇을 택하겠습니까?

'성공과 인정' vs '도전'

지적 수준을 평가할 때만 사람들에게 이런 선택이 던져지는 것은 아닙니다. 어떤 종류의 인간관계를 원하는지에 대해서도 이런 결정을 해야 하는 순간이 옵니다. "당신은 '자존심을 세워주는 사람'과 '나를 더 성장하게끔 해주는 사람' 중 누구를 고르겠습니까? 어느 쪽이 당신의 이상적인 파트너인가요?" 우리는 이 같은 질문을 청소년들에게 던졌고, 다음과 같은 답을 받았습니다.

고정 마인드셋을 가진 청소년들은 자신의 '이상적인 파트너'란, '나를 잘 받쳐주는 사람', '내가 완벽하다고 느끼게 해주는 사람', '나를 존경해 주는 사람'이라고 답했습니다. 즉 그들에게 완벽한 친구란 자신의 고정된 자질들을 소중히 아끼는 사람인 것이죠. 제 남편도 예전에는 이런 식으로 생각했다고 제게 고백했습니다. 한 사람(그의 파트너)의 '신(神)'이 되고자 바랐다는 겁니다. 다행히도 저를 만나기 전에 남편은 이런 생각을 버렸습니다.

그럼 성장 마인드셋을 가진 사람들은 어떤 파트너를 바랐을까요? 그들에게 '이상적인 짝'은 '내 잘못을 지적하고 개선할 수 있게 도와주는 사람', '더 나은 사람이 되게 해 주는 사람', '새로운 것을 배우도록 독려하는 사람'이었습니다.

그렇다고 그들이 자신을 비난하거나 자존감을 깎아내리는 상대를 원한 것은 아니었어요. 다만 자신의 발전을 도와줄 수 있는 사람을 바랐을 뿐입니다. 자기 자신을 완전히 성장한, 더 배울 것 없이 흠결 없는 존재라고 여기지 않은 겁니다.

혹시 이런 의문이 들지는 않나요? '으흠, 그럼 서로 다른 마인드셋을 가진 두 사람이 만나면 어떻게 될까?' 자, 성장 마인드셋을 가진 여성이 고정 마인드셋을 가진 남성과의 결혼생활에 대해 다음과 같이 말하는 모습을 한번 상상해 봅시다.

> '내가 큰 실수를 저질렀구나' 하고 느꼈을 때는 이미 늦은 뒤였어요. 내가 "왜 우리는 이렇게 데이트를 많이 안 해?"라거나 "뭔가 결정하기 전에 나랑 더 상의했으면 좋겠어" 같은 말을 할 때마다 그이는 충격을 받았어요. 그래서 내가 제기한 문제에 대해 얘기하게 되기는커녕, 그이의 기분을 풀어주느라 시간을 다 써버리고 말았지요. 뿐인가요, 그때마다 자기 엄마에게 전화를 걸더군요. 엄마는 자기가 듣고 싶은 칭찬을 끊임없이 해 주니까요. 우리는 둘 다 어리고 결혼에 대해 아는 게 없었죠. 전 단지 대화가 하고 싶었을 뿐이었는데요.

성공적인 관계에 대한 남편의 생각(완벽하고 무조건적인 수용)과 아내의 생각(문제를 해결하는 것)이 서로 달라서 발생한 상황입니다. 두 사람의 마인드셋이 다르면 이렇게 파국을 낳을 수도 있습니다. 누군가에게는 '성장'이지만, 상대에게는 '악몽'이 될 수도 있는 겁니다.

CEO라는 병에 걸리면

남들보다 높은 자리에 앉아 군림하고 완벽해 보이기를 원하는 인물을 두고, 우리가 종종 'CEO 병'을 앓고 있다는 표현을 쓴다는 점은 그리 놀라울 것이 없습니다. 리 아이아코카(Lee Iacocca)가 대표적으로 그런 인물의 나쁜 전형이라고 할 수 있지요. 크라이슬러 자동차의 수장으로 성공을 거둔 뒤 아이아코카는 앞서 우리가 얘기했던, 고정 마인드셋을 가진 딱 4살배기 아이 같은 모습을 보였습니다. 외형만 좀 바꾼 비슷한 차량 모델을 계속해서 출시했던 것이죠. 하지만 불행히도, 어떤 소비자도 그런 제품을 원하지는 않았습니다.

그러는 동안 일본 자동차 회사들은 차의 외관과 기능에 대해 완전히 새롭게 생각을 바꿨습니다. 그리고 우리가 이미 알고 있듯이, 일본 자동차가 시장을 빠르게 장악해 버렸지요.

CEO들은 항상 이런 선택과 마주합니다. 자신의 결점에 과감히 맞서야 하는가, 아니면 자신에게 결점이 없는 세상을 만들어내야 하는가? 아이아코카는 둘 중 후자를 택했다고 할 수 있지요. 그는 주변을 추종자로 채우며 비판자는 몰아냈고, 그럼으로써 곧 자신의 주력 분야에 대한 감마저 잃고 말았습니다. '배우려 하지 않는 자'가 되어버린 것이지요.

하지만 CEO라고 해서 모두 그 병에 걸리는 것은 아닙니다. 매번 자신의 단점에 맞서 극복하는 위대한 리더들도 많지요. 미국의 유명 제지회사 킴벌리-클라크에서 뛰어난 성과를 보였던 다윈 스미스는 "나는 그 자리에 어울리는 사람이 되기 위해 노력하는 일을 한시도 멈추지 않았다"고 회상했습니다. 성장 마인드셋을 지녔던 홍콩대학의 학생들 같은 이런 사람들은 자신을 개선하기 위한 노력을 결코 소홀히 하지 않지요.

CEO가 마주하는 딜레마는 또 있습니다. 회사의 주가를 올리고 자신을 빛나게 해 줄 수 있는 단기적 전략을 선택해야 하는가, 아니면 주주들의 반대를 무릅쓰고라도 회사의 장기적 성장의 토대를 놓을 수 있는 체질 개선에 투자해야 하는가. 이것 또한 CEO가 선택해야 할 문제입니다.

스스로 고정 마인드셋을 가졌다고 천명한 앨버트 던랩(Albert Dunlap)은 가전제품 회사 선빔(Sunbeam)의 회생을 위해 영입되었습니다. 그는 주가를 올릴 수 있는 단기 전략을 택했고, 그 결과 주가는 치솟았지만 결국 회사는 무너지게 됐습니다.

반면 자타가 공인하는 성장 마인드셋의 소유자 루 거스트너(Lou Gerstner) 또한 IBM을 살리는 일에 뛰어들었습니다. 그가 IBM의 조직 문화와 정책을 개조하는 엄청난 일에 매달리는 동안 회사의 주가는 정체되었고 월가에서는 거스트너를 실패자라고 조롱했지요. 그러나 몇 년 지나지 않아 IBM은 다시 최고의 위치에 올라섰습니다.

마인드셋이 성장을 결정한다

성장 마인드셋의 소유자는 단지 도전을 추구하는 데 그치지 않고, 도전을 통해 성장하는 모습을 보입니다. 도전이 거세고 어려운 것일수록 더 많이 성장하는 것이죠. 이런 현상은 특히 스포츠 분야에서 두드러지게 나타납니다. 우리는 그렇게 성장하고 뻗어나가는 운동선수들을 찾아볼 수 있습니다.

가장 위대한 축구 스타였던 미아 햄이 바로 그런 경우지요. "운동선수로서 내 삶은 언제나 나이와 기술, 경험이 더 많은, 한마디로 저보다 뛰어난 선수들에 대한 도전, 그 자체였다고 할 수 있지요." 그녀가 처음 축구를 시작한 상대는 자신의 오빠였습니다. 그러다 10살이 되자 11살 소년들로 구성된 축구팀에 합류했지요. 그리고 마침내 미국 최고의 대학 축구팀에 입단하기까지 했습니다. "그 선수들의 수준에 맞추려 노력하던 그 시절, 나는 상상 이상으로 빠르게 성장하는 자신을 느낄 수 있었어요."

레슬링 선수 패트리샤 미란다는 고등학생 시절, 그저 레슬링을 하고픈 뚱뚱하고 둔한 학생에 지나지 않았습니다. 매트 바닥에 심하게 내동댕이쳐진 그녀는 "너 참 한심하다"란 소리까지 들었지요. 시원하게 울고 난 뒤 각성의 시간이 찾아왔습니다. "마음을 독하게 먹었죠. 끈질기게 노력하고 집중하면, 나를 믿고 훈련에 매진하면 정말 좋은 레슬러가 될 수 있는지 확인해 보고 싶었어요." 미란다는 과연 어떻게 이런 결심을 하게 된 걸까요?

그때껏 미란다의 삶에서 특별한 '도전'이란 존재하지 않았습니다. 하지만 어머니가 40살의 나이에 동맥류 질환으로 사망하고 나서 10살 미란다는 하나의 원칙을 세웠지요. "마지막 임종의 순간에 '진정 후회없는 삶을 살았노라'고 멋지게 한마디를 내뱉을 수 있는 삶을 살고 싶었어요. 엄마가 돌아가셨을 때 비로소 그런 절실함이 내게 생겨난 거죠. 손쉬운 일만 하며 산다는 건 부끄러운 일이라고 생각해요." 그래서 레슬링이 도전이란 과제를 던졌을 때, 그녀는 물러서지 않고 돌진할 준비가 되어 있었던 것입니다.

노력은 그녀를 배신하지 않았습니다. 24살에 미국 대표팀의 일원으로 참가한 아테네 올림픽에서 동메달을 획득하고 금의환향했던 겁니다. 그게 끝이 아니었어요. 이번에는 예일대 법대에 도전했습니다. 주변에서는 그녀를 만류하며 이미 정상에 오른 자리를 지키라고 했지만, 바닥에서부터 다시 시작하는 일의 짜릿함을 이미 알고 있는 미란다는 이번엔 자신이 어디까지 성장할 수 있는지 시험해 보려 합니다.

가능성을 넘어 성장하는 사람들

때로 성장 마인드셋을 가진 사람들은 자신을 불가능의 한계 이상까지 끌어올립니다. 1995년, 영화 〈슈퍼맨〉 시리즈의 주연 배우로 유명한 크리스토퍼 리브는 낙마(落馬) 사고를 당했습니다. 목뼈가 부러지고 척수가 끊어진 그는 목 아래가 완전히 마비되는 지경에 이르렀지요. 의료진은 '안타깝지만 어쩔 수 없는 일'이라며, 그 상태를 받아들이며 살라고 조언했습니다.

하지만 리브는 전기 자극의 도움을 받아 마비된 신체의 각 부분을 재활하는 프로그램을 시작했습니다. '왜 다시 움직이는 법을 배울 수 없다는 건가? 뇌가 명령하면 신체가 그 명령을 수행하는 상태에 이르지 못할 이유가 뭐란 말인가?'라는 각오였을 겁니다. 의사들은 그에게 그러다가 자칫 깊은 절망의 나락으로 떨어질 수 있다고 경고했습니다. 이전에도 그런 도전에 나선 환자들을 여럿 봐 온 의사들은, 이것이 리브가 새로운 환경에 적응하지 못하고 방황하는 증거라 여겼던 겁니다. 하지만 리브에게 달리 어떤 길이 있었을까요? 그는 단지 최선의 선택을 내렸을 뿐입니다.

5년이 흐르자 리브의 몸은 마침내 움직이기 시작했습니다. 처음에는 손을 움직일 수 있었고, 다음엔 팔, 다리, 몸통으로 이어졌지요. 완치와는 거리가 멀었지만, 그의 뇌가 다시 자신의 몸에 신호를 보내고 몸이 반응하는 모습이 뇌 스캐너에 잡혔습니다. 리브는 자기 능력의 한계를 넘었을 뿐 아니라, 신경계와 그 회복 가능성에 대한 의학계의 사고 자체를 변화시켰던 것입니다. 그 덕분에 모든 척수 손상 환자들과 관련 연구에 새로운 희망과 지평이 열릴 수 있었지요.

결과에만 집착하는 사람들

성장 마인드셋을 가진 사람들이 최선을 다하면 분명히 성장합니다. 그렇다면 고정 마인드셋의 소유자들은 언제 성장할까요? 모든 상황이 안전하고 쉬운 경우에만 가능한 일입니다. 만약 도전이 너무 어렵거나, 자신이 부족하고 재능이 없다고 느낄 때 그들은 흥미를 잃어버립니다.

저는 첫 화학 수업을 듣는 의예과 학생들을 추적 관찰하면서 이런 광경을 목격했습니다. 그들 대부분에게 그때까지의 삶이란 의사가 되는 과정이었고, 이 수업은 과연 의사가 될 수 있는지 결정하는 자리였습니다. 또한 가장 큰 난관 중 하나이기도 했지요. 시험 평균 점수는 C+였는데, 지금껏 A 이하의 점수는 거의 받아본 적이 없는 학생들로서는 받아들이기 쉽지 않았을 겁니다.

대부분의 학생들이 처음엔 화학에 꽤나 관심을 가지고 덤벼들었습니다. 하지만 학기가 지나면서 상황이 달라졌지요. 고정 마인드셋을 가진 학생들은 수업을 잘 따라갈 수 있을 때만 흥미를 유지했습니다. 수업에 어려움을 느끼자 흥미와 관심도가 뚝 떨어진 겁니다. 자신의 지능을 입증해 주지 못하는 수업이라면 도저히 즐길 수가 없었던 것이지요.

한 학생은 이렇게 말했습니다. "수업이 어려워질수록 교재를 읽고 시험 공부를 하는 데 더 매달렸어요. 전에는 화학에 재미가 있었는데, 이제는 화학이라면 속부터 울렁거립니다."

이와는 대조적으로, 성장 마인드셋을 가진 학생들은 수업이 꽤 어렵다는 걸 알게 된 이후에도 비슷한 관심도를 유지했습니다. "생각했던 것보다 훨씬 어렵지만, 사실 바로 이게 내가 바랐던 거라서 의지가 더 생기는 걸요. 내가 할 수 없다는 세상의 시선이 오히려 나를 전진하게 하니까요." 이렇게 도전과 관심이 앞서거니 뒤서거니 하면서 나타나는 겁니다.

우리 연구진은 그들보다 어린 학생들에게서도 같은 현상을 찾아볼 수 있었습니다. 초등학교 5학년 학생들에게 퍼즐 문제를 내주자 처음에는 모두 좋아했지요. 하지만 더 어려운 문제를 내줄수록 고정 마인드셋을 가진 아이들의 기쁨은 급감했습니다. 풀다 남은 퍼즐을 집에 가져가겠다는 생각까지 바꾼 아이도 있었어요. "전 괜찮아요. 집에 같은 게 있으니 그냥 두고 갈게요"라고 둘러대면서 말이지요. 하지만 실제로는 그저 마음먹은 만큼 빨리 풀지 못해서 포기했을 뿐이었습니다. 평소에 퍼즐을 아주 잘 풀었던 아이들도 마찬가지였지요. '퍼즐을 잘 푸는 능력'조차도 떨어지는 흥미는 붙잡을 수 없었던 모양입니다.

그러나 성장 마인드셋을 가진 아이들은 어려운 문제들에 딱 달라붙어 떨어질 줄 몰랐습니다. 그 아이들이 바라던 것이 바로 그렇게 어려운 퍼즐이었고, 풀다 남으면 집에 가져가고 싶어 했지요. 한 아이는 이렇게 묻기까지 했습니다. "이 퍼즐들 이름이 뭔지 좀 써 주실래요? 다 풀고 나면 엄마에게 더 사달라고 하게요."

얼마 전에 저는 러시아의 위대한 무용수이자 코치인 마리나 세묘노바(Marina Semyonova)에 대한 이야기를 읽었습니다. 그녀가 학생들을 선발하는 방식은 그야말로 마인드셋에 대한 현명한 테스트라고 할 수 있습니다. 그녀에게 배웠던 한 학생은 이렇게 회상했습니다. "우선 코치님이 자신의 칭찬과 비판에 어떻게 반응하는지 보는 시험에서 살아남아야 해요. 비판에 대한 수용력이 높은 아이들이 높은 점수를 받게 되죠."

즉 세묘노바는 학생들을 두 그룹으로 구분한 겁니다. 자신이 이미 통달한 쉬운 과제에서 기쁨을 얻는 학생들과 어려운 과제로부터 기쁨을 얻는 학생들로 말이죠. 물론 후자가 앞으로 그녀의 가르침을 얻게 될 거라는 건 자명한 일이었고요.

저는 인생에서 처음으로 스스로에게 "너무 어렵지만 재미있어"라고 느꼈던 때를 아직도 잊지 못합니다. 바로 그때가 저의 마인드셋이 바뀐 순간이었겠지요.

'능력'보다 '배움'이 중요하다

고정 마인드셋을 가진 사람들에게 일은 점점 꼬이게 되어 있습니다. 성공하는 것만으로는 만족하지 못하기 때문입니다. 단지 남들보다 똑똑해 보이고 재능 있어 보이는 정도로는 충분치 않습니다. 거의 완벽한 수준에 올라야 하는 거지요. 그것도 지금 당장.

우리는 초등학생부터 청소년에 이르는 다양한 학생들에게 '언제 똑똑하다는 생각이 드는지' 물어보았습니다. 마인드셋에 따른 차이는 아주 컸습니다. 고정 마인드셋을 가진 경우엔 다음과 같은 답이 나왔습니다.

"아무 실수도 저지르지 않았을 때요."

"뭔가를 빠르고 완벽하게 끝냈을 때죠."

"나한테는 쉬운데 다른 사람들은 어려워할 때 그래요."

즉 '지금 당장' '완벽'해야 하는 겁니다. 하지만 성장 마인드셋을 가진 사람들은 이렇게 말했습니다.

"정말 어려운 일을, 정말 열심히 했을 때죠. 그리고 예전에는 못했던 일을 해냈을 때요."

"뭔가에 오래 매달렸는데 마침내 알아냈을 때입니다."

그들에게 당장의 '완벽'은 중요하지 않았습니다. 단지 시간이 걸리더라도 무엇인가를 배우게 됐을 때 비로소 '똑똑하다는 생각'을 하게 되는 것이죠. 도전에 맞서 성과를 얻어 냈을 때처럼요.

고정 마인드셋을 가진 사람들은, 배우기 전부터 자신의 능력이 드러나기를 기대합니다. 말하자면 뭔가를 얻고자 한다면 얻어야 마땅하고, 얻지 못했다면 그것으로 끝이라는 생각인 것이죠. 저는 그런 모습을 항상 목격합니다.

제가 예전에 학생들을 가르쳤던 컬럼비아대학교 심리학과는 전 세계로부터 지원자들이 몰리지만, 1년에 단 6명의 대학원생만을 뽑습니다. 그들은 모두 놀라운 시험 성적, 거의 완벽한 학점, 저명한 학자들이 보낸 더할 나위 없는 추천서를 가지고 옵니다. 무엇보다도 그들은 최고의 대학원들로부터 구애를 받아온 학생들이지요.

하지만 그들 중 일부가 자신을 사기꾼처럼 여기게 되는 데는 하루면 충분합니다. 어제만 해도 소위 '잘 나가던' 자신이 하루아침에 실패자로 전락하는 느낌을 받는 거죠. 왜 이런 일이 벌어질까요? 교수 소개에 붙어 있는 우리의 긴 논문 목록을 보고는 "젠장, 난 이렇게 못하겠네" 하며 좌절합니다. 또 선배들이 논문을 제출하거나 연구 보조금 지원서를 제출하는 모습을 보고는 역시 "이런, 난 이렇게 할 수 없어!" 하고 탄식하고요. 시험을 잘 보는 법, A학점을 받는 법은 알아도 '아직' 논문을 쓰고 연구하는 방법은 모르는 겁니다. 그렇습니다, '아직'이요. 그들은 자신들이 '아직' 그 방법을 모른다는 점을 당연하게 여기지 못하는 겁니다.

그들에게 그 방법을 가르치기 위해서 학교가 존재하는 것 아닌가요? 그런 일들을 배우기 위해서 대학원에 온 것이지, 이미 다 알고 있다면 대체 왜 이곳에 힘들게 온 건가요?

저는 재닛 쿡과 스티브 글래스도 이와 마찬가지였을 거라고 생각합니다. 그들은 날조한 기사로 최고의 자리까지 오른 젊은 기자들입니다. 재닛 쿡은 마약에 중독된 8살 소년에 관한 〈워싱턴 포스트〉 기사로 퓰리처 상을 거머쥐었습니다. 하지만 그 소년은 실제 존재하지도 않는 인물로 밝혀졌고, 결국 그녀는 퓰리처상을 박탈당했지요. 스티븐 글래스는 〈뉴리퍼블릭(The New Republic)〉지에서 촉망받던 인재로, 기자라면 모두 꿈꾸는 기사거리와 취재원을 가진 듯 보였습니다. 하지만 취재원들이 실제로는 존재하지 않았고 기사들은 허구라는 점이 판명되었지요.

재닛 쿡과 스티븐 글래스는 왜 당장에 완벽해져야만 했을까요? 자신들의 무지를 인정하면 동료들로부터 버림받을 걸 두려워한 것일까요? 힘겨운 취재 과정을 거치기도 전에 단숨에 뛰어난 기자가 되어야 한다고 생각했던 것일까요? 스티븐 글래스는 훗날 이런 글을 썼습니다. "우리는 스타였다. 이미 완성된 스타. 바로 그 점이 중요했다." 대중들은 그들을 사기꾼이라고 생각하지만, 제 눈에는 단지 고정 마인드셋이 주는 순간의 쾌락에 굴복해 자포자기한 재능 있는 젊은이들로 보입니다.

1960년대에 흔히 하던 말로 '과정이 결과보다 중요하다'는 표현이 있습니다. 하지만 고정 마인드셋은 사람들이 그 '과정'을 즐길 수 있도록 놔두지 않습니다. 당장에 '결과'부터 내놓으라고 닦달하는 것이죠.

시험점수는 영원한가

고정 마인드셋이 당장의 '완벽'을 왜 그렇게 중요하게 여기는지에 대해 좀 더 자세히 들여다보도록 합시다. 그 이유는 '한 번의 시험, 또는 한 번의 평가가 나의 가치를 영원히 결정지을 수 있다'고 믿기 때문입니다.

20년 전, 당시 5살이던 로레타와 그녀의 가족은 미국으로 이주해 왔습니다. 그리고 이주 뒤 며칠 후에 그녀의 어머니는 로레타를 새 학교에 데려갔고, 그녀는 바로 일종의 테스트를 치렀습니다. 그 후 로레타는 유치원에 입학했는데, 처음 그녀가 속한 반은 우수한 학생들이 모인 '독수리 반'은 아니었습니다.

하지만 시간이 흘러 로레타는 독수리 반으로 옮겼고, 나중에 고등학교를 졸업할 때까지 그 반에 남아 우수한 성적을 올리며 상도 여러 개 탔지요. 하지만 그럼에도 그녀는 독수리 반에 대해 소속감을 느끼지 못했습니다.

그녀는 자신이 맨 처음 받은 테스트가 고정된 능력을 점검하는 것이었고, 그 결과 자신이 진정한 '독수리 학생', 즉 우수생이 아니라고 믿었던 겁니다. 당시 겨우 5살이었고 새로운 나라로 이제 막 이주하는 급격한 변화를 겪었다는 점은 고려되지 않았지요. 그녀가 처음에 독수리 반에 배정되지 않은 이유는 한동안 독수리 반에 자리가 없었기 때문일 수도, 혹은 학교가 그녀를 배려해 좀 더 적응하기 쉬운 학급에 우선 배정했기 때문일 수도 있습니다. 당시의 상황을 설명할 수 있는 여러 이유들이 있었지만, 그녀는 그중에서도 특히나 나쁜 쪽을 선택한 겁니다. 고정 마인드셋의 세계에서는 독수리 학생이 '되는' 방법은 없기 때문이지요. 진정한 독수리라면, 단번에 테스트를 통과해 독수리의 자리에 올랐어야 마땅하다고 여기는 겁니다.

이런 로레타의 경우가 드문 사례일까요, 아니면 이런 식의 사고방식이 우리가 알고 있는 것보다 더 일반적으로 널리 퍼져 있을까요?

이를 알아보기 위해서 우리 연구진은 닫혀 있는 종이박스를 초등 5학년 학생들에게 보여주면서, 그 안에 시험지가 들었다고 얘기했습니다. "이 시험은 아주 중요한 학습 능력을 평가하기 위한 거야." 그 외에는 아무런 말도 해주지 않았지요. 그런 다음 아이들에게 시험에 관한 질문을 던졌습니다. 우선 아이들이 우리의 말을 받아들였는지 확인하기 위해 이렇게 물었습니다. "이 시험이 중요한 학습 능력을 평가한다고 생각하니?" 아이들 모두가 그렇다고 답했지요.

다음 질문은 이랬습니다. "이 시험이 네가 얼마나 똑똑한지 평가한다고 생각하니?" 그리고 "이 시험이 네가 나중에 얼마나 똑똑해질지 평가한다고 생각하니?"

성장 마인드셋을 지닌 학생들은 그 시험이 중요한 능력을 평가한다는 점은 받아들였지만, 그 시험이 자신의 똑똑함을 평가한다고는 여기지 않았습니다. 그리고 물론 나중에 자라서 얼마나 똑똑해질지 그 시험이 평가할 수 있다고도 생각하지 않았어요. 실제 이렇게 얘기한 아이도 있었습니다. "말도 안 돼요! 어떤 시험도 그럴 수는 없어요."

하지만 고정 마인드셋을 가진 학생들은 그 시험이 단지 중요한 능력을 측정하는 데 그친다고 믿지 않았습니다. 오히려 자신이 얼마나 똑똑한지, 또 앞으로 얼마나 똑똑해질 수 있는지까지 평가할 수 있는 거라고 굳게 믿어버렸지요. 단 한 번의 시험으로 현재의, 그리고 미래의 가장 기본적인 지적 능력을 측정할 수 있다고 여긴 겁니다. 말하자면, 그 시험에 자신을 규정할 수 있는 권력을 부여한 것이나 마찬가지입니다. 이것이 고정 마인드셋을 가진 사람에게, 모든 성공이 그토록 중요하게 여겨지는 이유인 겁니다.

잠재력에 대한 새로운 시각

이 연구는 우리로 하여금 다시 '잠재력'의 의미를 되돌아보게 해 주었습니다. 우리의 잠재력이 무엇인지, 우리가 어떤 능력을 갖고 있는지, 또 어떤 미래를 맞이할지, 과연 어떤 시험이나 전문가를 통해 예측하는 것이 가능한지 질문을 던지게 만든 겁니다. 고정 마인드셋은 이 질문에 '그렇다'라고 답하는 쪽입니다. 당장의 고정된 능력을 평가할 수 있고, 그 결과를 미래에 투영해 보는 것도 가능하다는 것이죠. 시험을 보거나 전문가에게 물어보면, 마법 구슬도 필요 없이 정확한 결과를 얻을 수 있다는 생각인 겁니다.

잠재력을 바로 파악 가능하다는 생각이 얼마나 널리 퍼져 있는지 잘 알려주는 사례가 있습니다. 존 F. 케네디 대통령의 아버지인 조지프 P. 케네디는 젊은 모턴 다우니 주니어(Morton Downey Jr., 훗날 유명 TV쇼 진행자이자 작가가 되었다)에게 '자네는 실패자가 될 거야'라고 혹평했습니다. 대체 왜? 그 이유는 다우니가 뉴욕의 인기 있는 나이트클럽인 '스토크 클럽'에 빨간 양말과 갈색 구두를 신고 왔기 때문이었습니다.

케네디는 다우니에게 이렇게 말했습니다.

"모턴, 나는 살면서 빨간 양말에 갈색 구두를 신은 사람 중에 성공한 인물은 보지 못했어. 젊은이, 그렇게 해서 남들 눈에 띌 수 있을지는 몰라도, 결코 존경받고 성공하지는 못할 걸세."

우리가 익히 아는 성공한 유명인 중에서도 전문가들로부터 미래가 밝지 못하다는 평을 들은 사람들이 많습니다. 화가 잭슨 폴락, 소설가 마르셀 프루스트, 엘비스 프레슬리, 가수 레이 찰스, 영화배우 루실 볼, 그리고 찰스 다윈까지, 이들 모두는 그들의 분야에서 잠재력이 부족하다는 평가를 받은 적이 있습니다. 그리고 실제로도 이들 중 일부는, 사실 초기부터 그리 뛰어난 면모를 보이지는 못하기도 했지요.

하지만 오랜 시간에 걸쳐 노력과 지도를 통해 한 사람의 능력을 발전시킬 수 있는지 여부를, 어떻게 잠재력이라는 것으로 단숨에 평가할 수 있을까요? 그리고 평가라는 것은 단지 한 시점에 대해 내릴 수 있는 것일 뿐입니다. 노력과 시간을 들이고 제대로 지도를 받으면 사람이 어디까지 발전할 수 있을지 어떻게 알 수 있단 말인가요? 단지 어느 시점에 있어서 그 사람의 능력을 평가할 수 있을 뿐이고, 잭슨, 마르셀, 엘비스, 레이, 루실, 찰스에 대해 내린 전문가들의 평가는 딱 그 시점에만 유효한 겁니다. 당시의 그들은 아직 자신의 가능성을 다 펼치지 못한 상태이기 때문이죠.

예전에 런던에서 폴 세잔의 초기 회화 전시회에 갔던 적이 있습니다. 전시회에 가는 길에서 저는 세잔은 어떤 사람이었는지, 널리 알려지기 전 그의 그림은 어땠는지 궁금했지요. 세잔은 제가 가장 좋아하는 예술가였으며, 근대 회화의 토대를 닦은 인물이었기에 강렬한 호기심이 일었습니다. 전시회에서 제가 받은 인상은 이렇습니다. 그림들 중 일부는 사실 별로였어요. 너무 힘이 들어가 있는 장면도 있었고, 인물들은 미숙하게 그려져 있었지요. 이후의 세잔을 연상케 하는 작품들도 몇몇 있었지만 대개는 그렇지 못했습니다. 그럼, 초기의 세잔에게는 재능이 없었다고 할 수 있을까요?

아니면 세잔이 '진정한 세잔'이 되기 위해 시간이 필요했던 것일까요?

성장 마인드셋을 가진 사람들은, 잠재력을 꽃피우기 위해서는 시간이 필요하다는 점을 이해합니다. 최근에 저는 우리 연구진이 낸 설문조사에 참여했던 한 교사로부터 불만이 가득한 편지를 한 통 받았습니다. 그 설문은 수학시험에서 65점을 받은 제니퍼라는 가상의 학생에 관한 내용이었는데, 교사들에게 '이런 학생을 어떻게 다루겠냐'는 질문을 던졌었지요.

고정 마인드셋을 가진 교사들은 기꺼이 우리의 질문에 답했습니다. 제니퍼의 점수만 보고도 제니퍼가 어떤 학생인지, 어떤 능력을 갖고 있는지 판단하고, 제니퍼를 위한 다양한 교육 방법을 쏟아냈지요. 반면, 제게 편지를 보낸 리오단 선생은 이 방식에 불끈하고 화를 냈습니다. 다음은 그가 쓴 편지 내용입니다.

> 연구 관계자 분에게
>
> 최근 요청하신 설문을 작성해 제출했습니다만, 제가 제출한 설문 내용을 연구에서 제외해 주실 것을 요청합니다. 제 생각으로는 연구 자체가 과학적으로 부적절하다고 여겨지기 때문입니다.
>
> 이 설문은 교사들에게 단 하나의 숫자만 보고 학생에 대해 평가하도록 요구하고 있는데, 불행하게도 그 전제 자체가 잘못되었습니다. 단 한 번의 평가만으로 성취도를 결론낼 수는 없습니다. 마치 어떤 언덕의 경사도를 측정할 때, 한 지점의 경사도만으로 전체의 기울기를 판단할 수 없는 것과 같지요. 마찬가지로 한 시점의 점수로는 한 학생의 경향, 발전도, 노력 여부, 수학문제 해결 능력을 알 수 없다고 생각합니다.
>
> 마이클 리오단 드림.

저는 리오단 선생의 비판을 기쁘게 받아들였습니다. 한 시점의 평가라는 것은 한 사람의 능력을 이해하는 데 별 가치가 없으며, 특히나 그것을 근거로 미래에 성공할 잠재력을 평가하는 것은 불가능하기 때문입니다.

오히려 다른 많은 교사들이 그렇게 생각하지 않았다는 점이 충격적인 결과라고 할 수 있었습니다. 그리고 그것이 우리의 연구가 밝히고자 한 중요한 포인트였지요.

한 번의 평가만으로 사람을 영구적으로 평가할 수 있다는 생각 때문에 고정 마인드셋을 가진 사람들이 그토록 급하게 서두르게 되는 겁니다. 지금 당장, 완벽해야만 한다는 관념을 심어주기 때문이지요. 내 전부가 지금 시험대에 올라 있는 상황에서, 누가 감히 성장을 꾀하는 여유를 부릴 수 있을까요?

그럼 잠재력을 판단하는 다른 방법이 있을까요? 미항공우주국(NASA)은 '그렇다'고 여겼습니다. 우주비행사 후보자를 모집할 때 그들은 오로지 성공만 경험해 본 사람들은 제외시키고, 대신 인생에서 중대한 실패를 겪은 후 그로부터 멋지게 회복한 사람들을 골랐습니다. 제너럴일렉트릭(GE)의 전설적인 CEO 잭 웰치가 임원을 선발하는 기준은 '성장 가능성'이었지요. 유명 발레 코치 마리나 세묘노바가 비판을 통해 힘을 얻는 학생들을 선발한 사례는 앞에서 이미 다뤘습니다. 그들 모두가 능력이 고정되어 있다는 관념을 거부하고 대신 마인드셋을 기준으로 사람을 선발한 것입니다.

당신의 특별함을 입증하라

고정 마인드셋을 가진 사람들이 성장보다는 성공을 더 중요시한다면, 그들이 진정으로 입증하고자 하는 바는 과연 무엇일까요?

바로 자신이 특별하다는 점을 입증하려는 것입니다. 적어도 남들보다 우월하다는 점을 증명해 보이려 하지요.

우리가 그들에게 "언제 당신이 똑똑하다고 느껴지나요?"라고 묻자, 그들 중 다수가 자신이 뭔가 특별한 사람, 남들과는 다르고 더 잘난 사람으로 여겨질 때라고 답했습니다.

저 역시 두 가지 마인드셋과 마인드셋의 작용에 대해 알게 되기 전까지는, 저 자신을 남들보다 더 재능이 뛰어난 사람이라고 생각했고, 제가 가진 재능이 저를 남들보다 더 가치 있게 해 준다고 믿었습니다. 남들처럼 평범해질지도 모른다는 생각만 해도 끔찍한 기분이 들었지요. 이런 생각 때문에 계속해서 평가와 검증을 필요로 하게 됐습니다. 말 한 마디, 행동 하나하나가 중요했어요. 그것들이 모두 저의 재능지수, 매력지수, 호감지수가 되어 점수로 기록될 것만 같았기 때문에. 하루를 잘 보내야만 높은 점수를 받을 수 있다고, 그렇게 생각했습니다.

한번은 이런 일이 있었어요. 어느 시리도록 차가운 겨울밤, 저는 오페라를 관람하러 갔습니다. 그날의 오페라는 정말 최고의 공연으로, 모든 관객들이 오페라가 끝나고 커튼콜이 모두 마무리될 때까지 자리를 떠나지 않을 정도였습니다. 결국 관객들이 한꺼번에 거리로 쏟아져 나와 택시를 잡게 되었지요. 지금도 똑똑히 기억납니다. 이미 자정을 넘긴 시간이었고, 영하 10도 아래인데다가 바람까지 강하게 부는데 시간은 계속 흐르고 있었기에 저는 점점 더 못 볼 꼴이 되어 갔지요. '과연 내가 택시를 잡을 수 있을까?' 하는 생각이 들 때쯤 갑자기 택시 한 대가 제 바로 앞에 멈춰 섰어요. 심지어 뒷문 손잡이가 딱 손앞에 닿도록. 그리고 제가 차에 오르자 택시 기사가 한마디 하더군요. "손님이 좀 달라 보였어요." 아, 전 바로 그 순간을 위해 살아왔습니다. 단지 특별할 뿐만 아니라, 멀리서도 눈에 띌 수 있을 정도의 사람이었던 거죠.

사람들의 자존심을 받드는 분위기가 이런 식의 사고방식을 부추겼고, 자신의 우월성을 확인할 수 있게끔 하는 장치까지 개발되기에 이르렀습니다. 최근에 전 그런 제품의 광고를 본 적이 있었습니다. 제 친구 둘은 매년 연말마다 이전 크리스마스에 제게 선물로 주지 않았던 10가지 물건들의 목록을 보내줍니다. 1월부터 11월까지 카탈로그를 오리거나 인터넷에서 다운로드 받아 후보 제품 목록을 만들어 뒀다가 12월에 선물을 선택하는 것이죠. 그중에서 제가 가장 좋아했던 제품은 휴대용 화장실인데, 사용 후에 접어서 주머니에 넣을 수 있을 정도로 작았습니다. 그리고 올해 제 마음에 가장 들었던 것은 'I LOVE ME'라는 글자가 대문자로 크게 박혀 있는 거울이었습니다. 그 거울을 들여다보기만 해도 '나는 나를 사랑해'라는 메시지를 스스로에게 보낼 수 있으며, 굳이 남들이 나의 특별함을 인정해줄 때까지 기다리지 않아도 됩니다.

물론, 그런 거울이 어떤 해를 끼친다는 건 아닙니다. 문제는 자신이 '특별한 사람'이라는 생각이 '남들보다 더 나은 사람'이라는 뜻으로 인식되기 시작할 때 발생하지요. 그리고 그건 곧 '더 가치 있는 사람', '더 우월한 사람'으로, 또 '대단한 자격이 있는 사람'으로까지 확대됩니다.

나는 특별한 사람이다!

테니스계의 악동(惡童) 존 매켄로는 고정 마인드셋을 가진 사람이었습니다. 그는 오직 재능만이 전부라고 여겼지요. 그는 도전을 즐기는 타입이 아니었어요. 일이 뭔가 틀어지면 그냥 접어버리곤 했습니다. 자신도 인정했지만, 그 결과 그는 자신의 잠재력을 제대로 발휘하지 못했지요.

하지만 그의 재능은 실로 대단해서 4년 동안 테니스 선수 중 세계 1위의 자리를 지킬 수 있었습니다. 이제 그는 우리에게 소위 '세계 1위'가 과연 어떤 것이었는지 말해줍니다.

매켄로는 경기 중에 손에 나는 땀을 흡수시키기 위해 톱밥을 사용했습니다. 그런데 한번은 톱밥이 그의 마음에 들지 않았어요. 그가 톱밥이 든 통을 라켓으로 때려 뒤집어 엎어버리자, 그의 에이전트인 게리가 놀라서 뛰어왔습니다.

> "이것도 톱밥이라고 가져온 거야?" 제가 에이전트에게 대놓고 소리쳤죠. 톱밥이 너무 잘게 갈려 있었어요. "꼭 쥐약처럼 생겼네! 일 좀 제대로 할 수 없어?" 그래서 게리가 뛰어나갔고, 20분 뒤에 더 거친 톱밥을 한 통 들고 돌아왔지요. 알고 보니 20달러를 주고 톱밥을 거칠게 갈아달라고 부탁했던 것이었습니다. 그게 소위 세계 1위란 사람이 한 짓이었지요.

매켄로는 다른 일화도 들려줬습니다. 자신을 초대한 기품 있는 일본인 여성 앞에서 음식을 토한 적이 있었는데, 다음날 그녀가 오히려 고개를 숙이고 사과를 하면서 그에게 선물까지 안겨줬다는 겁니다.

> 그것도 역시 세계 1위라서 일어난 일이죠. 모든 게 자신만을 위해 존재하는 것 같아요. "필요한 건 더 없으세요? 다 맘에 드시나요? 이걸 사드리고, 이걸 해드리죠. 원하는 건 뭐든지." 이런 말을 듣고, 그저 자기가 원하는 대로 다 하는 겁니다. 그렇지 않으면 "당장 치워"라고 말하면 그뿐이죠. 오랫동안 저는 그러면서도 전혀 신경 쓰지 않았다고요. 무슨 말인지 아시겠어요?

자, 이런 식입니다. 만약 당신이 성공한 사람이라면, 당신은 다른 사람들보다 더 나은 사람이라는 거죠. 따라서 다른 이들을 함부로 대하고 그들의 위에서 군림하려 듭니다. 고정 마인드셋에서는, 이런 것이 소위 자존심이라는 미명 하에 자행되는 일입니다.

이와는 대조적인 모습을 마이클 조던에게서 발견할 수 있습니다. 성장 마인드셋을 가진 이 뛰어난 운동선수는 흔히 '슈퍼맨', '인간의 모습을 한 신(神)', '농구화를 신은 예수' 등으로 불릴 정도로 대단한 업적을 남겼지요. 만약 스스로를 특별하다고 생각해도 마땅할 만한 사람이 있다면, 바로 마이클 조던일 겁니다. 하지만 그는 자신의 복귀 소식으로 농구계가 떠들썩한 가운데 이런 말을 남겼습니다. "제 컴백 소식에 이렇게 난리법석이라니 어리둥절하네요. 사람들은 마치 제가 종교적인 우상이라도 되는 듯이 칭찬하지만, 저로서는 꽤나 당황스럽습니다. 저는 다른 사람들과 마찬가지로 한 인간일 뿐인데요."

조던은 자신이 능력을 개발하기 위해 얼마나 열심히 노력했는지 알고 있었습니다. 그는 단지 분투하고 성장한 인간일 뿐, 날 때부터 남들보다 잘난 사람이 아니었던 겁니다.

미국 작가 톰 울프는 자신의 책 《필사의 도전(The Right Stuff)》(1979년 발표, 동명의 영화가 1982년 개봉)에서 고정 마인드셋에 푹 빠진 엘리트 군 조종사들에 대해 묘사했습니다. 계속해서 아주 힘든 훈련들을 거치는 동안, 그들은 스스로가 특별하다고, 남들보다 더 똑똑하고 더 용감하게 태어난 인간이라고 여기게 되었지요. 하지만 주인공 척 예거는 달랐습니다. "타고난 파일럿 같은 건 없어요. 내 소질이나 재능과는 상관없이, 유능한 파일럿이 되는 건 정말 힘든 일이고, 평생을 배워야 하는 일입니다. 최고의 파일럿이라면 남들보다 더 많이 비행해야 하지요. 오직 그게 그가 최고인 이유입니다." 마이클 조던처럼, 그도 한 인간에 지나지 않았습니다. 다만 스스로를 극한까지 단련했을 뿐입니다.

요약하자면, 자질이 고정되어 있다고 믿는 사람들은 성공해야 한다는 압박에 시달리고, 실제로 성공하게 되면 단순한 자존심 이상의 기분에 휩싸이게 됩니다. 그들이 그렇게 우월감을 느끼게 되는 이유는, 그들에게 성공이란 '자신의 자질이 남들보다 우수하다'는 것을 의미하기 때문인 것입니다. 그러나 고정 마인드셋이 내세우는 자존심이 이런 것이라면, 아주 단순한 질문 하나가 아프게 꽂힐 수밖에 없습니다. '당신이 성공해야만 뭔가 대단한 사람인 것이라면, 성공하지 못했을 때 당신은 대체 어떤 존재인 것인가?'

마인드셋은 실패의 의미를 바꾼다

마틴 부부는 3살짜리 아들 로버트를 섬기다시피 하면서 아이의 대단한 능력을 떠벌리고 다녔습니다. 세상에 로버트만큼 총명하고 창의적인 아이는 없다는 식으로 말이죠. 그런 로버트가 용서받기 어려운 짓을 저지르고 말았습니다. 뉴욕 최고의 유치원에 입학하지 못한 겁니다. 그날 이후 마틴 부부는 아이에게 냉담하게 대했습니다. 더 이상 아들에 대해 얘기하지도 않았고, 예전과 같은 자존심과 애정을 갖고 아이를 대하지도 않았지요. 로버트는 단지 부모와 스스로를 부끄럽게 만드는 아이일 뿐, 이미 더 이상 예전의 그 총명했던 아들이 아니었으니까요. 겨우 3살에 로버트는 이미 '실패자'가 되어버린 겁니다.

〈뉴욕타임스〉는 한 기사를 통해 실패의 의미가 과거에는 하나의 '행동'("나 실패했어")이었지만 이제는 '정체성'("나는 실패자야")으로 변질되었다고 지적했습니다. 고정 마인드셋에서 특히 심하게 나타나는 현상입니다.

어린아이였을 때 저 역시 로버트 같은 운명을 맞을까봐 걱정했습니다. 초등학교 6학년이었던 저는 학교에서 영어 단어를 가장 잘 기억하는 학생이었지요. 교장 선생님은 시에서 개최하는 대회에 저를 내보내길 바랐지만, 제가 거절했습니다. 중학교 3학년 때는 프랑스어를 잘해서 선생님이 역시 시 대회에 나가라고 권했지만 역시 거절했습니다. 성공이 자칫 실패로 바뀔 수 있는 위험을 굳이 떠안아야 할 필요가 없다고 생각했던 겁니다. 한 순간에 승리자에서 패배자가 될 수도 있는데, 대체 왜?

위대한 골퍼 어니 엘스 역시 이런 걱정을 했습니다. 엘스는 승부처에서 아슬아슬하게 패배하며 침체기를 보내다가 5년 만에 겨우 한 메이저 대회에서 우승했습니다. 만약 그 대회에서도 우승하지 못했다면? 그는 자신이 "다른 사람이 되어 있었을 겁니다"라고 얘기합니다. 자신이 패배자로 남았을지도 모른다고.

대학에서 불합격 통지서가 든 얇은 봉투를 보내오는 매년 4월이면, 수없이 많은 실패자들이 미국 곳곳에서 발생합니다. 수천 명의 똑똑한 젊은 학생들이 '프린스턴에 합격하지 못한 소녀'나 '스탠퍼드에 합격하지 못한 소년'이 되어 버리는 것이죠.

잊히지 않는 실패의 순간

성장 마인드셋을 가진 사람에게도 실패는 고통스러운 경험이 될 수 있습니다. 그러나 성장 마인드셋에서는 그 실패가 당신을 규정짓지는 않지요. 실패는 단지 마주하여 처리해야 할 대상이며, 또 그로부터 배움을 얻을 수 있는 문제로 여겨집니다.

미국 미식축구팀 미네소타 바이킹스에서 선수로 뛰었던 짐 마셜은 실패자가 될 뻔했던 아찔한 경험을 한 적이 있었습니다. 샌프란시스코 포티나이너스와의 경기에서 마셜은 땅에 떨어진 공을 움켜쥐고 관중의 환호성을 들으며 터치다운을 하러 내달렸습니다. 하지만 그가 뛴 방향이 잘못됐다는 게 문제였지요. 전국에 생중계되고 있는 경기에서 그만 상대팀 점수를 올려주는 엄청난 실수를 저지른 겁니다.

그야말로 마셜의 인생에서 가장 치욕적인 순간이었지요. 부끄러움은 이루 말할 수 없을 정도였습니다. 그러나 하프타임에 그는 이렇게 생각했습니다. "실수를 저질렀다면 바로잡아야지. 내겐 아직 선택의 기회가 있어. 이대로 주저앉을 것이냐, 아니면 뭔가 해낼 것이냐." 후반전을 대비해 마음을 가다듬은 그는 생애 최고의 플레이를 선보이면서 결국 팀에 승리를 안겨주었습니다.

그는 거기서 멈추지 않고 사람들 앞에서 그 경험에 대해 연설도 했고, 자신을 통해 치욕스런 경험을 인정할 용기를 얻은 많은 사람들로부터 쏟아져 들어오는 편지에 답장도 썼습니다. 경기에 임할 때 집중력도 한결 높아졌다고 합니다. 그 부끄러운 경험이 자신을 규정하도록 놔두지 않고 오히려 이용한 것이지요. 마셜은 그렇게 해서 더 나은 선수, 또 더 나은 인간이 될 수 있었다고 믿습니다.

그러나 고정 마인드셋을 가진 사람에게 실패란 영구적으로 잊을 수 없는 상처로 남을 수 있습니다. 베르나르 루아조(Bernard Loiseau)는 한때 세계 최고의 요리사였습니다. 유럽에서 가장 신뢰받는 레스토랑 안내서인 〈미슐랭 가이드〉에서 최고 평점인 '3스타'를 받은 식당은 프랑스 전체에 몇 군데가 되지 않았지만, 루아조의 레스토랑이 그중 하나였습니다. 하지만 2003년 판 미슐랭 가이드가 발간될 무렵, 갑자기 루아조가 자살하고 말았습니다. 또 다른 레스토랑 안내서 〈고미요(GaultMillau)〉에서 루아조 식당의 점수를 19점(20점 만점)에서 17점으로 2점 깎았고, 새로 발간될 〈미슐랭 가이드〉에서도 별 등급이 하나 줄어들 것이란 소문이 공공연히 퍼져 있었기 때문에요. 비록 그 소문은 낭설로 판명됐지만, 결국 실패할지도 모른다는 압박감에 스스로 사로잡혀 버린 겁니다.

루아조는 요리계의 선구자로서, 프랑스 요리에 전통적으로 사용되던 버터와 크림소스를 식재료 자체의 보다 부드러운 풍미로 대체하는 '누벨 퀴진(nouvelle cuisine)'의 발전을 이끈 장본인이었습니다. 에너지가 넘쳤던 그는 왕성한 사업가이기도 했습니다. 부르고뉴에 있는 미슐랭 3스타 레스토랑 외에도 파리에 3군데의 식당을 더 열었고, 수많은 요리책을 쓰고 냉동식품 브랜드도 만들었습니다. 그는 "난 이브 생 로랑처럼, 고급 의상과 기성복 둘 다 다루지요"라고 말했습니다.

그런 재능과 독창성을 가진 사람이라면 별 하나쯤 덜 받더라도 충분히 만족스러운 미래를 누릴 수 있었을 겁니다. 실제 〈고미요〉의 편집장은 자신들의 평점이 그의 목숨을 앗아갈 것이라고는 상상조차 할 수 없었다고 털어놨습니다. 하지만 고정 마인드셋의 세계에서는 충분히 있을 수 있는 일인 겁니다. 그들의 낮은 평점이 루아조에게 '실패자', '구시대의 유물'이라는 새로운 명패를 달아 주고야 만 것이지요.

고정 마인드셋에서 실패가 이토록 무겁게 느껴진다니 너무나 충격적인 일입니다. 잠시나마 좀 더 가벼운 얘기를 해야겠군요.

너의 성공은 곧 나의 실패

지난 여름 남편과 저는 관광용 목장을 방문했는데, 직접 말을 타 본 적 없는 우리에게는 색다른 경험이었습니다. 하루는 플라이 낚시 강습에 참여하게 됐지요. 여든 살에도 멋진 카우보이 같은 어부가 낚싯줄 던지는 법을 보여주더니 이내 우리에게 낚싯대를 쥐어주었습니다.

그러나 우리는 곧 제대로 배운 것이 없다는 점을 깨닫게 됐습니다. 송어가 언제 미끼를 물었는지 알 수 있는 방법(미끼를 세게 당기는 게 아니라서 수면의 공기방울을 관찰해야 한다), 송어가 미끼를 물었을 때의 대처법(낚싯대를 위로잡아당겨야 한다), 기적처럼 송어를 낚게 됐을 때 끌어내는 방법(공중으로 들어 올리면 안 되고 물결을 따라 당겨야 한다) 등을 아무것도 알지 못했어요. 어쨌든 시간은 흘렀고, 송어는커녕 모기에게 물어뜯기며 10명 남짓한 일행 모두가 별 소득을 내지 못하던 그때, 갑자기 제게 대박이 찾아왔습니다. 어떤 조심성 없는 송어 한 마리가 제 미끼를 물었고, 마침 옆에 있던 어부가 잡는 법을 알려준 겁니다. 그렇게 저는 무지개 송어를 낚아 올릴 수 있었습니다. 데이비드가 의기양양한 얼굴로 환한 미소를 지으며 달려왔지요. "당신과 함께하는 삶은 정말 신나는군!"

그런데 그날 저녁, 우리가 식당에 들어서자 두 남자가 남편에게 다가와 묻더군요. "데이비드, 당신 괜찮은 거요?" 데이비드는 무슨 말인지 모르겠다는 흐리멍덩한 눈으로 그들을 쳐다봤습니다. 물론 그는 알 리가 없었죠. 제가 고기를 잡았다는 사실을 마냥 즐거워하는 남자였으니까요. 하지만 저는 그 둘의 말뜻을 정확히 이해할 수 있었습니다. 그들은 데이비드가 제 성공에 기가 죽었으리라고 생각한 것이죠. 바로 그들 자신들이 그러했듯이 말입니다.

성공 전략에 대한 오해들

고정 마인드셋을 가진 사람들은 좌절로 인해 깊은 정신적 상처를 입을 수 있을 뿐 아니라, 그 좌절을 극복할 마땅한 방법조차 찾기 어렵습니다. 만약 당신의 실패가 능력이나 잠재력의 부족을 의미한다면, 즉 '당신 자신이 곧 실패'라는 뜻이라면, 대체 앞으로 무엇을 더 할 수 있을까요?

우리 연구진은 중학교 1학년 학생들을 대상으로 한 연구에서 학업에서의 실패에 맞닥뜨렸을 때, 즉 새로운 과목에서 낮은 성적을 받게 됐을 때 어떻게 대응할 것인지 학생들에게 물었습니다. 성장 마인드셋을 가진 학생들이 다음 시험을 위해 더 열심히 공부하겠다고 답한 점은 별로 놀랍지 않았습니다. 하지만 고정 마인드셋을 가진 학생들은 오히려 다음 시험 때는 '공부를 덜 하겠다'고 답했습니다. '그럴 만한 능력도 없는데 뭣하러 시간을 낭비하겠느냐'는 것이었지요. 뿐만 아니라, 커닝도 진지하게 고려해 보겠다고 하는 게 아닙니까! 능력이 없으면 다른 방법이라도 찾아야 한다는 게 그들의 생각이었던 겁니다.

더 심각한 문제는, 고정 마인드셋을 가진 사람들이 실패로부터 배우거나 개선하려고 노력하는 대신 그저 자신의 자존심만을 되찾으려고 한다는 데 있습니다. 예를 들자면 자신보다 훨씬 더 성적이 떨어지는 사람을 찾으려 드는 것이죠.

시험에서 낮은 점수를 받은 대학생들에게 다른 학생의 시험지를 볼 수 있는 기회를 주었더니, 성장 마인드셋을 가진 학생들은 자신보다 훨씬 성적이 높은 학생들의 시험지를 골랐습니다. 평소처럼 그들은 부족함을 극복하려고 한 것입니다. 하지만 고정 마인드셋의 학생들은 정말 형편없는 점수를 받은 시험지를 찾으려 했습니다. 그런 식으로 스스로의 기분을 달래려 한 것이죠.

짐 콜린스는 저서 《좋은 기업을 넘어 위대한 기업으로(Good to Great)》에서, 기업 세계에서 벌어진 유사한 일에 대해 들려줍니다. 프록터 앤 갬블(Procter & Gamble)사가 종이 제품업에 뛰어들자 당시 업계의 선두주자였던 스콧 페이퍼(Scott Paper)는 단박에 포기해 버렸습니다. 전력을 모아 일전을 준비하는 대신, "뭐, 괜찮아. 그래도 업계에는 우리보다 못한 사람들도 있으니까" 하고 물러선 겁니다.

고정 마인드셋을 가진 사람들은 실패를 경험한 뒤 자신의 자존심을 되찾기 위해 다른 사람에게 책임을 돌리거나 변명하기도 합니다. 다시 존 매켄로 얘기를 해볼까요.

매켄로에게 패배는 언제나 자기 탓이 아니었습니다. 한번은 갑자기 열이 올라서 경기에 졌고, 다음번엔 허리 통증이 문제였습니다. 너무 과도한 기대 때문에, 또는 신문기사 때문에 졌다고도 했지요. 친구를 핑계로 댄 적도 있었는데, 그 친구는 사랑에 빠졌지만 자신은 그렇지 않다는 이유였습니다. 시합 거의 직전에 음식을 먹어 패하기도 했고, 살이 너무 쪄서, 또 너무 말라서 지기도 했습니다. 날씨가 너무 춥거나 더워서, 연습이 부족해서, 또는 연습을 너무 많이 해서 진 적도 있었고요.

그에게 가장 쓰라린 패배이자 지금도 잠을 설치게 만드는 패배는 1984년 프랑스 오픈에서 벌어졌습니다. 이반 렌들을 두 세트 앞서다가 진 이유는 뭐였을까요? 매켄로의 말에 따르면, 그 또한 매켄로의 잘못이 아니었습니다. NBC 방송사의 카메라맨이 헤드폰을 벗는 순간 소음이 테니스 코트를 타고 전해졌기 때문이라는 핑계를 댔지요.

절대 자신의 탓이 아니었으므로, 매켄로는 집중력이나 감정 조절 능력을 개선하기 위한 훈련도 하지 않았습니다.

전설적인 농구감독 존 우든은 "남을 탓하기 전까지는 누구도 패배자가 아니다"라고 말했습니다. 그의 말은 곧, 자신의 실수를 인정하기만 한다면 누구든지 아직 그 실수로부터 배울 수 있다는 뜻일 겁니다.

기업 내에 오만한 정서가 가득했던 에너지 대기업 엔론(Enron)의 실패는 누구의 잘못이었을까요? 엔론의 CEO였던 제프리 스킬링(Jeffrey Skilling)은 자신의 책임이 아니라고 주장했습니다. 엔론이 하고자 했던 바를 세상이 인정해 주지 않았기 때문이라면서요. 그렇다면 대기업 분식회계 사기에 대한 법무부의 조사에 대해서는 뭐라고 했을까요? 그는 이에 대해 '마녀 사냥'이라고 대응했습니다.

성장 마인드셋을 가졌던 CEO 잭 웰치는 GE의 실패에 대해 제프리 스킬링과는 정반대의 반응을 보였습니다. 1986년 GE는 월스트리트의 투자은행인 키더 피바디(Kidder, Peabody)를 매입했는데, 거래 종료 후 얼마 지나지 않아 키더 피바디가 대형 내부자 거래 스캔들에 휘말렸습니다. 몇 년 후에는 조지프 제트라는 거래인이 자신의 보너스를 챙기려고 수억 달러 규모의 허위 거래를 한 사실이 적발되는 재앙이 다시 벌어졌습니다. 그러자 웰치는 GE의 동료 임원 14명에게 전화를 걸어 이 소식을 전하면서 개인적으로도 사과했습니다. "이 재난은 모두 제 탓입니다"라고요.

우울증도 마인드셋 때문?

베르나르 루아조는 단지 우울증에 걸려 자살했을지도 모릅니다. 당신은 어떻게 생각하나요?

심리학자이자 교육자로서 저는 우울증에 관심이 많습니다. 대학에서는 특히 2월에서 3월이 되면 우울증이 심각한 수준에 이르지요. 아직 겨울은 끝나지 않았고 여름은 멀었는데, 과제는 쌓이고 연인관계에도 찬바람이 불기 쉬운 시기이기 때문입니다. 하지만 오랜 관찰을 통해 저는 우울증에 대한 학생들의 대처가 완전히 다르다는 점을 발견했습니다. 어떤 학생들은 그냥 모든 것이 흘러가도록 놔두는 데 반해, 비참함을 느끼면서도 어떻게든 버텨내는 학생들도 있었어요. 후자 쪽은 꾸역꾸역 수업도 듣고, 과제도 해내면서 자신을 돌봅니다. 그렇게 점점 기분이 나아지고 마침내 원래의 일상으로 돌아오는 것이죠.

얼마 전, 우리 연구진은 혹시 그런 차이에 마인드셋이 어떤 역할을 하는지 알아보기로 마음먹었습니다. 우선 학생들의 마인드셋을 진단한 후, 2~3월 중 3주 동안 학생들에게 온라인 일지(日誌)를 쓰도록 시켰지요. 이 일지에 매일 학생들의 기분과 활동, 그리고 문제 대처법에 대한 질문을 던지고 기록하게 했습니다. 이렇게 해서 우리는 다음과 같은 점들을 발견할 수 있었습니다.

첫째, 고정 마인드셋의 학생들이 더 심한 우울증 증세를 보였습니다. 실패는 곧 자신의 무능함과 가치 없음을 증명하는 것이라는 생각으로 스스로를 괴롭혔기 때문입니다. "넌 얼간이야. 이 말이 머릿속에서 계속 맴돌았어요." "이 일로 내 가치가 뚝 떨어졌다는 생각을 떨쳐버릴 수가 없었어요." 이렇게 실패는 다시금 학생들에게 실패자라는 낙인을 남기고 성공의 가능성은 앗아가 버립니다.

그리고 우울증이 심해질수록 자포자기하는 경우도 늘어났습니다. 문제를 해결하려는 노력에서 점점 멀어지는 겁니다. 반드시 필요한 공부도 하지 않고, 과제도 제때 내지 않으며, 갖가지 일상적인 일을 놓아버리는 상황에 이르는 거죠.

고정 마인드셋을 가진 학생들에게서 우울증이 더 많이 발견됐지만, 우울증의 절정기에는 성장 마인드셋의 소유자들도 많은 수가 비참함에 빠져들었습니다. 그리고 바로 이 지점에서 우리는 정말 놀라운 사실을 목격했습니다. 성장 마인드셋을 가진 학생은 우울증이 심할수록(아주 심각한 우울 증세인 경우 외에는) 문제를 해결하려는 움직임도 더 많이 보이고, 과제도 더 열심히 하고, 자신의 생활도 더 적극적으로 관리하려 했습니다. 기분이 나쁠수록 오히려 점점 더 단호해지고 단단해졌던 것이죠!

실제로 그들의 행동만 봐서는 과연 낙담한 학생이 맞는지 알아보기 힘들 정도였어요. 한 학생이 제게 들려준 이야기가 있습니다.

저는 1학년이고 집에서 이렇게 멀리 떨어져본 건 이번이 처음이에요. 주변의 모두가 낯설고, 수업은 어렵고, 시간이 흐를수록 점점 더 우울해져 갔죠. 마침내 어느 날 아침에는 도저히 침대 밖으로 나올 기분이 안 드는 지경에까지 이르렀어요. 하지만 그래도 저는 매일 억지로 일어나고, 샤워하고, 면도하고, 해야 할 일들을 처리했죠. 하루는 정말 기분이 최악이라서 뭔가 도움을 청해야겠다고 생각하고 심리학 수업의 조교를 찾아가 조언을 구했어요.

"수업은 듣고 있니?" 조교가 물었어요.

"네." 제가 대답했죠.

"과제도 잘 내고 있고?"

"그럼요."

"시험 성적은 괜찮아?"

"네."

"좋아, 그럼 넌 우울증에 걸린 게 아닌 거야."

그렇습니다. 이 학생은 우울증에 걸렸지만, 성장 마인드셋을 가진 사람들이 하는 방식대로, 꿋꿋하게 자신의 생활을 챙기고 있었던 거지요.

원래의 기질이 이런 현상과 큰 관련이 있을까요? 원래 민감하게 구는 사람도 있는 반면 일이 어떻게 되든 그냥 제 할 일만 하는 사람도 있는 건 아닐까요? 물론 기질이 상당한 영향을 미치는 건 사실이지만, 여기서 가장 중요한 부분은 마인드셋이 담당하고 있습니다. 우리가 사람들에게 성장 마인드셋을 가르쳤을 때, 그 사람들이 자신의 우울한 기분에 반응하는 방식이 바뀌는 모습을 발견할 수 있었습니다. 기분이 더 나빠질수록 더욱 분발하고 닥친 문제에 맞서려는 경향이 더 강해진다는 거지요.

정리하자면, 자질이 고정되어 있다고 믿는 사람들은 실패에 의해 평가받을 위험에 항상 노출되어 있습니다. 그 실패가 그들을 영구적으로 규정짓는 겁니다. 제아무리 똑똑하고 현명하다 해도 이런 마인드셋은 그 사람이 당당히 맞설 수 있는 힘을 앗아가 버립니다.

그러나 자신의 기본적 자질이 발전할 수 있다고 믿으면, 실패가 비록 아플 수는 있어도 그 사람을 규정짓지는 못합니다. 그리고 능력이 확장될 수 있는 것이라면, 변화와 성장이 가능하다면, 자연히 성공의 가능성 역시 크게 늘어나는 것입니다.

마인드셋은 노력의 의미도 바꾼다

어렸을 때 우리는, 재능은 있지만 변덕이 심한 토끼와 느리지만 꾸준한 거북이 중에서 하나를 택해야 했습니다. 이 우화의 결론에는 '느릿느릿해도 꾸준히 노력하면 경주에서 이긴다'는 교훈이 이미 정해져 있지요. 하지만 정말로, 우리 중 누구 하나 거북이가 되고 싶어 한 사람이 있었을까요?

아닐 겁니다. 우리는 그냥 좀 덜 멍청한 토끼가 되고 싶었을 뿐이죠. 바람처럼 재빠르되 좀 더 전략적으로 행동하는 토끼 말입니다. 결승선을 통과하기 전에 낮잠을 너무 즐기지만 않으면 되는 겁니다. 어쨌든지 이기기 위해서는 남들보다 눈에 띄어야 한다는 건 누구나 아는 사실이니까요.

토끼와 거북이 우화는 원래 노력의 힘을 강조하려 했지만 결국 노력에 오명(汚名)을 뒤집어 씌웠습니다. 노력은 느림보들이나 하는 짓이라는 이미지를 심어주었고, 드물게는 재능 있는 사람이 실수를 저질렀을 때 몰래 뒤통수를 쳐야만 꾸준히 노력하는 사람이 이길 수 있다고 이해되는 경우까지 있었지요.

옛날 그림 동화책의 귀여운 주인공들은 불가능해 보이는 도전에 무모하게 나서곤 했으며, 마침내 그 도전에 성공하는 모습을 보면서 우리는 기뻐했습니다. 지금도 제가 어렸을 때 얼마나 그 주인공 녀석들을 좋아했는지 기억날 정도입니다. 하지만 결코 제 자신이 그들과 같다고 생각해 본 적은 없었어요. 이 이야기들이 주는 메시지는 이것입니다.

'불운하게도 형제들 중에서 가장 약하게 태어났다고 해도, 즉 타고난 자질이 부족하다고 해도, 반드시 실패하게 되는 것만은 아니야. 귀엽고 작고 사랑스럽게만 보이는 너도, 온갖 조롱을 참아내면서 정말 열심히 매달리면 성공할 수도 있어.'

이렇게 황송할 데가 있나요. 너무 고마워서 눈물 날 지경입니다.

하지만 이런 이야기들이 가진 문제는, 세상을 '양자택일'의 틀로 해석한다는 점입니다. 세상은 '능력이 있는 사람'과 '노력을 해야만 하는 사람'으로 나눠져 있다는 식이죠. 그리고 이건 바로 고정 마인드셋의 관점이기도 합니다. 노력은 능력이 없는 사람에게나 필요하다고 보지요. 고정 마인드셋은 우리에게 이렇게 말합니다.

"만약 네가 뭔가를 열심히 해야 한다면 분명 너는 그걸 잘하지 못하는 거야. 정말 타고난 천재에겐 세상 모든 일이 쉽단다."

제가 젊은 시절 일리노이대학 심리학과에서 교수로 있을 때의 일입니다. 어느 늦은 밤, 심리학과 건물을 지나는데 몇몇 연구실에 아직도 불이 켜져 있었습니다. 늦게까지 일하고 있던 그 동료 교수들을 보면서, 저는 '저 사람들은 나만큼 똑똑하지 않은가 봐'라고 생각했어요.

그때 왜 '똑똑한 사람들인데도 저렇게 열심히 연구하다니!'라는 생각을 전혀 하지 못했을까요! 저 역시 양자택일의 이분법에 빠져 있었던 것이다. 그리고 분명히 '열심히'보다 '똑똑한' 것이 중요하다고 여겼음에 틀림없습니다.

〈뉴요커〉지의 기자이자 작가인 말콤 글래드웰은 우리 사회가 노력을 통해 얻은 성과보다 노력 없이 저절로 얻게 된 성과에 더 큰 가치를 둔다고 평했습니다. 우리는 '영웅'을 초인적 능력을 통해 자연스럽게 위대해진 사람이라고 여깁니다. 그건 엄마 뱃속에서부터 미도리(일본의 유명 바이올리니스트)는 바이올린을 켜고, 마이클 조던은 공을 드리블하고, 피카소는 그림을 그렸다고 생각하는 것이나 마찬가지죠. 문제는 이런 고정 마인드셋의 생각이 어디에나 만연해 있다는 점입니다.

노력을 무시하는 건 비단 미국만의 문제는 아닙니다. 프랑스의 기업가 피에르 슈발리에(Pierre Chevalier)는 "프랑스는 노력하는 나라가 아닙니다. 수완만 충분하다면 뭐든 손쉽게 이뤄낼 수 있지요"라고 말했습니다.

그러나 성장 마인드셋을 가진 사람들은 이와는 매우 다른 신념을 갖고 있습니다. 그들에게 '천재'란 현재의 성과를 내기까지 부단히 노력한 사람들입니다. 오히려 재능을 가졌다는 게 뭐 그리 대단한 일이냐고 반문할 겁니다. 그들도 '천부적 재능'의 존재를 인정하긴 하지만, 노력의 가치를 더 크게 칩니다. 제아무리 능력이 뛰어나다고 해도, 능력에 불을 붙여 성과를 낼 수 있게 하는 건 노력이라고 생각하는 것이지요.

시비스킷이 주는 감동

너무 심하게 다치는 바람에 안락사가 예정된 말(馬), 시비스킷이 있었습니다. 사실 말뿐 아니라 말에 관련된 모든 사람들, 기수(騎手), 소유주, 트레이너까지 어떤 식으로든 상처를 받은 상태였지요. 하지만 악조건 속에서도 그들은 끈질긴 투지로 마침내 우승을 일궈냈습니다. 당시 대공황에 신음하던 미국에서 이 말과 기수는 끈기와 투지만 있다면 무엇이든 이뤄낼 수 있다는 걸 보여주는 상징으로 떠올랐습니다.

이 《시비스킷(Seabiscuit)》만큼이나 이 논픽션의 저자인 로라 힐렌브랜드(Laura Hillenbrand) 개인의 삶도 감동적입니다. 대학 시절 심각한 만성피로 탓에 쓰러졌던 그녀는 이후 신체 기능이 급격히 떨어졌지요. 하지만 '어떻게든 해내는 말'의 이야기에 담긴 뭔가가 그녀를 사로잡았고 의지력의 승리를 다룬, 가슴을 울리는 명작을 집필했던 겁니다. 즉 이 책에는 시비스킷뿐 아니라 저자의 승리 역시 담겨 있다고 할 수 있지요.

성장 마인드셋으로 들여다보면 이 말과 작가의 이야기는 노력이 주는 변화의 힘을 다루고 있습니다. 사람의 능력과 존재를 바꿔놓을 수 있는 그런 힘 말이죠. 하지만 고정 마인드셋에서 본다면《시비스킷》은 단지 3명의 남자와 한 필의 말에 대한 재미있는 이야기일 뿐입니다. 단점이 너무 많아서 아주 열심히 노력하지 않으면 안 되는 바보들일뿐이죠.

노력은 위험할 수 있다

고정 마인드셋에서 노력이란 결점을 가진 사람들만 하는 겁니다. 그런데 이미 자신에게 결점이 있다는 걸 알고 있는 사람은 사실 노력한다고 해서 특별히 더 잃을 게 없지요. 하지만 어떤 결점도 없는 사람, 재능을 타고난 천재라고 여겨지는 사람은 잃을 게 많습니다. 노력은 자칫 그 사람의 역량을 갉아먹을 수 있는 위험한 것이지요.

바이올리니스트 나자 살레르노-소넨버그(Nadja Salerno-Sonnenberg)는 10살의 나이로 필라델피아 오케스트라와 협연하며 데뷔했습니다. 하지만 위대한 바이올린 스승 도로시 딜레이(Dorothy DeLay)에게 사사받고자 줄리어드음대에 입학했을 때는 그녀에게 나쁜 습관들이 가득했습니다. 손가락과 활 쓰는 법이 어색했고 바이올린 잡는 자세도 잘못돼 있었지만, 나자는 변화를 거부했지요. 몇 해가 지나자 다른 학생들이 그녀를 따라잡았고 심지어 뛰어넘기까지 했어요. 결국 10대 후반의 나이에 자신감의 큰 위기를 겪게 된 겁니다. "예전에는 항상 성공했고, 신문에서는 날 신동(神童)이라고 불렀는데, 이제는 패배자가 된 기분이에요."

이 신동은 시도하는 걸 두려워했습니다. "뭐든지 하겠다는 생각만 가져도 무서웠어요. 시도하는 것도, 실패하게 되는 것도요. 오디션에 가서 최선을 다하지 않았다고 하면, 준비가 부족했다고 하면, 열심히 하지 않았다고 하면, 잘 해내지 못한다 해도 최소한 변명거리는 있는 거잖아요. 그렇지만 '최선을 다해 연주했는데 썩 좋지 못했어요'라고 말하는 건 도저히 못할 짓이었어요."

고정 마인드셋을 가진 사람에게 '최선을 다했음에도 실패할 수 있다는 두려움'은, 노력을 덜 해서 그렇다는 변명조차 불가능하게 만들기에 가장 큰 공포로 다가옵니다. 소넨버그는 이런 생각에 사로잡혀 아무것도 할 수 없었어요. 마침내는 레슨에 바이올린마저 들고 오지 않을 정도였습니다.

그러던 어느 날, 오랫동안 인내와 이해로 기다려주던 스승 딜레이 그녀에게 이렇게 말했습니다. "얘야, 만약 다음 주에도 바이올린을 가져오지 않는다면 널 수업에서 내쫓을 거야." 처음에 소넨버그는 자신의 선생님이 농담한다고 생각했지만, 딜레이는 의자에서 일어나 차분하게 말을 이었지요. "농담이 아니야. 지금처럼 네 재능을 그렇게 낭비하는 일에 내가 끼고 싶지 않구나. 이미 충분히 오래 참았어."

과연 노력하는 게 왜 그리도 두려운 것일까요?

두 가지 이유가 있습니다. 첫 번째, 고정 마인드셋에 의하면 위대한 천재에게는 노력이 필요치 않기 때문입니다. 노력이 필요하다는 것 자체가 능력을 의심한다는 뜻이 되니까요. 두 번째, 소넨버그가 말한 것처럼, 노력은 변명거리를 없애 버립니다. 노력하지 않으면 적어도 "아, 좀 더 열심히 할 걸"이라고 핑계를 댈 수 있지요. 하지만 일단 노력을 기울인 일에 대해서는 그런 변명이 통하지 않게 됩니다. 제게 "나는 요요마(그래미상을 18회 수상한 첼리스트) 될 뻔했어"라고 말한 사람이 있었는데, 만약 그녀가 정말 열심히 노력했다면 절대 그런 식으로 얘기하지 못했겠지요.

소넨버그는 스승 딜레이를 잃게 될까 두려웠습니다. 결국 도전하고 실패하는 쪽이 차라리 더 낫겠다고 생각한 그녀는 다가올 경연을 대비해 딜레이와 연습을 시작했지요. 그리고 처음으로 최선을 다한 그 경연에서 그녀는 결국 우승했습니다. 이제 소넨버그는 이렇게 말합니다. "제가 알게 된 사실이 있어요. 가장 사랑하는 걸 얻으려면 최선을 다해 노력해야만 한다는 거죠. 그리고 그 사랑의 대상이 음악이라면, 인생을 건 싸움이 될 거라는 점도요."

노력에 대한 두려움은 인간관계에서 드러나기도 합니다. 활기차고 매력적인 젊은 여성 아만다처럼요.

> 나를 미칠 듯이 좋아하는 남자친구들이 많았죠. 정말로요. 하지만 다들 믿음이 가지 않고 생각 없는 애들이었어요. 가장 친한 친구인 칼라는 매번 "이번엔 좀 멋진 남자를 만나는 게 어때?" 하고 충고했어요. 말하자면 "넌 더 좋은 남자를 만날 자격이 있어"란 뜻이었겠죠.
>
> 그러다가 칼라가 같은 사무실에서 일하는 롭을 내게 소개해줬어요. 롭은 처음 만난 이후에도 쭉 멋진 사람이었죠. 정말 좋았어요. "오 하느님, 때맞춰 제대로 남자를 보내주셨네요"란 생각이 들 정도로요. 그런데 우리 관계가 깊어지면서 이상한 생각이 드는 거예요. 그러니까 이 남자가 정말 날 좋아하는데, '만약 내 본모습을 알게 돼서 실망하면 어쩌지?' 하는 생각이 떠나질 않았어요. '정말 정말 이 남자에게 최선을 다했는데 일이 잘 안 되면?' 그런 위험을 감수할 수가 없었던 게 아닐까, 그런 생각이 들어요.

노력하지 않아도 위험하다

뭔가를 간절히 바라고 그걸 이룰 기회를 얻었는데도 아무것도 하지 않는다는 건, 성장 마인드셋에서는 도저히 있을 수 없는 일입니다. 만약 그런 일이 일어난다면 '내가 할 수도 있었을 텐데'란 생각은 위로는커녕 마음만 아프게 할 뿐이죠.

1930년대부터 1950년대까지의 미국 여성 중에서 클레어 부스 루스(Clare Boothe Luce)보다 더 성공한 사람은 아마 없을 겁니다. 그녀는 유명한 극작가였으며, 두 번이나 연방 하원의원에 선출됐고, 이탈리아 대사까지 지냈습니다. 그녀는 "나는 '성공'이란 단어를 정말 이해하지 못하겠어요. 저에 대해서 사람들이 '성공했다'고 말하는 건 알지만 무슨 말인지는 모르겠다니까요."라는 말을 남겼지요. 공적인 의무와 개인적 비극 때문에 그녀는 자신이 가장 사랑하는 일인 희곡 작품 집필로 돌아가지 못했습니다. 〈여인들(The Women)〉 같은 연극 작품으로 큰 성공을 거둔 바 있는 그녀였지만, 정치가가 자극적이고 성적인 코미디 작품을 쓴다는 건 용납되기 어려운 일이었습니다.

정치는 그녀에게 너무도 소중한 '창작'을 위해 노력할 기회를 가로막았고, 그녀는 과거를 회상하면서 연극에 대한 열정을 추구하지 못한 자신을 용서할 수 없었습니다. 그녀는 "이런 생각이 자주 들어요. 내가 만약 자서전을 쓰게 된다면 그 제목은 '한 실패자의 자서전'이 될 거라고요."라고 말하기까지 했지요.

전설적인 테니스 선수 빌리 진 킹은 "과거를 돌아보면서 무슨 말을 하게 되느냐가 가장 중요하다"고 말합니다. 저도 그녀의 생각에 동의합니다. 과거를 회상하면서 "그때 내가 할 수도 있었는데"라고 쓰지 못한 재능을 낡은 트로피처럼 부여잡고 있을 건가요, 아니면 "그때 난 소중한 일에 전력을 다

쏟아부었지"라고 당당하게 얘기할 것인가요. 훗날 과거를 돌아보며 둘 중 어떤 말을 하고 싶은지 곰곰이 생각해 보세요. 그런 다음, 어떤 마인드셋이 당신에게 맞을지 선택하면 됩니다.

아는 것을 실천하라

분명히 고정 마인드셋을 가진 사람들도 이렇게 주장하는 책을 읽어본 적 있을 겁니다.

'남들보다 잘난 사람이 되는 게 성공이 아니라, 자신을 최고로 만드는 게 성공이다.'

'실패는 비난의 대상이 아니라 기회다.'

'노력이 성공의 열쇠다.'

하지만 그들은 자신이 가진 기본적인 마인드셋 탓에 이를 실천으로 옮기지 못하지요. 사람의 자질은 고정된 것이라는 그들의 믿음이, 아래처럼 완전히 반대되는 말을 속삭이기 때문입니다.

'성공은 남들보다 더 많은 재능을 갖는 것이다.'

'당신은 실패로 평가받는다.'

'노력은 재능을 얻지 못한 사람들을 위한 것이다.'

마인드셋에 관한 오해와 진실

이쯤 되면, 당신에겐 아마도 여러 의문점들이 생겼을 겁니다. 그중에서 제가 답할 수 있는 게 뭐가 있을지, 한번 살펴보지요.

Q : 자질이란 고정된 것이라고 믿고, 동시에 스스로를 똑똑하고 능력 있다고 믿는 사람이라면, 왜 굳이 그 점을 계속해서 증명하려고 하는 겁니까? 왕자가 한번 자신

의 용맹함을 입증했으면 공주랑 평생 행복하게 살면 그만일 텐데요. 굳이 매일 용의 목을 베기 위해 싸우러 나갈 필요는 없잖아요. 고정 마인드셋을 가진 사람들은 대체 왜 자신의 능력을 입증한 다음에도 행복하게 살지 않는 거죠?

그 이유는 매일 더 거대한 새 용이 오듯이 일이 점점 더 힘들어지고, 어제 증명한 능력은 오늘 맞이하게 된 일에는 맞지 않을 수 있기 때문입니다. 대수학(代數學)은 잘 풀 수 있지만 미적분(微積分)에는 약할 수도 있고, 마이너리그 투수로는 훌륭하지만 메이저리그에서는 통하지 않을 수도 있지요. 학보사의 기자로는 통할 수 있는 능력일지라도 〈뉴욕타임스〉 기자라면 얘기가 다를 거고요.

이렇게 그들은 자신을 끊임없이 증명해야 하는 경주에 내몰리면서 과연 어디로 향하는 걸까요? 제가 보기에 그들은 끊임없이 무한한 자기 확신을 축적하면서 달리지만, 결국 자신이 원하는 목적지에는 도착하지 못하는 듯합니다.

당신은 아마 이런 영화를 본 적이 있을 겁니다. 주인공이 어느 날 아침에 일어나 문득 그간 자신의 인생이 가치 없었다는 걸 깨닫는 영화, 자신이 항상 사람들을 이기려고만 해 왔지, 정작 성장하고 배우고 보살피지는 못해 왔음을 깨닫는 영화 말입니다. 저는 〈사랑의 블랙홀(Groundhog Day)〉이라는 영화를 좋아하는데, 주인공을 연기한 배우 빌 머레이는 그런 깨달음을 얻기까지 똑같은 하루를 무한 반복하게 되지요.

필 코너스(빌 머레이)는 피츠버그의 한 지역 방송국에서 일하는 일기예보 담당관인데, 성촉절(Groundhog Day, 우리의 경칩과 비슷하게 봄을 점치는 행사) 축제를 취재하러 펜실베이니아주의 '펑크서토니'라는 시골마을로 파견을 가게 되지요. 2월 2일은 그라운드호그(다람쥐와 비슷하게 생긴 '마멋(marmot)'이라는 설치류)가 자신의 땅굴에서 나오는 날입니다. 이 그라운드호그가 자신의 그림자를 보면 겨울이 6주 더 길어지고, 그렇지 않으면 바로 이른 봄이 시작된다는 속설이 있지요.

자신을 우월한 존재라고 믿는 필은 이 축제와 마을, 그리고 마을사람들을 업신여긴 나머지, 하루빨리 일을 마무리 짓고 그곳을 떠나려 합니다. 하지만 눈보라가 마을을 덮쳐서 어쩔 수 없이 머무르게 됐는데, 다음 날 아침에 일어나 보니 다시 성촉절 축제날인 것이 아닙니까! 아침에 깰 때마다 그는 이렇게 같은 날에서 벗어나지 못하지요.

처음에 그는 다른 사람들을 골려먹는 일에 몰두합니다. 반복되는 날을 체험해본 유일한 사람이기에, 한번 말을 건 여자에게 정보를 얻어 속이고, 감동시키고, 유혹에 성공합니다. 말하자면 고정 마인드셋의 천국이나 마찬가지였어요. 그렇게 그는 계속해서 자신의 우월함을 증명해 나갑니다.

그러나 그렇게 셀 수 없이 많은 날들을 보내고 난 뒤, 그는 희망을 잃고 자살하기로 결심하기에 이릅니다. 자동차 사고를 내고, 일부러 감전당하고, 첨탑에서 뛰어내리고, 달리는 트럭 앞으로 걸어가지요. 하지만 그렇게 해도 도저히 같은 날의 반복에서 벗어나지 못한 그는 마침내 깨닫게 됩니다. 이 시간을 배우는 데 쓸 수 있다는 것을요. 피아노를 배우고, 닥치는 대로 책을 읽고, 얼음 조각술을 익히지요. 그리고 도움의 손길이 필요한 사람들(나무에서 떨어진 소년, 스테이크를 먹다가 질식한 남자)을 알게 되어 그들을 돕고 보살펴주기 시작하고요. 그러다가 마침내 그 하루가 더는 영원하지 않은 날이 찾아옵니다! 자신의 마인드셋을 바꾸는 데 성공한 순간 마법에서 풀려난 것이죠.

Q : 마인드셋은 우리의 영구적인 일부입니까, 아니면 바꿀 수 있는 겁니까?

마인드셋은 우리 성격 중 중요한 부분이지만, 당신이 얼마든지 바꿀 수 있는 겁니다. 두 가지 마인드셋에 대해 이해하기만 하면 당신은 새롭게 생각하고 반응할 수 있습니다. 사람들은 제게 고정 마인드셋에 사로잡혔을 때의 극심한 고통에 대해 이야기하곤 하지요. 배울 수 있는 기회를 놓치고, 실패자의 낙인을 느끼고, 노력이 필요한 일을 마주했을 때 낙담해 버린 경험을요. 그리고 그들은 자신을 성장 마인드셋으로 돌려놓았습니다. 도전을 받아들이고, 실패를 통해 배우고, 계속해서 노력을 이어간 것이죠. 저와 함께 처음 이 두 가지 마인드셋을 발견하게 된 대학원생들은 제가 고정 마인드셋에 사로잡혀 있다는 걸 알고, 친절하게 그 점을 알려주었습니다.

비록 현재 고정 마인드셋을 갖고 있는 사람이라고 해도, 앞으로 항상 그래야 하는 건 아니라는 걸 깨닫는 것이 중요합니다. 실제로 우리의 연구 중 많은 부분에서 우리는 사람들을 성장 마인드셋으로 돌려놓았습니다. 우리는 그들에게 '능력이란 배울 수 있는 것'이고 '과제는 해결할 수 있는 기회를 주는 것'이란 점을 말해주거나, 성장 마인드셋에 대해 공부할 수 있는 과학 논문을 읽도록 했습니다. 그 논문은 타고난 능력 없이도 뛰어난 기술을 발전시킨 사람들에 대한 내용이었어요. 이러한 경험을 통해 우리 연구의 참가자들은 비록 짧은 기간이라도 성장 마인드셋을 갖게 됐고, 실제 성장 마인드셋을 가진 사람들처럼 행동했던 겁니다.

Q : 성장과 고정 마인드셋을 반반씩 가질 수도 있습니까? 나는 두 가지 마인드셋을 모두 갖고 있는 게 느껴집니다만.

우리 모두는 양쪽에 해당하는 요소들을 가지고 있습니다. 즉, 우리의 마인드셋에는 고정과 성장이 혼합되어 있는 것입니다. 제가 둘 중 어느 한쪽만을 얘기하는 것은 논의를 단순화하기 위함일 뿐입니다.

또한 사람들이 각기 다른 영역마다 다른 마인드셋을 갖게 되는 것도 가능합니다. 내 예술적인 능력은 고정되어 있지만 내 지능은 발전할 수 있다고 믿을 수도 있고, 성격은 정해져 있지만 창의력은 개발될 수 있다고 믿을 수도 있는 것이죠. 우리는 특정한 영역에서 사람들이 가진 마인드셋이 그 영역에서 사람들을 계속 인도한다는 점을 발견했습니다.

Q : 노력에 대한 당신의 설명에 의하면, 당신은 사람들이 실패하는 이유가 오직 그들의 잘못이라고 보는 겁니까? 충분히 열심히 노력하지 않았기 때문에 실패한다는 건가요?

그렇지 않습니다! 성공에 노력이 중요한 건 사실이지만(누구도 노력 없이는 장기적으로 성공할 수 없다) 유일한 조건은 아니에요. 사람들에게는 저마다 다른 배경과 기회가 주어집니다. 예를 들어 돈이 많은(혹은 부자인 부모를 둔) 사람들에게는 일종의 안전망이 있는 셈이지요. 더 많은 위험을 무릅쓸 수 있고 성공할 때까지 더 오랜 여유를 가질 수 있습니다. 수준 높은 교육을 받을 수 있는 사람, 영향력 있는 친구들을 둔 사람, 적절한 시간과 장소를 파악할 줄 아는 사람은 노력에 대한 보상을 받기에 더 좋은 기회를 누리는 겁니다. 부유하고, 교육받고, 인맥이 좋은 사람에게는 노력이 더 큰 효과를 낼 수 있습니다.

그럴 만한 자원이 부족한 사람의 경우, 최선의 노력을 했음에도 불구하고 좌절해 버리기가 훨씬 더 쉽습니다. '평생 동안 일한 공장이 갑자기 문을 닫았는데 어떻게 하지?' '아이가 중병에 걸려서 빚더미에 앉게 됐으니 집이라도 팔아야 하나?' '배우자가 비상금을 가지고 도망가서 아이들과 빚만 남았으니, 야간 학교 수업은 잊어야지.'

그러나 이렇게 결론내기 전에, 노력만이 전부가 아니라는 점과 함께, 모든 노력이 동등한 것은 아니라는 점 또한 기억하도록 합시다.

Q : 당신은 성장 마인드셋이 사람들을 최고로 만들고 성공으로 이끈다고 계속 얘기합니다. 하지만 성장 마인드셋이란 개인의 발전에 대한 것이지, 남들을 이기는 데 관한 것이 아니지 않습니까?

저는 성장 마인드셋이 당신을 얼마나 달라지게 할 수 있는지 보여주기 위해 최고의 자리에 오른 사람들의 예를 든 겁니다. 재능이란 발전시킬 수 있는 것이라는 믿음이 사람들의 잠재력을 발휘하도록 만든다는 점을 보여주기 위해서요.

더구나 특별한 인상을 주지 못하는 평범한 사람들의 사례를 들면 고정 마인드셋을 가진 사람들에게는 별로 와 닿지 않기 때문입니다. 마치 그냥 '재미'와 '탁월함' 중에서 어느 쪽을 선택할 것이냐의 문제로 비치기 때문에 그들에게는 강력한 대안으로 여겨지지 못할 겁니다.

그러나 성장 마인드셋은 사람들이 현재 하는 일을 사랑하게 해주고, 어려움이 닥쳐도 그 사랑을 이어나가게 해준다는 점이 중요합니다. 성장 마인드셋을 가진 운동선수, CEO, 음악가, 과학자 들은 모두 자신의 일을 사랑했으며, 고정 마인드셋을 가진 이들 중 상당수는 그렇지 않았습니다.

성장 마인드셋을 가진 사람들 중에는 정상에 오르려는 마음을 가진 적도 없는 사람들이 많습니다. 다만 그저 자신이 좋아하는 일을 한 결과로 그 위치에 올라서게 됐을 뿐이죠. 오히려 자신의 일에 대한 열정을 가진 성장 마인드셋의 소유자들 중 다수가 역설적으로, 고정 마인드셋을 가진 사람들이 그토록 바라는 최고의 위치에 자연스럽게 올라선 겁니다.

또 중요한 점이 있습니다. 고정 마인드셋에서는 모든 것이 결과에 초점을 맞춥니다. 만약 당신이 실패하거나, 최고에 이르지 못한다면, 그 모든 과정이 낭비된 것으로 여겨지지요. 성장 마인드셋은 결과에 상관없이 사람들이 노력한 그 자체에 가치를 둡니다. 문제와 씨름하고, 새로운 진로를 모색하고, 중요한 이슈를 다루지요. 암의 치료법을 찾는 과정은, 설사 해결책을 찾아내지 못하더라도, 탐색 그 자체가 큰 의미를 갖는 겁니다.

사기를 당했다고 생각하는 사람들을 대신하여 거대 은행을 상대로 7년간의 긴 싸움을 이어간 한 변호사는, 결국에 패소한 후 이렇게 말했습니다. "내가 해야만 했던 일에 7년을 쓴 건데 그걸 가지고 뭐라고 하겠어요? 내가 그 일을 성공하기 위해서 했을까요, 아니면 그 노력 자체가 가치 있는 것이라고 생각해서 했을까요? 나는 후회하지 않습니다. 해야만 했던 일이었으니까요. 달리 하지 않을 도리가 없었던 일입니다."

Q : 나는 고속 승진하는 일 중독자들 중에서 고정 마인드셋을 가진 것처럼 보이는 사람들을 많이 압니다. 그들은 항상 자신이 얼마나 똑똑한지 증명하려 하면서도 동시에 일도 열심히 하고 도전도 즐기는 편입니다. 그럼 고정 마인드셋을 가진 사람이 적은 노력과 쉬운 업무를 선호한다는 당신의 이론으로 이런 현상을 어떻게 설명할 수 있습니까?

고정 마인드셋을 가진 사람은 대체적으로 노력을 들이지 않는 성공을 선호하는 경우가 많은데, 그 이유는 그것이 자신의 재능을 증명하기에 가장 좋은 방법이기 때문입니다. 하지만 당신이 옳습니다. 자신의 재능이 고정돼 있다고 믿고 끊임없이 인정받으려 하는 사람들 중에서도 성공한 사람들이 수없이 많지요. 이들은 인생의 목표가 노벨상을 타는 것이거나 세계 최고의 부자가 되는 것인 사람들로, 기꺼이 그 일에 매달립니다. 이 책의 뒷부분에서 이런 사람들을 만나보게 될 겁니다.

이런 사람들은 '많은 노력이 곧 적은 재능'이라는 믿음에서 비교적 자유로울 수 있지만 고정 마인드셋의 다른 부분들은 여전히 갖고 있습니다. 그들은 자신의 재능을 끊임없이 보여주려 하는데, 그 재능 덕분에 자신이 다른 사람보다 우월하다고 생각하기 때문입니다. 그리고 실수, 비판, 좌절 등을 거의 참아내지 못하지요.

한편 성장 마인드셋을 가진 사람도 노벨상이나 많은 부(富)를 좋아하는 건 마찬가지입니다. 다만 자신의 가치를 인정받으려 한다거나 타인보다 자신을 더 돋보이게 해줄 뭔가를 굳이 찾으려 들지 않는다는 점이 다르지요.

Q : 만약 내가 내 고정 마인드셋을 좋아한다면 어떻습니까? 만약 내 재능과 능력에 대해 안다면, 내가 어느 정도인지, 결과가 어떨지도 알 겁니다. 그런데 왜 내가 고정 마인드셋을 포기해야 합니까?

만약 당신이 그게 좋다면, 그래도 됩니다. 이 책은 두 가지의 마인드셋과 그 마인드셋으로 인해 만들어지는 세상에 대해 파악함으로써 사람들에게 선택권이 있다는 점을 보여주기 위해 집필되었습니다. 핵심은 누구나 자신이 어떤 세상에서 살고 싶은지 선택할 수 있다는 겁니다.

고정 마인드셋은 당신으로 하여금 스스로에 대해 불변하는 진실을 정말 알 수 있을 것 같다는 느낌을 갖게 합니다. 그리고 이건 상당한 위안이 될 수도 있어요. 당신에게 재능이 없다면 어차피 이런저런 노력을 굳이 기울이지 않아도 되니까요. 또 반대로 당신에게 재능이 있다면 이런저런 일에 분명히 성공하겠지요.

다만 이 마인드셋의 단점에 대해서 정확히 이해하는 것이 중요합니다. 자신의 재능을 과소평가하면 원천적인 기회조차 스스로에게 박탈해 버릴 수 있고, 오로지 재능이 성공의 요인이라고 생각하는 경우에는 자신이 이뤄낸 성공의 가능성을 축소시켜 버릴 수 있습니다.

그러나 성장 마인드셋은 당신에게 무언가를 추구하라고 강요하지 않습니다. 다만 당신의 기술을 발전시킬 수 있다고 일러줄 뿐이죠. 당신이 원하는 것이 무엇이든, 그 성취는 여전히 당신에게 달려 있다는 겁니다.

Q : 사람이 가진 모든 것들이 변할 수 있고, 사람들은 할 수 있는 한 모든 것을 변화시키기 위해 노력해야만 하는 겁니까?

성장 마인드셋이란 능력이 개발될 수 있다는 믿음입니다. 하지만 그렇다고 해서 얼마만큼의 변화가 가능하다거나 그 변화가 얼마나 오래 걸릴지에 대해서는 말해주고 있지 않지요. 또한 개인의 선호나 가치관 등의 모든 것들이 변할 수 있다는 의미 역시 아닙니다.

한번은 택시를 탔는데, 운전사가 라디오에서 오페라를 듣고 있더군요. 대화를 해볼 요량으로 제가 "오페라를 좋아하세요?"라고 물으니 그는 "아니오"라고 대답했어요. "오페라를 싫어해요. 항상 싫어했죠." 전 다시 물었죠. "캐물으려는 건 아니지만, 그런데 왜 오페라를 듣고 있어요?" 그러자 그는 자신의 아버지가 오페라 광이어서 기회 있을 때마다 오래된 레코드판을 듣곤 했다고 얘기해주더군요. 이제 중년이 된 그는 자신도 오페라에 취미를 붙여보려고 여러 해 애를 썼다면서요. 음반도 듣고 악보도 보았지만 모두 소용없었습니다. "여유를 좀 가지세요." 제가 그에게 조언했지요. "교양 있는 사람들 중에도 오페라를 싫어하는 사람들이 많아요. 왜 당신도 그들 중 하나라고 생각하지 않는 거죠?"

성장 마인드셋은 또한 변할 수 있다고 해서 반드시 변해야 한다는 의미도 아닙니다. 우리 모두 자신의 불완전함을 일부 받아들여야 할 필요가 있지요. 특히 자신이나 타인의 삶에 특별히 해가 되지 않는 경우라면 더더욱.

고정 마인드셋은 발전이나 변화를 방해하는 반면 성장 마인드셋은 변화의 출발점입니다. 다만 어떤 변화를 위해 자신의 노력을 쏟는 것이 가장 가치 있을지는 사람들 각자가 정할 일일 따름입니다.

Q : 고정 마인드셋을 가진 사람들은 단지 자신감이 모자란 겁니까?

그렇지 않습니다. 고정 마인드셋을 가진 사람도 성장 마인드셋을 가진 사람과 마찬가지의 자신감을 가질 수 있습니다. 그러나 고정 마인드셋에서의 자신감은 좌절이나 심지어 노력으로 인해 약화되기 더 쉽습니다.

일리노이대학의 조지프 마르토키오(Joseph Martocchio) 교수는 단기 컴퓨터 트레이닝 강좌를 듣는 직원들에 대한 연구를 수행했습니다. 직원들 중 절반에게는 고정 마인드셋을 심어주었지요. 그는 그 직원들에게 모든 것이 그들이 가진 능력에 달렸다고 얘기했습니다. 나머지 절반에게는 성장 마인드셋을 불어넣었습니다. 그들에게는 컴퓨터를 다루는 기술은 연습을 통해 발전시킬 수 있다고 설명했지요. 양쪽 모두 각자의 마인드셋 상태에 푹 빠진 채로 강좌를 들었습니다.

두 그룹 모두 자신의 컴퓨터 사용 능력에 대해 똑같은 자신감을 가지고 시작했으나, 강좌가 끝날 즈음에는 매우 다른 모습을 보였습니다. 성장 마인드셋을 가진 사람들은 비록 여러 실수들을 어쩔 수 없이 저질렀더라도 자신이 배운 컴퓨터 기술에 대해 상당한 자신감을 얻었습니다. 그러나 고정 마인드셋을 가진 사람들은 같은 실수 앞에서 자신의 컴퓨터 능력에 대해 실제로 자신감을 잃어버렸습니다!

같은 일이 UC버클리대학의 학생들에게도 벌어졌습니다. 리처드 로빈스(Richard Robins)와 제니퍼 팔스(Jennifer Pals)는 이 대학의 학생들을 수년간 추적했습니다. 그 결과 성장 마인드셋을 가졌을 때 학생들은 대학의 과제들을 반복적으로 대하고 처리하는 과정에서 스스로에 대한 자신감을 불려나갔지요. 하지만 고정 마인드셋을 가졌을 때는, 똑같은 과제 앞에서도 학생들의 자신감이 줄어드는 결과가 나왔습니다.

이것이 고정 마인드셋을 가진 사람이 자신의 자신감을 보살피고 보호해야 하는 이유입니다. 존 매켄로가 변명한 이유는, 바로 자신의 자신감을 보호하기 위함이었던 것이죠. 남성 선수들과 맞서 골프를 치기로 결심했을 때 미셸 위(Michelle Wie)는 10대 소녀였습니다. 미국 프로골프 투어인 소니 오픈에 참가하여 세계 최고의 남자 선수들과 경쟁하려고 하자, 고정 마인드셋을 가진 사람들이 저마다 그녀에게 경고를 하기 시작했지요. 만약 그녀가 나쁜 성적을 거두면 자신감에 심각한 타격을 입을 수 있으며, 자신보다 우월한 상대와 너무 일찍 겨루는 것은 장기적인 성장에 해가 될 수 있다면서요. 유명한 골퍼인 비제이 싱(Vijay Singh)은 "이기지 못한다면 언제나 부정적일 수밖에 없다"고 경고하기까지 했습니다.

하지만 위는 동의하지 않았어요. 그녀는 자신감을 쌓기 위해 그 대회에 참가한 것이 아니었기 때문입니다. "청소년 대회에서 한 번 우승하면, 여러 번 우승하기는 쉬운 일이죠. 지금 저는 미래를 준비하기 위해 이렇게 하는 거예요." 그녀가 추구한 것은 배움의 경험이었습니다. 토너먼트라는 경쟁 속에서 세계 최고의 선수들과 경기한다는 경험을 얻고자 했던 거지요.

대회가 끝나고 난 뒤, 위의 자신감은 조금도 상처받지 않았습니다. 그녀는 자신이 원했던 바를 충분히 달성했어요. "내가 여기서도 플레이할 수 있다는 점을 배웠다고 생각해요." 우승권에 이르기까지는 아직 먼 길이 남았지만, 이제 그녀는 자신이 무엇을 겨냥해야 하는지 이해하게 됐습니다.

몇 년 전, 저는 세계 최고 수준의 수영선수로부터 아래와 같은 편지를 한 통 받았습니다.

드웩 교수님,

저는 항상 자신감에 문제가 있었어요. 제 코치들은 항상 제 자신을 100% 믿으라고 말했죠. 그들은 아무런 의심도 갖지 말고 제가 남들보다 얼마나 더 뛰어난지에 대해서만 생각하라고 얘기했습니다. 저는 그럴 수가 없었어요. 왜냐하면 매번 마주치는 내 단점과 실수에 대해 너무도 잘 알고 있었으니까요. 제가 완벽하다고 생각하려 할 때마다 상황은 더욱 나빠졌습니다. 그러다 교수님의 책을 읽고 배움과 개선에 집중하는 것이 얼마나 중요한지 알게 됐어요. 그로부터 저는 변했습니다. 제가 가진 단점은 얼마든지 고칠 수 있는 것이라고 생각하게 된 거죠! 이제 실수는 그리 중요하지 않아요. 제게 이런 자신감을 가질 수 있게 해주신 교수님께 이 편지를 쓰고 싶었어요. 정말 고맙습니다.

메리 윌리엄스 드림.

그간의 연구로부터 제가 배운 가장 놀라운 사실은, 성장 마인드셋을 가졌다면 자신감이 항상 필요하지는 않다는 점입니다.

제가 말하려는 것은, 당신이 무언가에 뛰어나지 않다고 생각하더라도, 열과 성을 다해 그것에 뛰어들고 매달릴 수 있다는 사실입니다. 실제로 당신이 어떤 일에 매달리는 건, 바로 그 일에 뛰어나지 않다는 점 때문인 경우도 가끔 있지요. 이것이 성장 마인드셋이 가진 놀라운 장점입니다. 어떤 일을 행하고 즐기기 위해서 반드시 '나는 이 일을 대단히 잘해'라고 생각할 필요는 없다는 겁니다.

이 책을 쓰는 일은 제가 지금껏 해온 일 중 가장 어려운 과제였습니다. 수없이 많은 책들과 논문을 읽어야 했고, 다뤄야 할 각종 정보가 넘쳐났죠. 사실 이렇게 대중적인 책을 써본 적도 없어서 겁이 더 많이 났습니다. 그런데도 과연 쉬운 일이었을까요? 당시로 돌아가 생각해 보면, 저는 독자들에게 바로 이런 생각을 알리고 싶었던 겁니다. 이제 저는 독자들이 노력의 가치와 그 기쁨에 대해 알게 됐으면 좋겠습니다.

마인드셋 단련법

◎ 사람들은 원래 태어나면서부터 '배움을 사랑하는 마음'을 갖고 있습니다. 하지만 고정 마인드셋이 그 마음을 망쳐놓을 수 있어요. 당신이 뭔가를 즐겼던 때를 생각해 보세요. 낱말 퍼즐을 풀거나, 운동을 하거나, 새로운 춤을 배웠던 순간을. 그런데 점점 어려워지면서 당신은 그만두고 싶어집니다. 아마 갑자기 피로가 몰려오거나, 현기증을 느끼거나, 지루해지거나, 배가 고파졌을 겁니다. 그게 바로 고정 마인드셋 때문입니다. 도전에 정면으로 맞서서 새로운 것을 배울 때마다 당신의 뇌에 새로운 신경망이 만들어지는 모습을 떠올려 보세요. 성장 마인드셋은 그렇게 만들어집니다.

◎ 우리가 완벽한 존재가 될 수 있는 세상을 꿈꾸는 건 참 멋진 일입니다. 초등학생 때 저도 그런 상상을 해 본 적 있지요. 나를 무결점의 존재라고 느끼게 해 줄 파트너, 친구, 직원을 곁에 둘 수도 있을 겁니다. 하지만 한번 생각해 보세요. 당신은 성장하고 싶지 않나요? 주변에 당신을 숭배하는 사람만 두고 싶다면, 교회를 찾는 게 낫습니다. 그렇지 않다면, 인생 전반에 걸쳐 건설적인 비판을 겸허히 수용해야 합니다.

◎ 당신은 과거에 스스로가 평가받았다는 생각을 한 경험이 있나요? 시험점수? 부정직하거나 쌀쌀맞은 태도? 직장에서의 해고? 거절당한 경험? 그 경험에 집중하고 어떤 감정이 들었는지 기억해 보세요. 이제 그 일을 성장 마인드셋의 관점에서 바라봅시다. 당시 자신이 한 일을 정직하게 바라보되, 그것이 당신의 지능이나 성격을 규정하는 건 아니라는 점을 염두에 두고 보는 겁니다. 이렇게 물어야 합니다. '그 경험에서 내가 배운(또는 배울) 것은 무엇인가? 어떻게 하면 그 경험을 성장을 위한 발판으로 삼을 수 있는가?'

◎ 당신은 우울한 기분이 들 때 어떻게 행동합니까? 인생에서 마주치는 문제에 더 열심히 매달리나요, 아니면 그냥 흘러가게 놔두나요? 다음

에 또 우울한 기분이 들거든, 성장 마인드셋으로 그 순간을 바라보세요. 배움과 도전을 떠올리고, 장애물과 정면으로 맞서는 자신을 상상하세요. 노력을 짜증나는 것이 아닌, 긍정적이고 건설적인 힘으로 여기세요.

◎ 언제나 하고 싶었지만 잘하지 못할까봐 두려워서 해보지 못한 일이 있나요? 그런 일을 실행할 계획을 짜보세요.

3장

성취는 타고나는 것이 아니다

MINDSET

토머스 에디슨을, 가능한 생생하게 떠올려 보도록 합시다. 그가 어디서 무엇을 하고 있는지 상상해 보는 겁니다. "그는 혼자 있을까요?" 제가 사람들에게 물어보면 언제나 이런 식의 대답이 나옵니다.

"그는 각종 장비에 둘러싸여 작업장에서 일하는 중입니다. 축음기를 만들고 있는 중이에요. 이것저것 만져보다가, 성공했네요! (그는 혼자 있나요?) 네, 그는 혼자서 이런 일들을 해냈어요. 자신이 추구하는 걸 아는 사람은 오직 그뿐이니까요."

"그는 뉴저지에 있어요. 연구실 같은 방에서 흰 코트를 입고 있네요. 전구를 들여다봐요. 갑자기, 전구가 작동하네요! (그는 혼자 있나요?) 네. 그는 혼자서 뚝딱거리기를 좋아하는 은둔형의 사람이니까요."

하지만 실제 기록에 의하면 에디슨은 사람들의 생각과는 상당히 다른 사람이었고, 일하는 방식도 달랐습니다. 우선 그는 외톨이가 아니었습니다. 전구의 발명을 위해 그는 30명의 조수를 고용했으며, 그중에는 잘 훈련된 과학자들도 포함돼 있었습니다. 게다가 기업에서 후원한 최신식의 연구실에서 일하는 경우가 대부분이었지요!

전구의 발명은 갑자기 이뤄진 것이 아니었습니다. 전구는 뛰어난 해결책이 별안간 떠오른 순간의 대명사로 기억되고 있지만, 사실 그런 발명의 순간은 애초에 존재하지 않았습니다. 전구는 하나의 발명이라기보다, 매 단계마다 화학자, 수학자, 물리학자, 엔지니어, 유리 세공인들이 상당한 시간을 들여 매달린 발명들의 집합체라고 보는 것이 정확합니다.

에디슨은 결코 순진한 발명가나 속세에 관심 없는 지식인이 아니었던 겁니다. '멘로 파크(Menlo Park)의 마법사'라는 별명으로 불렸던 이 현명한 기업가는 자신의 발명품들이 가진 상업적 잠재력에 대해 충분히 이해하고 있었습니다. 그는 또한 언론을 다루고 자신을 광고할 줄 알았기에, 때로는 남들을 누르고 대신 무언가의 발명가로 알려진 경우도 있었지요.

그렇습니다. 에디슨은 '천재'였어요. 하지만 항상 천재였던 것은 아닙니다. 모든 정보를 살펴보고 그의 전기를 쓴 폴 이스라엘(Paul Israel)은 에디슨이 그저 당대의 평범하고 일반적인 소년이었다고 생각합니다. 어린 시절 에디슨은 실험과 기계 다루기에 열광적으로 빠졌지만, 사실 일반적인 중서부 지역 소년들의 일상에서 기계와 기술이란 삶의 일부분이나 마찬가지였지요.

다만 그가 결정적으로 남들과 달랐던 점은 마인드셋과 추진력이었습니다. 그는 항상 호기심에 가득 차 있었고, 이것저것 건드리며 새로운 도전을 추구하는 소년이었던 것이죠. 보통의 다른 젊은이들이 사회에 진출해 저마다의 자리에서 일을 한 지 한참 지난 후에도 그는 여전히 이 도시 저 도시를 돌아다니며 전신 기술에 대한 모든 것을 배웠습니다. 한마디로 그칠 줄 모르는 교육과 발명의 순간을 살았던 것입니다. 그리고 이후에도 아내들을 실망시키면서까지 그의 사랑은 오직 자신의 분야에 대한 연구와 개발에만 머물렀습니다.

능력과 성취에 관한 여러 신화적인 믿음 가운데서도 특별히 두드러지는 건, 외롭고 뛰어난 사람이 어느 날 갑자기 놀라운 결과물을 내놓는다는 생각입니다. 하지만 다윈의 걸작《종의 기원》만 하더라도, 그 결과물이 있기까지 해당 연구진의 수년에 걸친 협업과 동료들, 멘토들과 치른 수백 번의 토론, 수차례의 초안, 그리고 반평생에 걸친 헌신이 필요했습니다.

오늘날 우리가 추앙하는 작품들을 쓰기까지 모차르트는 10년 이상의 세월 동안 노력해야 했습니다. 그 이전까지 그의 작품들은 독창적이거나 흥미롭다고 할 수 없었고, 오히려 다른 작곡가들의 작품에서 이것저것 짜깁기한 수준인 경우가 많았습니다.

이번 장에서는 성취에서 진정 중요한 요소에 대해 다룰 겁니다. 왜 기대한 만큼 성취하지 못하는 사람이 있는 반면, 반대로 기대 이상의 성취를 거두는 사람들이 있는 것일까요?

마인드셋과 성취의 관계

모차르트와 다윈의 사례를 떠나 실제 현실에서 마인드셋이 어떻게 성취에 기여하는지 살펴보도록 합시다. 모차르트와 다윈에 관한 이야기도 재미있지만, 성장 마인드셋을 가진 한 학생을 지켜보는 것이 제게는 더욱 흥미로운 일입니다. 우리에게 실제 일어나는 일이기 때문이기도 하고, 아이들과 그들이 가진 잠재력에 대해 살펴볼 수 있기 때문이기도 합니다.

이렇게 현실로 돌아온 우리 연구진은, 이제 막 중학교에 입학한 학생들의 마인드셋을 측정해 보았습니다. 아이들에게 자신의 지능을 고정된 자질로 여기는지, 아니면 발전시킬 수 있는 것이라고 믿는지 물은 후, 우리는 2년 동안 그 아이들을 추적 조사했습니다.

많은 학생들에게 중학교 입학은 사실 상당히 어려운 시기입니다. 학업 수준은 훨씬 높아지고 평가 체계도 엄격해지며, 학생 개개인의 수준에 맞춘 교육도 어려워집니다. 또 이런 일들이 마침 사춘기에 접어든 학생들에게 일어나지요. 대부분은 학업 성적이 떨어졌지만, 모두가 그런 어려움을 겪는 건 아니었습니다.

그렇습니다. 우리의 연구에서는 오직 고정 마인드셋을 가진 학생들만이 성적이 하락하는 현상을 보였습니다. 반대로 성장 마인드셋을 가진 학생들은 2년 동안 성적이 올랐습니다.

중학교에 입학하기 전의 성적을 보면 이 두 그룹 학생들의 차이는 구별하기 어려울 정도로 비슷했습니다. 그 전의 좀 더 친절한 환경에서는 비슷한 성적과 시험점수를 보였지만, 중학교 입학이라는 도전에 맞닥뜨린 그들 사이에서 차이가 벌어지기 시작했던 겁니다.

고정 마인드셋의 학생들은 자신들의 낮은 성적에 대해 변명하기 위해 자신의 능력을 탓하는 학생들이 많습니다. "나는 정말 멍청해요." "나는 수학엔 젬병이에요." 그리고 다른 이를 비난하면서 이런 감정을 덮으려고 하는 친구들도 있지요. "수학 선생님은 뚱뚱보고 영어 선생님은 게으름뱅이거든요." "선생님이 잘못 가르쳐서 그래요." 이런 분석이 재미있기는 하지만, 이런 식으로 문제를 해석해서는 성공에 이르기 힘들겠지요.

하지만 성장 마인드셋을 가진 학생들은 실패의 기미가 보이더라도 그것을 자신의 학습을 위한 동력으로 삼는 모습을 보였습니다. 이 아이들 역시 '때로 실패 앞에서 좌절감을 느끼지만, 끝까지 파고들며 맞선다'고 우리에게 답했습니다. 마치 조지 단치히(George Danzig) 같았어요.

조지 단치히가 누구냐고요? 그는 버클리대학교 수학과의 대학원생이었습니다. 어느 날 평소처럼 수학 수업에 늦었던 그는 칠판에 적혀 있던 숙제 두 가지를 급히 적었죠. 나중에 풀어보려고 하니 매우 어려운 문제라는 걸 알게 됐지만, 그는 며칠 동안 고생해서 마침내 풀어냈습니다. 그런데 사실 그 문제는 숙제가 아니라 수학계에서 오랫동안 난제로 여겨져 왔던 유명한 수학 문제들이었습니다.

노력을 포기한 학생들

고정 마인드셋을 가진 우리의 학생들은 중대한 변화를 하나의 위협으로 받아들였습니다. 자신의 약점을 드러나게 하고 패배자로 만들어버리는 것으로 인식한 겁니다. 실제로 고정 마인드셋을 가진 경우 사춘기는 중대한 테스트를 받는 시기가 됩니다. '나는 과연 똑똑한가 아니면 바보일까?' '나는 못생겼을까 잘생겼을까?' '나는 과연 멋쟁이일까 괴짜일까?' '나는 승리자일까 패배자일까?' 그리고 고정 마인드셋에서는, 한번 패배자는 영원한 패배자이게 되지요.

사춘기의 많은 청소년들이 배움보다는 자신의 자존심을 지키는 데 더 노력한다는 건 별로 놀라운 일이 아닙니다. 그리고 선생님들을 탓하는 것 외에 아무런 노력도 하지 않음으로써 오히려 자존심을 지키려고 하지요. 앞에서 나온 소넨버그처럼, 몇몇 뛰어난 학생들이 노력을 딱 중단해 버리는 이유이기도 합니다. 고정 마인드셋의 학생들은 학교에서 자신들의 주요 목표가 '가능한 한 노력을 하지 않는 것'이라고까지 얘기했습니다. "학교에서 제 가장 중요한 목표는 열심히 노력하지 않아도 되는 쉬운 일들만 하는 거예요." 이런 얘기에 진심으로 동의하는 겁니다.

이렇게 노력을 기울이지 않는 현상은 어른으로부터 독립하려는 청소년의 성향일 수도 있지만, 고정 마인드셋의 학생들이 스스로를 보호하는 방법이기도 합니다. 그들은 어른들이 "이제 우리는 너를 평가할 거고 네가 뭘 갖고 있는지 살펴볼 거야"라고 말하는 듯이 인식하고는, 그에 대해 "아니요, 당신은 그러지 못할 걸요" 하고 응대하는 것이지요.

위대한 교육자인 존 홀트(John Holt)는 이런 방식이 자신을 심판하려는 타인에게 사람들이 대응하는 게임이라고 말합니다. "내가 만났던 가장 최악의 학생도 교실 밖에서는 다른 학생들처럼 성숙하고 똑똑하고 재미있는 사람이었다. 무엇이 잘못된 것일까? 어딘가에서부터 그 학생의 재능이 학교의 교육과 단절되었던 것이다."

성장 마인드셋을 가진 학생들에게는 노력을 중단한다는 건 있을 수 없는 일입니다. 그들은 청소년기를 기회의 시간, 새로운 주제를 배우고 자신이 좋아하는 것, 앞으로 되고 싶은 바에 대해 파악하는 시간으로 여깁니다.

우리 연구진은 학생들에게 성장 마인드셋을 가르치는 프로젝트도 진행하고 있습니다. 그 프로젝트에서 우리가 가장 놀랐던 부분은, 학생들에게 성장 마인드셋을 가르친 방식이 그들의 노력을 이끌어냈다는 점입니다. 어느 날, 우리는 새로운 그룹의 학생들에게 성장 마인드셋을 소개하고 있었습니다. 그런데 갑자기 그중에서도 가장 노력하지 않기로 정평이 난 지미라는 아이가 눈물이 그렁그렁 맺힌 채 이렇게 말하는 것이었습니다. "그럼 제가 정말 바보가 아닐 수 있다는 말씀이세요?" 바로 그 날부터 지미는 열심히 노력하기 시작했습니다. 전에는 전혀 신경 쓰지 않던 숙제를 늦게까지 남아서 풀었고, 피드백을 받기 위해 숙제도 일찍 제출했습니다. 열심히 노력한다는 것이 자신을 약하게 만드는 것이 아니라 똑똑하게 만들어준다는 점을 비로소 믿게 된 것이죠.

너의 뇌를 찾아보렴

제 친한 친구가 최근 제게 자신이 쓴 시를 하나 건넸는데, 이 시는 지미와 그 아이가 보여줬던 노력을 떠올리게 했습니다. 이 친구의 2학년 때 선생님이었던 비어 여사는 각각의 학생들에게 종이에 말을 그려서 오리게 했다고 합니다. 그런 다음 이 종이 말들을 칠판에 죽 붙이고는 성장 마인드셋이 담긴 메시지를 전했습니다. "너희의 말들은 딱 너희의 뇌만큼 빠르단다. 너희가 뭔가를 배울 때마다 말들도 더 빨라질 거야."

제 친구는 당시에 선생님이 뇌에 대해 하는 말을 잘 이해하지 못했습니다. 아버지로부터 "너는 입만 크고 뇌는 작아"라고 하는 농담을 들어봤을 뿐이었죠. 게다가 칠판에 붙어 있는 자기 말은 그냥 출발선에 있는데, 반에서 똑똑하기로 유명한 행크와 빌리의 말만 쭉쭉 앞서 나가는 것처럼 보였습니다. 그래도 제 친구는 포기하지 않았습니다. 어머니와 만화책도 읽고 할머니와 카드 게임을 하면서 말 경주에서 점수를 쌓으려고 노력했죠.

그리고 내 매끈한 말이 곧
유명한 경주마처럼 앞으로 튀어나갔지,
그리고 그 누구도
내 말을 막을 수가 없었네.
몇 주가 지나고 몇 달이 지나자
내 말은 다른 말들을
하나씩 하나씩 따라잡았다네.
마지막 결승주로에서
행크와 빌리의 말이 몇 발짝 더 앞서 있었는데,
학교 종이 땡땡 쳤을 때,
내 말이 이겼네. 근소한 차로!
그리고 나는 내게도 뇌가 있단 걸 알았다네.
그걸 내 말이 증명해 줬으니까.

_폴 워트먼

물론 배움이 경주와 똑같을 수는 없습니다. 하지만 그 경주 덕분에 제 친구는 자신의 뇌를 발견하고 학교 공부와 연결지을 수 있었던 겁니다.

대학 입학이라는 위기

전환기에는 위기가 찾아오게 마련입니다. 대학은 고등학교에서 공부 좀 했다는 학생들이 모여 있는 곳이지요. 우리의 대학원생들처럼, 어제만 해도 제 구역의 왕처럼 군림했던 친구들이 갑자기 별 볼 일 없는 존재가 되는 겁니다.

특히 의예과 수업에서는 그런 위기에 대한 두려움이 극에 달합니다. 앞선 2장에서 대학에 들어와 처음 화학 수업을 듣는 학생들의 긴장감과 희망에 대해 언급한 적이 있었지요. 이 수업은 의예과 과정에 들어가느냐 아니냐를 결정짓기 때문에 학생들은 좋은 성적을 받기 위해 최선을 다합니다.

학기 초반 우리 연구진은 학생들의 마인드셋을 측정하고, 수업이 끝나는 시점까지 그들의 성적과 공부 전략을 추적 관찰했습니다. 그리고 마찬가지로 성장 마인드셋을 가진 학생들이 더 좋은 성적을 얻는다는 점을 발견했지요. 비록 시험 하나를 망쳤더라도 다음 시험에서는 다시 성적이 반등했습니다. 하지만 고정 마인드셋을 가진 학생들은 한 번 시험을 망치면 대개는 다시 만회하지 못했지요.

화학 수업을 듣는 학생들 모두 열심히 공부했지만, 공부하는 방법은 각기 달랐습니다. 고정 마인드셋의 학생들은 이런 식으로 공부했습니다. 교과서를 읽고 필기한 내용을 공부합니다. 내용이 너무 어려울 때는 반복해서 읽고 또 읽고요. 또는 마치 진공청소기처럼 가능한 한 통째 외워버리려 합니다. 그래서 성적이 안 좋게 나오면, 이 학생들은 '화학은 내게 맞는 과목이 아닌가 봐' 하고 결론지어 버립니다. 결국 이런 겁니다. "나는 이미 내가 할 수 있는 건 모두 다 해 봤다고!"

하지만 결코 그렇지 않았지요. 만약 이런 학생들이 성장 마인드셋 학생들의 공부법을 알았다면 충격을 받았을 겁니다. 저도 그걸 알고 놀랐으니까요.

성장 마인드셋을 가진 학생들은 자신의 학습과 동기를 완벽하게 관리했습니다. 수업 내용을 무조건 외우려고 덤비는 대신, 그들은 "수업의 핵심 테마와 숨겨진 원칙들을 찾아봐야지"라거나 "내가 완전히 이해했다는 확신이 들 때까지 실수하는 건 어쩔 수 없어"라는 태도로 임했습니다. 그들은 시험을 잘 보려고 공부하는 게 아니라, 배우기 위해서 공부했던 겁니다. 그리고, 실제로도 이것이 그들이 높은 점수를 받은 이유였습니다. 그들이 더 똑똑하다거나 과학에 대한 사전지식이 풍부했기 때문이 아니었던 거죠.

강의가 어려워져도 이 학생들은 열의를 잃지 않았습니다. "나는 강의에 대한 관심을 유지했어요." "나는 화학에 대해 긍정적으로 생각했어요." "공부해야겠다는 생각을 잃지 않았죠." 교과서가 따분하다거나 교수가 재미없게 느껴질 경우라도 그들의 호기심은 증발하지 않았습니다. 단지 자신이 공부에 대한 흥미를 잃지 않도록 만드는 게 그들에게는 중요했던 겁니다.

이제 막 성장 마인드셋에 대해 가르친 학생에게서 이메일을 한 통 받은 적이 있었습니다. 예전에 그녀는 '정말 어려운 문제를 만나면 문제를 계속해서 읽고 또 읽는 방식'으로 공부했다고 합니다. 하지만 성장 마인드셋을 배우고 난 뒤에는 더 좋은 전략을 이용하기 시작했던 겁니다.

드웩 교수님,

조교가 오늘 제게 시험점수를 알려줬을 때 울어야 할지 웃어야 할지 모르겠더군요. 아마도 조교가 교수님께, 제가 무슨 복권에라도 당첨된 사람 같았다고 얘기했을 거예요. 제가 그렇게 잘 해낼 줄 저도 몰랐습니다. 시험에 통과나 하면 다행이라고 생각했거든요. 교수님께서 제게 해주신 격려는 평생 잊지 못할 겁니다.

제가 받은 뛰어난 점수는 저 혼자 얻은 게 아니에요. 교수님은 교수님의 이론을 단지 가르치기만 하신 게 아니라 몸소 보여주셨어요. 그 가르침에 감사드려요. 정말 가치 있는 교훈이었고, 아마 제가 컬럼비아대학에서 배운 모든 것 중에서도 가장 소중할 거예요. 앞으로는 시험 때마다 제가 배운 전략을 사용할 거랍니다!

정말, 정말 감사드려요.

더는 희망을 잃지 않는,

준으로부터.

성장 마인드셋을 가진 사람들은 배움의 관점에서 생각하기에 배울 수 있는 여러 가지 방법들을 잘 압니다. 참 이상하지요. 분명 고정 마인드셋을 가진 의예과 학생들도 좋은 학점을 따기 위해서 이것저것 안 해본 일이 없었을 텐데 말입니다. 하지만 단 한 가지, 실제 좋은 성적을 얻을 수 있게 만드는 프로세스를 관리하지 않았다는 점이 달랐던 것이죠.

우리는 다 똑같이 태어나는가?

그럼 올바른 마인드셋을 가진 사람이라면 누구나 다 잘할 수 있다는 의미일까요? 모든 아이들이 다 똑같이 태어날까요?

우선 두 번째 질문에 먼저 답하겠습니다. 아니죠, 어떤 아이들은 다릅니다. 엘런 위너(Ellen Winner)는 《재능 있는 아이들(Gifted Children)》이란 책에서 신동에 대한 놀라운 이야기를 전합니다. 뛰어난 능력과 강력한 호기심을 가지고 태어난 듯한 이 아이들은 자신의 관심사를 지칠 줄 모르고 추구하며 마침내 놀랍도록 대단한 성취를 일궈내지요.

마이클은 일찍부터 조숙한 아이였습니다. 글자와 숫자에 관련된 게임을 하며 놀았고, 부모에게 끊임없이 질문하며, 아주 어린 나이부터 읽고 말하고 수학을 다루는 솜씨가 남달랐습니다. 마이클의 엄마에 따르면 태어난 지 겨우 4달 만에 "엄마, 아빠, 저녁밥은 뭐예요?"라고 말했다고 합니다. 10달 무렵에는 간판에 적힌 글씨를 읽어서 슈퍼마켓에 있는 사람들을 놀라게 했고요. 엄마가 복화술로 장난치는 줄 알았다는군요. 마이클의 아빠는 아이가 3살이 되자 대수학(代數學)을 풀 줄 아는 정도가 아니라 대수법칙들까지 발견하고 증명했다고 얘기합니다. 매일 아빠가 퇴근하면 마이클은 수학책이 있는 곳으로 끌고 가 "아빠, 같이 공부해요"라고 했고요.

마이클은 특별한 능력을 가지고 태어난 아이임에 분명하지만, 제게 가장 눈에 띄는 점은 학습과 도전에 대한 아이의 지극한 사랑입니다. 부모가 도저히 떼어놓을 수 없을 정도였으니까요. 위너가 묘사한 모든 영재들이 다 똑같았습니다. 대부분의 사람들은 '재능'이 곧 능력 그 자체라고 믿어버립니다. 하지만 사실은 끝없는 호기심과 도전정신이 재능을 키우는 것이지요.

재능은 능력일까요, 아니면 마인드셋일까요? 모차르트의 음악적 능력과 그가 손이 뒤틀릴 정도로 노력했다는 사실 중에서, 무엇이 모차르트의 재능이라고 할 수 있을까요? 다윈의 과학적 능력과 그가 어릴 때부터 표본을 계속 수집해 왔다는 점은 어떻습니까?

영재든 아니든, 우리 모두는 능력으로 발전할 수 있는 관심사들을 가지고 있습니다. 어린 시절 저는 사람들, 특히 어른들에게 매력을 느꼈습니다. 궁금한 것이 있었기 때문입니다. "무엇이 어른들을 움직이게 할까?" 몇 년 전, 사촌 한 명이 5살 때 있었던 일을 들려주더군요. 우리는 할머니 집에 있었는데, 사탕 먹는 문제로 사촌은 자기 엄마와 크게 싸웠답니다. 그때 현관계단에 앉아 제가 이렇게 말했다네요. "바보처럼 굴지마. 어른들은 원래 다 자기 뜻대로 하려고 한단 말이야. 일단 그냥 '네'라고 한 다음, 먹고 싶을 때 사탕 먹으면 되는 거야."

장차 심리학자가 될 아이라서 그랬던 걸까요? 확실한 건 그 충고가 효과가 있었다고 사촌이 얘기해줬다는 겁니다. (재밌게도, 이 사촌은 나중에 치과의사가 됐습니다.)

누구나 잘할 수 있을까?

이제 앞서 던졌던 첫 번째 질문에 답할 차례입니다. 올바른 마인드셋만 있다면 누구나 위대한 성공을 이룰 수 있을까요? 성적이 제일 형편없는 고등학교에 가서도 학생들에게 대학 수준의 미적분을 가르칠 수 있을까요? 그게 가능하다면, 한 가지는 분명해지는 겁니다. 올바른 마인드셋과 가르침만 있다면, 사람들은 우리가 생각한 것 이상을 해낼 능력이 있다는 것이지요.

가필드 고등학교는 LA 최악의 학교였습니다. '학생들은 공부할 마음이 없는 상태고 교사들은 지쳐 있다'고 한다면 아주 점잖은 표현일 정도였죠. 하지만 하이메 에스칼란테 선생님(영화 〈스탠드 업(Stand and Deliver)〉의 실제 주인공)은 망설이지 않고 이 빈민지역의 히스패닉계 학생들에게 대학 수준의 미적분을 가르쳤습니다. 성장 마인드셋을 가진 그는, '내가 이 아이들을 가르칠 수 있을까?' 또는 '이 아이들이 배울 수 있을까?'가 아니라 '어떻게 가르칠까?' 또 '어떻게 하면 이 아이들이 잘 배울 수 있을까?'를 물었습니다.

하지만 그는 미적분을 가르친 데서 그치지 않고, 동료 교사인 벤저민 히메네즈와 함께 이 아이들의 수학 실력을 전국 최고로 올려놨습니다. 1987년에 대학학점 선이수과정 미적분시험의 응시자가 가필드 고등학교보다 많은 공립학교는 전국에서도 단 3곳에 불과했습니다. 모두 뉴욕에서 수학과 과학 중심의 엘리트 학교로 손꼽히는 곳들이었지요.

더 놀라운 점은, 가필드 고등학생 중 대부분이 실제 대학학점을 취득할 만큼 높은 점수를 받았다는 겁니다. 그해 전국에서 이런 수준의 시험을 통과한 히스패닉계 학생들은 채 몇백 명에 지나지 않았습니다. 이 이야기는 학생들의 잠재력을 과소평가한 탓에 엄청난 지능이 낭비되고 있다는 점을 시사해 줍니다.

마바 콜린스의 독특한 수업

대개 뒤처지고 낙제한 아이들에게는 지나치게 쉬운 과제를 내줍니다. 그 이상의 과제를 다룰 능력이 없다는 가정 때문이지요. 하지만 이런 생각은 고정 마인드셋에서 비롯된 겁니다. '이 학생들은 멍청하니까 똑같은 쉬운 문제를 반복해서 주입시켜야 해.' 하지만 결과는 실망스러울 뿐입니다. 이러면 그 학생들은 전에 배운 것에서 더 나아가지 못하고 낙제를 반복하게 되지요.

마바 콜린스 선생님은 그 대신, 시카고의 공립학교에 다니는 빈민가 아이들을 마치 천재처럼 대했습니다. 이 아이들은 대부분 '학습 장애', '저능아' 또는 '정서 불안' 등의 딱지가 붙어 있었지요. 아이들은 대놓고 심드렁하게 굴었습니다. 눈에는 생기가 없었고, 얼굴에서 희망이라곤 찾아볼 수 없는 아이들이었습니다.

콜린스가 맡은 2학년 학급의 학생들은 최저 수준의 독서 능력을 보이는 아이들이었습니다. 그런데 6월이 되자 아이들의 독서력은 5학년 중간 수준까지 올라, 아리스토텔레스, 이솝, 톨스토이, 셰익스피어, 에드거 앨런 포, 로버트 프로스트, 디킨슨을 공부하기에 이르렀지요.

후에 콜린스 선생님은 자신이 직접 학교를 설립했는데, 제이 스미스라는 〈시카고 선타임스〉의 기자가 그 학교를 방문했습니다. 그리고 4살배기 아이들이 '의사를 봤다', '이솝이 우화를 썼다' 같은 문장들을 쓰고, '이중 모음'과 '발음 구별 부호'에 대해 이야기하는 모습을 목격했습니다. 2학년 학생들은 셰익스피어, 롱펠로우, 키플링의 시구(詩句)를 암송했지요. 바로 직전에 부유한 교외의 고등학교를 방문했을 때는 셰익스피어의 이름조차 모르는 학생들이 태반이었는데 말이죠. 그 얘기를 들은 콜린스의 학생 중 한 명이 이렇게 말했답니다. "아니 그럼 그 부자 고등학생들은 셰익스피어가 1564년에 태어나 1616년에 죽었다는 것도 모른다는 말이에요?"

이 학교의 학생들은 엄청난 양의 책을 읽습니다. 심지어 여름방학 동안에도요. 6살 때 '저능아'로 분류되어 입학했던 한 학생은 4년이 지난 지금, 여름방학 동안《두 도시 이야기》와《제인 에어》를 포함한 23권의 책을 읽었습니다. 다이달로스와 이카루스에 대한 책을 읽고 읽던 3~4세 반의 4살짜리 아이는 이렇게 말했답니다. "콜린스 선생님, 우리가 열심히 공부하고 배우지 않으면, 이카루스처럼 하늘을 날 수 없을 거예요."《맥베스》를 두고 열띤 토론이 벌어지는 건 예사였고요.

알프레드 비네는 다른 사람의 마음도 변화시킬 수 있다고 믿었습니다. 분명히 그럴 수 있다는 걸 이제 알 수 있습니다. 이 아이들을 지식의 폭과 시험 성적 중 어느 것으로 평가한다고 해도, 아이들의 마음이 변화를 겪었다는 사실은 분명하니까요.

저명한 교육학자인 벤저민 블룸(Benjamin Bloom)은 120명의 뛰어난 성취를 이룬 사람들을 연구했습니다. 유명 피아니스트, 조각가, 올림픽 수영 선수, 세계적 테니스 선수, 수학자와 뇌과학자 등이 포함돼 있었죠. 이들은 대부분 어렸을 때는 그렇게 두드러지지 않았고, 본격적으로 훈련을 받기 전에는 특별한 재능을 보이지도 못했습니다. 초기 청소년기까지는 현재의 능력을 기반으로 미래의 성취를 예측한다는 것이 일반적으로 불가능하다는 얘깁니다. 단지 지속적인 동기 부여와 헌신, 주변의 도움이 그들을 최고의 자리로 이끄는 것이죠.

블룸은 이렇게 결론짓습니다. "미국뿐 아니라 해외를 포함해, 학교 교육에 대한 내 40년간의 집중적 연구가 시사하는 결론은 이것이다. '적절한 학습 조건만 갖춰진다면, 그 누구나 배울 수 있다'는 것." 블룸은 심각한 장애를 가진 2~3%의 아이들, 또 그 반대로 마이클 같은 상위 1~2%의 아이들을 제외한, 나머지 모든 아이들에 대해 이렇게 말한 것입니다.

교사의 마인드셋이 학생에게 미치는 영향

하지만 능력에 따라 아이들을 분류하는 데는 이유가 있지 않을까요? 아이들의 시험점수와 과거의 성취도가 현재 아이들의 능력을 보여주는 게 아닐까요? 자, 시험점수나 성과 측정도가 아이들의 현재 위치를 말해줄 순 있겠지만, 앞으로 얼마나 더 발전할지, 그 종착점을 알려줄 수는 없다는 점을 기억합시다.

독일의 연구자인 팔코 라인버그(Falko Rheinberg)는 각기 다른 마인드셋을 가진 학교 교사들을 연구했습니다. 그중 일부 교사들은 고정 마인드셋의 소유자로, '최초 성취 수준이 다른 학생들은 그 차이가 깊고 영구적으로 지속된다'고 믿었습니다.

"제 경험에 따르면 아이들의 성취도는 보통 1년 내내 지속됩니다."

"아이들의 지능지수를 보면 학교생활을 어떻게 할지 꽤나 정확히 맞출 수 있어요."

"교사로서 나는 아이들의 지적 능력에 영향을 주지 못합니다."

제 6학년 때 선생님이었던 윌슨 여사와 마찬가지로 이 교사들은 고정 마인드셋을 전파하고 실행하는 사람들이었던 겁니다. 이런 교사들이 담당한 교실에서는, 학년 초에 성적이 좋았던 학생들은 마지막에도 성적이 좋았고, 반대인 학생들은 연말에 이르러서도 낮은 성적을 보였습니다.

하지만 '아이들이 능력을 계발할 수 있다'는 생각에 집중하는, 성장 마인드셋을 실천하는 교사들의 학급에서는 이상한 일이 벌어졌습니다. 학년 초에 성적이 좋았는지 나빴는지는 별로 중요하지 않았던 겁니다. 연말이 되자 양쪽 학생들 모두 성적이 향상됐던 거지요. 놀라운 경험이 아닐 수 없었습니다. 성장을 가르치는 교사, 성적이 낮은 학생을 이끌 수 있는 길을 찾는 교사의 지도 아래서는 학생들 간의 차이가 홀연히 사라져 버린 겁니다.

교사들이 어떻게 하면 성장 마인드셋을 실천할 수 있을지는 이 책의 뒤편에서 다룰 주제이니, 여기서는 맛보기로 마바 콜린스 선생님의 교육 방식을 살짝 살펴보기로 하지요. 수업 첫날 그녀는 유급된 2학년 학생 프레디에게 다가갑니다. 프레디는 학교에 다니고 싶지 않아 하지요. "이리 오렴, 얘야." 그녀는 아이의 얼굴을 두 손으로 감싸고 말합니다. "우리는 할 일이 있어. 책상에 앉아만 있어서는 똑똑해질 수 없단다. 선생님이 약속하마. 너는 똑똑해질 거고, 나아질 거야. 네가 실패하게 내가 놔두지 않을게."

고정 마인드셋은 성취를 저해합니다. 사람들에게 잡생각을 불어넣고, 노력의 가치를 저하시키며, 결국 나쁜 학습 전략으로 인도하지요. 무엇보다 큰 문제는, 고정 마인드셋이 다른 사람들을 아군이 아닌 심판자로 여기게 만든다는 점입니다. 다윈이든 대학생이든, 중요한 성취에는 명확한 관점, 최대한의 노력, 풍부한 전략이 요구되고, 거기에 학습을 지원할 아군도 필요합니다. 성장 마인드셋이 이것들을 사람들에게 제공하지요. 그럼으로써 능력이 성장하고 결실을 맺게 되는 겁니다.

예술적 능력은 타고나는가

지능은 만들어지는 게 아니라 타고난다는 믿음이 널리 퍼져 있지만, 사실 조금만 더 생각해보면 사람들이 자신의 지적 능력을 발전시킬 수 있다는 점을 어렵지 않게 깨달을 수 있습니다. 지능은 아주 다양한 형태를 갖고 있습니다. 우리는 언어 능력, 수리과학적 능력, 논리사고력 등을 개발할 수 있지요. 하지만 예술적 능력만큼은 천부적인 재능에 가깝다는 생각이 일반적인 것처럼 보입니다. 예를 들면, 그림을 잘 그리고 못 그리고는 날 때부터 정해진 듯 생각되지요.

심지어 저도 그렇게 믿었습니다. 제 친구들 중에는 노력도 않고 따로 배우지 않았어도 그림을 잘 그리는 이들이 있는데, 제 회화 실력은 초등학교 수준에서 멈춰 있었지요. 노력을 해봐도 실망스럽고 조악한 수준의 그림만 나올 뿐이었습니다. 다른 분야에서는 저도 꽤 예술성을 발휘했어요. 디자인도 할 줄 알았고 색도 잘 다뤘으며 작문에서도 어느 정도 감각이 있었지요. 거기다 손재주도 꽤 있는 편이었고요. 그런데 왜 유독 그림은 못 그렸을까요? 분명 회화에 소질이 없는 것이라고 생각했습니다.

그런 고민 끝에 제가 얻은 결론은 이것이었습니다. 분명 특별히 훈련받지 않아도 그림을 잘 그리는 사람도 있습니다. 하지만 그렇다고 해서 그 외의 사람들이 훈련을 받아도 그림을 잘 그리지 못한다는 의미는 아니라는 겁니다. 오히려 원래 그림을 못 그렸던 사람들 중에서 훈련을 받으면 훨씬 더 잘 그리게 되는 사람들도 있지요. 이 점이 중요한 이유는, 고정 마인드셋을 가진 사람 중에는 초기의 성과만으로 재능과 미래에 대해 전부 알 수 있다고 생각하는 이들이 아주 많기 때문입니다.

잭슨 폴락의 성공 요인

그런데 바로 그런 이유로 만약 잭슨 폴락을 폄하한 사람이 있었다면, 그건 정말 부끄러운 일이었을 겁니다. 전문가들은 폴락에게 타고난 예술적 재능이 거의 없었다고 입을 모읍니다. 당신이 그의 초기 작품을 본다면 아마 바로 알아차릴 수 있을 정도지요. 또한 폴락이 현대 미술에 혁명을 불러온, 20세기의 가장 위대한 미국인 화가였다는 점에 대해서도 다들 동의합니다. 어떻게 해서 그는 그렇게 성장하게 된 걸까요?

세계적으로 유명한 안무가이자 무용가인 트와일라 타프(Twyla Tharp)는 《천재들의 창조적 습관(The Creative Habit)》이라는 책을 썼습니다. 제목에서 알 수 있듯이 그녀는 창조성이란 마법이나 영감 따위가 아니라고 주장합니다. 단지 고된 노력과 헌신의 결과물이라는 거지요. 심지어 모차르트조차도요. 영화 〈아마데우스(Amadeus)〉 기억나시나요? 이 영화는 라이벌 살리에리가 시기심에 치를 떠는 가운데 걸작들을 술술 뽑아내는 모차르트를 그렸지요. 자, 타프는 그 영화에 대해 이렇게 말합니다. "말도 안 돼요! 세상에 '날 때부터 천재' 같은 건 없다고요."

잭슨 폴락을 성장하게 만든 건 다름 아닌 헌신적 노력이었습니다. 폴락은 너무도 예술가가 되고 싶어 했어요. 그는 항상 예술에 대해 생각하고, 언제나 예술을 행했습니다. 그의 태도가 너무도 열렬했기에 다른 사람들도 그를 진지하게 받아들이고 그가 정말 '대가'가 될 때까지 지원해줬던 겁니다. 그리고 마침내 놀라운 작품들을 쏟아내기 시작했지요. 물감을 끼얹은 그의 작품들은 하나하나 독특했고, 그의 무의식과 풍부한 감정들을 담아냈습니다. 몇 년 전, 저는 뉴욕현대미술관에서 그의 작품들을 감상할 수 있었는데, 그림에서 느껴지는 힘과 아름다움에 매료될 수밖에 없었지요. 또 누가 그런 작품을 그릴 수 있을까요? 저는 모르겠습니다. 다만 이제 우리는 적어도 사람들이 처음의 모습을 충분히 뛰어넘을 수 있다는 점만은 동의하게 됐다는 생각이 드네요.

잘못된 칭찬이 가진 위험성

만약 사람들이 정말로 그런 잠재력을 갖고 있는 거라면, 어떻게 자신의 잠재력에 대해 믿게 할 수 있을까요? 그들에게 필요한 자신감을 어떻게 부여할 수 있는 걸까요? 그들이 이미 성취에 필요한 조건을 갖추고 있다는 점을 알리기 위해 그들의 능력을 칭찬해줘야 할까요? 실제로 80% 이상의 부모들이 자녀의 자신감과 성취감을 키워주기 위해서 아이들의 능력을 반드시 칭찬해줘야 한다고 우리 연구진에게 답했습니다. 언뜻 보면 충분히 일리 있는 말이지요.

하지만 우리는 바로 그 지점이 걱정되기 시작했습니다. 고정 마인드셋을 가진 사람들이 자신의 능력에 너무 집착하는 모습을 이미 봐왔기 때문이죠. "이만하면 충분할까?" 또는 "이 정도면 괜찮을까?" 하면서요. 능력에 대해 칭찬하면 그런 경향이 더 심화되지는 않을까? 자칫 우리가 그 사람의 능력을 소중히 여긴다는 메시지, 성과를 보면 숨겨진 능력까지 파악할 수 있다는 메시지를 전달하게 되는 게 아닐까? 능력에 대한 칭찬 때문에 고정 마인드셋을 가르치는 결과가 나오지 않을까 걱정됐던 겁니다.

애덤 게틀(Adam Guettel)은 뮤지컬계의 황태자이자 구세주로 평가받아왔습니다. 그는 〈오클라호마!(Oklahoma!)〉와 〈회전목마(Carousel)〉 등의 고전 뮤지컬 음악을 작곡한 리처드 로저스(Richard Rodgers)의 손자이지요. 게틀의 어머니는 아들의 천재성에 대해 드러내놓고 칭찬했고, 다른 사람들도 마찬가지였죠. "진짜 천재가 출현했다!"고 열광하는 리뷰가 〈뉴욕타임스〉에 실릴 정도였습니다.

문제는 '이런 식의 칭찬이 과연 사람들을 독려하는가?'입니다. 이러한 질문의 답을 찾기 위해서 연구를 하는 것이지요. 그래서 우리는 대부분 막 청년기에 접어든 수백 명의 학생들을 대상으로 연구를 시작했습니다. 연구진은 먼저 각 학생들에게 비언어 IQ 테스트 중 상당히 어려운 10개의 문제를 풀게 했습니다. 학생들은 대부분 잘 풀었고, 우리는 다 푼 학생들을 칭찬했지요.

일부 학생들은 능력을 칭찬했습니다. "와, 8문제나 맞혔구나. 정말 잘했어. 너는 참 똑똑하구나." 말하자면 애덤 게틀처럼 '내겐 재능이 있다'고 느끼게 한 것이죠.

다른 학생들에게는 노력을 칭찬해 주었습니다. "와, 8문제나 맞혔구나. 정말 잘했어. 정말 열심히 공부했나 보구나." 이 학생들은 자신에게 특별한 재능이 있다고 느끼지 않았을 겁니다. 성공하기 위한 노력에 대해 칭찬받았기 때문이죠.

시작할 때는 양쪽 그룹이 똑같았지만, 칭찬을 받은 이후에는 차이가 나기 시작했지요. 우리가 우려하던 대로, 능력에 대한 칭찬은 학생들을 고정 마인드셋으로 몰아붙였고, 학생들에게서 그런 징후들을 발견할 수 있었습니다. 더 어려운 문제를 제시했을 때, 추가로 배울 수 있는 새로운 도전을 거부한 것입니다. 자신의 결점을 드러내거나 재능을 의심받을 일은 아예 하지 않으려 했지요.

13살 때 게틀은 오페라 원작의 TV 영화 〈아말과 밤의 방문객들(Amahl and the Night Visitors)〉에 출연하기로 했다가, 변성기가 찾아왔다는 이유로 출연을 거절했습니다. "나는 목소리가 변한 척했어요. 압박을 견디고 싶지 않았습니다."

반면 학생들에게 노력에 대해 칭찬했을 때는 90%가 새로운 도전을 받아들였습니다. 그 다음 우리는 어려운 문제들을 새로 내주었고, 학생들은 잘 풀지 못했습니다. 능력을 칭찬받았던 아이들은 이제 자신이 전혀 똑똑하지 못하다고 생각하게 됩니다. 성공이 자신의 똑똑함을 증명하는 것이라고 생각했으니, 성공하지 못했다는 건 자신이 똑똑하지 못하다는 의미라고 받아들이는 거지요.

게틀에게서도 이런 모습을 볼 수 있습니다. "우리 가족에게는 '잘했다'는 곧 실패를 의미했어요. '아주 잘했다'도 마찬가지였죠. 실패가 아닌 유일한 건 오직 '위대함'뿐이었습니다."

노력에 대해 칭찬받은 아이들은 어려운 문제를 풀지 못한 상황을 단지 '더 노력하거나 다른 전략을 구사해야 한다'고 받아들였을 뿐입니다. 즉, 그걸 실패로 여기지 않았고, 자신의 지능을 반영한다고도 여기지 않았던 겁니다.

그럼 문제를 즐기는 아이들의 태도는 어땠을까요? 문제 풀이에 성공했을 때는 모두가 문제를 좋아했지만, 어려운 문제가 주어지자 능력에 대해 칭찬받은 학생들은 '이제 재밌지 않아요'라고 말했습니다. 자신의 명예, 특별한 재능이 위기에 처하자 문제를 즐길 수 없었던 겁니다.

다시 아담 게틀의 말을 들어볼까요. "나는 그저 즐겁고 편하고 싶었지 뭔가 '위대한 인간'이 돼야 한다는 책임감을 떠맡고 싶지 않았어요." 우리가 연구한 아이들처럼, 재능에 대한 부담이 그의 즐거움을 억눌렀던 겁니다.

노력을 칭찬받은 학생들은 여전히 문제를 좋아했고, 그중에서 어려운 문제가 가장 즐겁다고 답한 아이들도 많았습니다.

우리는 다음으로 아이들의 성적을 확인했습니다. 어려운 문제를 풀어본 후, 능력을 칭찬받았던 학생들의 성적은 급락했습니다. 심지어 약간 더 쉬운 문제를 내줬을 때조차도 그랬죠. 자신의 능력에 대한 믿음을 잃은 아이들은 오히려 처음보다도 성적이 더 떨어진 겁니다. 노력을 칭찬받았던 아이들은 성적이 점점 더 좋아졌습니다. 그들은 어려운 문제를 통해 자신의 능력을 계발했고, 쉬운 문제로 돌아오자 더 앞서나갈 수 있었던 거지요.

게틀은 잘 지내지 못했습니다. 병적으로 집착하는 모습을 보였고 손가락에서 피가 날 정도로 물어뜯곤 했지요. 그를 인터뷰한 기자는 "그와 딱 1분만 지내보면, 집착 뒤에 있는 공포가 느껴지기 시작할 정도"라고 평했습니다. 게틀은 또 심각한 약물 중독에 시달렸습니다. 그의 재능은 그에게 힘을 불어넣기보다는 공포와 의심만 가져다주었던 겁니다. 이 총명한 작곡가는 자신의 재능을 꽃피우지 못하고 오히려 인생 대부분을 그 재능으로부터 도망다니는 데 허비한 것이지요.

그래도 희망은 있었습니다. 마침내 그가 자신의 재능에 대한 다른 사람들의 시선과는 상관없이 자신만의 길이 있다는 걸 깨달았기 때문입니다. 어느 날 밤, 그의 꿈에 할아버지가 나타났습니다. "함께 엘리베이터로 걸어가다가, 할아버지에게 내가 쓸 만한 사람이냐고 물었어요. 그랬더니 할아버지는 자상하게 '너는 너만의 목소리를 가졌단다'라고 얘기하셨지요."

마침내 그 목소리가 드러나고 있는 걸까요? 아주 로맨틱한 뮤지컬 〈광장의 불빛(The Light in the Piazza)〉으로 게틀은 2005년 토니상을 수상했습니다. 그는 토니상을 재능에 대한 칭찬으로 받아들였을까요, 아니면 노력에 대한 칭찬으로 받아들였을까요? 저는 후자이길 바랍니다.

우리의 연구에서 매우 충격적이고 동시에 우울한 발견이 또 하나 있었습니다. 우리는 학생들에게 이렇게 말했지요. "앞으로 우리는 다른 학교에도 갈 텐데, 분명 그 학교의 아이들도 이 문제에 대해 알고 싶어 할 거야." 그리고 학생들에게 문제에 대한 생각을 써보라고 종이를 내줬는데, 그 종이에는 자신이 받았던 점수를 적는 칸이 있었습니다.

능력을 칭찬받은 학생 중 40%나 되는 아이들이 자신의 점수를 가짜로 적었다는 사실이 믿어지나요? 물론 점수를 높이는 쪽이었지요. 고정 마인드셋에서는, 불완전함이란 창피한 것으로 여겨집니다. 자신에게 재능이 있다고 믿을 경우엔 특히 더하죠. 그래서 아이들은 거짓말을 한 겁니다. 평범한 아이들에게 '너는 똑똑해'라고만 했을 뿐인데, 그 아이들을 거짓말쟁이로 만들어버렸다는 사실은 너무나 충격적입니다.

제가 이 문단을 쓰고 난 뒤, 대입 시험을 준비하는 학생들을 가르치는 젊은 과외교사와 만났습니다. 그는 자신의 학생에 대해 상담하러 왔지요. 이 학생은 모의고사를 푼 뒤 과외교사에게 자신의 점수에 대해 거짓말을 했다고 합니다. 과외교사는 그 학생이 모르는 걸 가르쳐 주려고 했는데, 학생은 자신이 모른다는 사실조차 말하지 못했다는 거지요! 그리고는 수업료를 고스란히 냈다는 겁니다.

"너는 똑똑해"라고 하는 건 결국, 아이들을 바보처럼 느끼게 하고 바보처럼 행동하게 만듭니다. '예전엔 더 똑똑했는데 왜 이러지' 하는 생각을 갖게 하지요. 우리가 사람들에게 재능이 있다거나 뛰어나다는 긍정적인 꼬리표를 달아줄 때 그런 결과를 의도한 것은 분명 아닐 겁니다. 도전하려는 열망과 성공 비결을 빼앗으려는 의도가 없다고 해도, 능력에 대한 칭찬은 그런 위험을 안고 있습니다.

제 책을 읽은 한 남자가 이런 편지를 보내왔습니다.

> 드웩 박사님,
>
> 박사님의 책을 읽는 게 저에게는 참 고통입니다. 거기서 제 모습이 보이기 때문이지요. 어렸을 때 저는 영재로 불렸고 뛰어난 지능을 가졌다고 칭찬받곤 했습니다. 평생 잠재력을 살리지 못한 채 살아온 저는, 49살이 되어서야

어떤 일을 배우고 있는 중입니다. 또한 실패를 멍청함의 신호가 아닌 경험과 기술의 부족으로 받아들이는 법도 배우고 있지요. 교수님의 글은 제게 새로운 빛이 되어 주었습니다.

세스 에이브럼스 드림.

이것이 긍정적인 꼬리표의 위험성입니다. 물론 여기에는 대안이 있는데, 이 책의 뒷부분에서 살펴보도록 하지요.

부정적인 꼬리표의 악영향

저는 한때 수학 천재로 불렸습니다. 고등학교 때는 대수학, 기하학, 삼각법에서 모두 99점을 받았고, 수학 영재팀에 들기도 했지요. 남자애들과 함께 공군에서 주관하는 시공간(視空間) 능력 테스트에서 좋은 점수를 얻은 덕에, 이후 여러 해 동안 공군에서 보내오는 모병 안내문을 받기도 했습니다. 그러다가 여자아이는 수학을 잘할 수 없다고 믿는 헬먼 선생님을 만났지요. 제 수학점수는 떨어지기 시작했고, 다시는 수학을 들여다보지도 않게 됐습니다.

저는 사실 그 당시 헬먼 선생님의 의견에 동의했지만, 저에게 적용된다고는 생각하지 않았습니다. '나 말고 다른 여자애들은 수학을 잘 못해.' 이렇게 생각했지만, 헬먼 선생님은 저도 마찬가지라고 여겼고, 결국 저는 거기에 굴복한 겁니다.

부정적인 꼬리표가 나쁘다는 건 모두가 아는 사실이니, 굳이 더 왈가왈부할 필요가 없다고 생각하실지 모르겠네요. 하지만 그렇게 짧게 다룰 내용이 아닌 것이, 부정적인 꼬리표가 성취에 끼치는 해악에 대해 심리학자들이 점점 더 많은 것을 밝혀내고 있는 중이기 때문입니다.

어떤 특정 그룹의 구성원이라는 꼬리표가 끼치는 부정적인 영향에 대해서 사람들은 잘 모릅니다. 예를 들면, 아프리카계 미국인들은 자신들의 지능이 낮다는 고정관념에 대해 알고 있습니다. 그리고 여성들은 수학과 과학에 약하다는 고정관념을 알지요. 하지만 저는 그런 고정관념이 얼마나 끔찍한 것인지 그들이 알고 있다고는 생각하지 않습니다.

클로드 스틸(Claude Steele)과 조슈아 아론슨(Joshua Aronson)의 연구는 인종이나 성별을 표시하는 칸에 체크만 해도 당신에게 고정관념을 불러일으키고 시험점수를 낮출 수 있다는 점을 보여줍니다. 흑인이나 여성이 약하다고 인식되는 분야의 시험을 치르기 전에, 당신이 흑인이거나 여성이라는 점을 상기시키는 어떤 것을 보기만 해도 시험점수가 크게 낮아질 수 있다는 겁니다. 그들이 행한 여러 연구에서는, 특정한 고정관념이 환기되지 않았을 경우 흑인과 백인, 여성과 남성의 성적이 똑같았습니다. 하지만 여성이 있는 수험장에 남성의 수를 늘리기만 했을 뿐인데도 여성의 성적이 하락했습니다.

그 이유는 이렇습니다. 고정관념이 발동되면 사람들의 마음은 그 고정관념이 실현되지 않을까 하는 비밀스런 우려로 채워지고 산만해집니다. 사람들은 대개 그 점을 자각하지 못하지만, 시험에 최선을 다하기에는 정신력이 이미 떨어져 있는 것이죠.

하지만 모든 사람에게 이런 현상이 벌어지는 건 아니고, 주로 고정 마인드셋을 가진 사람에게 발생합니다. 재능은 고정된 것이라는 생각을 고정관념이 유발하고, 그런 사고의 틀에서 사람들이 벗어나지 못하기 때문입니다. "너와 네 그룹은 영원히 열등하다"고 부정적인 고정관념이 속삭이고, 고정 마인드셋을 가진 사람들만이 이 속삭임에 반응하는 것이죠.

결론적으로 고정 마인드셋에서는 긍정적이든 부정적이든 모든 꼬리표가 마음을 어지럽힙니다. 긍정적 꼬리표를 받았을 때는 그걸 잃을까봐, 부정적 꼬리표가 붙여지면 그렇게 될까봐 두려워하게 되는 것입니다.

하지만 성장 마인드셋 상태에 있을 때는, 고정관념이 성적에 영향을 끼치지 못합니다. 성장 마인드셋이 고정관념과 맞서 싸워 물리치게 해주기 때문입니다. 이런 사람들은 영구적인 열등함 따위를 믿지 않지요. 만약 남들보다 뒤처져 있다 해도, 더 열심히 노력하고, 도움을 구하고, 따라잡으려고 애쓰게 됩니다.

내가 잘 어울릴 수 있을까?

고정관념은 사람들의 능력을 빼앗을 뿐 아니라 소속감을 느끼지 못하게 하는 피해도 줍니다. 많은 소수인종 학생들이 대학에서 중퇴하고 많은 여성들이 수학과 과학을 포기하게 되는 이유는 거기에 어울리지 않는다는 느낌을 받기 때문이지요.

어떻게 이런 일이 벌어지는지 파악하기 위해 우리는 미적분 강의를 받는 여성 대학생들을 추적 관찰했습니다. 대개 학생들이 이 시기에 수학 또는 수학과 관련된 경력이 자신에게 맞는지 아닌지 결정하기 때문이지요. 우리는 여학생들에게 학기를 거치는 동안 수학에 대한 느낌과 수학 과목에 대한 소속감을 알려달라고 요청했습니다. 예를 들자면, 자신이 수학계의 일원으로 느껴지는지 아니면 이방인 같은 느낌을 받는지 물었습니다. 또 수학, 그리고 자신의 수학 실력이 편하게 느껴지는지 아니면 불안한지 얘기해 달라고 했지요.

수학 실력이 발전될 수 있다고 생각하는, 성장 마인드셋을 가진 여학생들은 아주 강력하고 안정적인 소속감을 느꼈습니다. 그리고 주변에 부정적인 고정관념들이 많다고 느낄 경우에도 이런 소속감을 유지할 수 있었지요.

한 학생은 이렇게 말했습니다. "수학 수업에서 여학생들은 틀리지 않았는데도 틀렸다는 소리를 듣곤 해요. 사실은 새로운 방식으로 풀었을 뿐인데, 불합리한 일이죠. 강사가 학생들의 논증 과정을 잘 살피지 않기 때문이기도 해요. 하지만 우리들은 그룹끼리 모여 문제를 풀어보고 서로 도움을 주고받기 때문에 괜찮아요. 우리끼리 재미있는 문제 풀이법을 의논하지요."

고정관념이 여학생들을 불편하게 했지만, 이들은 여전히 수학을 편하게 생각하고 수학에 대한 자신감도 가질 수 있었습니다. 즉 맞서 싸울 줄 알았던 것이지요.

하지만 고정 마인드셋을 가진 여학생들은 학기가 흘러갈수록 수학에 대한 소속감을 점차 잃어갔습니다. 그리고 수업에서 고정관념의 존재를 느끼면 느낄수록 수학에 대해 더욱 불편한 감정을 갖게 됐지요. 한 학생은 "수업에서 정답을 맞췄는데도, 교수님이 '나름대로 좋은 시도였어'라고 인정을 충분히 안 해주는 바람에 수학에 느끼는 소속감이 떨어졌다"고 털어놨습니다.

'여자는 수학 능력이 낮다'는 고정관념이 그들에게 파고들어 그들을 규정해버렸고, 자신감과 편안함을 빼앗아 버린 겁니다. 저는 그것이 그들 탓이라고 말하려는 게 결코 아닙니다. 편견은 깊게 뿌리박힌 사회적 문제이고, 저는 그 희생자들을 탓할 마음이 없습니다. 다만 성장 마인드셋이 그런 편견을 직시하게 만들고 자신감과 능력으로 그 편견에 맞서게 한다는 점을 얘기하고 싶을 뿐입니다.

타인에게 휘둘리는 사람들

보통 여성들은 고정관념뿐 아니라 타인의 의견을 처리하는 일에 있어서도 문제를 안고 있지요. 다른 사람의 말을 너무 신뢰한다는 점 말입니다.

하루는 치실과 탈취제를 사러 하와이의 한 약국에 갔습니다. 사야 할 물건들을 들고 계산대 앞에 줄을 섰지요. 제 앞에는 두 여성이 함께 기다리고 있었어요. 제가 원체 그냥 시간을 흘려보내지 못하는 탓에 내 차례가 왔을 때 낼 돈을 미리 준비해 놓고 있어야겠다고 생각했습니다. 그래서 앞으로 나가 계산대 옆에 제 물건들을 올려두고 돈을 찾으러 지갑을 뒤지기 시작했지요. 그랬더니 그 여성들이 길길이 뛰는 것이었어요. 저는 절대 새치기를 하려 한 게 아니라 그저 돈 낼 준비를 했을 뿐이라고 설명했습니다. 그렇게 문제가 해결된 줄 알았는데, 가게를 떠나려 할 때 보니 그 둘이 저를 기다리고 있더군요. 그리고는 제 얼굴에 대고 "당신 참 매너가 엉망이네!"라고 쏘아붙이는 게 아닌가요.

이 모든 상황을 처음부터 지켜보던 제 남편은 제정신이 아닌 사람들이라며 혀를 찼지만, 그 사건은 제게 이상하고 뭔가 찜찜한 영향을 미쳤습니다. 그들이 한 말을 마음속에서 털어내기까지 힘든 시간을 보내야 했지요.

능력과 성취가 높은 여성들 중에 이런 연약함으로 고생하는 사람들이 많습니다. 왜 그런 걸까요? 어린 소녀였을 때를 상상해 봅시다. 아마도 완벽하다는 얘기를 듣는 소녀였을 것이고, 주변 사람들의 칭찬을 즐겼을 겁니다. 행동도 바르고, 귀엽고 조숙한 소녀라고요. 이 소녀는 사람들의 평가를 믿게 됩니다. "와, 사람들은 모두 나에게 친절하고 잘해줘. 그러니 만약 그들이 나를 비판한다면, 그건 진실일 거야." 최고의 대학에 다니는 여학생들도 다른 사람들의 의견을 듣는 게 자신을 능력을 판단하기 위한 좋은 방법이라고 말하지요.

반면 남자애들은 계속해서 잔소리를 듣고 혼이 납니다. 우리 연구진이 초등학교 교실을 관찰해 보니, 남자애들이 여자애들보다 행동에 대한 비판을 8배나 더 많이 받았습니다. 또 남자애들은 서로를 계속해서 바보, 멍청이라고 부르곤 했지요.

저도 남자아이에게 게으름뱅이란 말을 들은 적이 있습니다. 그 애가 저녁을 먹으러 저희 집에 왔는데, 식사 도중 제가 음식을 블라우스에 흘리자, "그래서 네가 머저리인 거야"라고 했지요. 저는 충격을 받았습니다. 그제서야 여태껏 누구도 제게 그런 식으로 말한 적은 없다는 걸 깨달았지요. 남자들은 항상 서로에게 그런 식으로 이야기합니다. 아무리 농담이라도 결코 듣기 좋은 말은 아니지만, 다른 사람의 평가를 받아들이기 전에 한 번 더 생각하게 만드는 요인임은 분명합니다.

성공의 정점에 다다른 여성이라도 다른 사람들의 태도에 영향을 받습니다. 프랜시스 콘리(Frances Conley)는 세계 최고의 신경외과 의사 중 한 명이지요. 미국 의대의 신경외과 분야에서는 종신 교수직에 최초로 임명된 여성이기도 합니다. 하지만 남성 동료들, 심지어 조수들로부터 들은 부주의한 말 때문에 심한 회의감에 휩싸인 적이 많았습니다. 한 번은 수술 중에 남자 동료가 그녀를 '허니(honey)'라고 불렀습니다. 친한 사이에 '허니'는 친근함의 표현이긴 하지만, 그녀는 심각하게 고민했죠. '허니라는 말을 듣는 사람이 이 수술을 하기에 적절한 사람인 걸까?'

고정 마인드셋, 그리고 고정관념, 거기에 다른 사람에 대한 평가를 믿는 여성의 성향, 이것들이 결국 수학과 과학 분야에서 남녀 간의 격차가 벌어지게 하는 데 상당한 역할을 해왔습니다.

이 격차는 특히 첨단기술 분야에서 고통스러울 정도로 분명하게 드러납니다. 줄리 린치(Julie Lynch)는 중학생 때 이미 컴퓨터 프로그램을 만들 정도로 재능이 있었습니다. 그녀의 아버지와 두 오빠가 기술 분야에서 일했고, 그녀 역시 그 일이 좋았죠. 그러나 컴퓨터 프로그램을 가르치는 교사가 그녀를 비판했습니다. 그녀는 제법 괜찮은 프로그램을 만들었지만, 그 남성 교사는 그녀의 프로그래밍 기법을 마음에 들지 않아 했던 겁니다. 결국 그녀의 호기심은 사라졌고, 레크리에이션과 홍보 분야로 전공을 바꾸게 됐습니다.

수학과 과학 분야가 여성을 환대하는 분위기를 먼저 조성해야 하겠지만, 여성들도 해당 분야에서 정당한 위치를 차지하기 위해 성장 마인드셋을 갖추면 더 좋을 겁니다.

발전을 가속시키는 마인드셋

이제 프로세스가 제대로 돌아가는 경우를 살펴보기로 할까요.

폴가(Polgar) 가문에서는 지금까지 가장 성공한 여성 체스 선수가 3명이나 배출됐습니다. 어떻게 그럴 수 있었을까요? 그중 한 명인 수전은 이렇게 얘기합니다. "우리 아버지는 선천적인 재능 따위는 없다고, 성공의 99%는 노력 덕분이라고 믿으셨어요. 저도 동의하고요." 막내딸인 유디트는 사상 최고의 여성 체스 선수로 일컬어집니다. 하지만 재능이 가장 뛰어난 선수는 아니었지요. 수전은 "유디트는 출발이 좀 더뎠지만, 아주 열심히 노력했지요"라고 말합니다.

제 동료는 수학에 재능을 보이는 두 딸을 두고 있습니다. 한 명은 명문 대학원에서 수학을 공부하고 있지요. 다른 한 명은 한 엘리트 수학시험에서 여성 최초로 전국 1위에 올랐고, 전국 수학 콘테스트에서 우승했으며, 현재 한 명문 대학에서 뇌과학을 전공하고 있습니다. 그 비결은 무엇일까요? 유전자가 뛰어난 덕분일까요? 저는 그 비결이 그 가족의 마인드셋에 있다고 믿습니다. 제가 이제껏 만나본 사람들 중 최고의 성장 마인드셋을 갖춘 가족이거든요.

실제로 제 동료는 모든 일에서 성장 마인드셋을 실천했습니다. 몇 년 전 그와 나눈 대화를 영원히 잊지 못할 겁니다. 당시에 싱글이었던 제게, 그가 파트너를 만날 계획이 있는지 물었지요. 별 계획이 없다고 말하자 그는 아주 기겁하면서, "무슨 일이든 저절로 알아서 되는 건 없어요. 결혼이라고 다르겠어요?"라고 하더군요. 목표가 있는데 그걸 이루기 위해 아무 노력도 하지 않는다는 건 그로서는 상상조차 할 수 없는 일이었던 거지요.

정리하자면, 성장 마인드셋은 사람들이 자신의 마음을 충분히 이용하고 발전시킬 수 있도록 해줍니다. 심지어 부정적인 꼬리표가 붙어 있는 사람들이라고 해도 말이죠. 이런 사람들의 머릿속에는 어떤 제한된 믿음이나 취약한 소속감, 다른 사람들이 자신을 규정할 수 있다는 믿음 따위는 들어설 공간이 없는 겁니다.

마인드셋 단련법

◎ 당신의 영웅을 떠올려 보세요. 그 사람이 별다른 노력 없이도 특별한 능력 덕에 성공한 사람이라고 생각하나요?
이제 진실을 확인해 봅시다. 그들의 성취에 투입된 엄청난 노력을 발견하고 나면, 한층 더 존경하게 될 겁니다.

◎ 타인이 당신보다 나은 성과를 냈을 때, 단지 그들이 더 똑똑하거나 재능이 있기 때문이라고 생각했던 때를 떠올려 보세요. 이제 그들의 전략이 더 좋았거나, 열심히 노력했거나, 장애를 극복했기 때문이라고 생각을 바꿔보세요. 당신도 원한다면 그런 결과를 낼 수 있는 겁니다.

◎ 당신이 망쳤던, 자신의 재능을 다 발휘하지 못했던 순간이 있었나요? 다음번 그런 상황을 겪을 때는 성장 마인드셋을 떠올리세요. 결과에 대한 판단보다 배움과 발전에 대해 생각하는 겁니다. 그런 다음 그 순간을 다시 살펴보면 다르게 보일 겁니다.

◎ 당신의 자녀에게 뭔가 꼬리표를 달고 있나요? '얘는 예술가 기질이 있고 얘는 과학자가 될 소질이 다분해' 하는 식으로요. 그런 식으로는 아이에게 도움이 되지 않는다는 걸 기억하세요. 심지어 칭찬하는 경우라도요. 능력을 칭찬받은 아이의 IQ 점수가 낮아졌던 우리의 연구 결과를 떠올려 보세요. 아이들을 칭찬할 수 있는 성장 마인드셋의 방법을 찾아 보세요.

◎ 우리 사회의 절반 이상은 부정적인 고정관념이 박힌 집단에 속해 있습니다. 우선 여성들이 그렇지요. 그리고 이런저런 것들을 잘하지 못한다고 여겨지는 특정 그룹들도 있습니다. 그들에게 성장 마인드셋이라는 선물을 선사하세요. 여러분 인생에서 만나는 사람들에게 성장 마인드셋을 가르쳐 보세요. 특히 부정적 고정관념의 희생양인 사람들에게 가르쳐야 할 필요가 더욱 큽니다. 그러면 부정적인 꼬리표가 달릴 경우라도 그들은 자신의 배움을 우선시하게 될 겁니다.

4장

최고에 오른 사람들의 마인드셋

MINDSET

스포츠에서는 모두가 '재능'의 존재를 믿습니다. 심지어 전문가들조차도 (아니 전문가일수록 더더욱) 그렇죠. 사실 스포츠 분야야말로 '타고난 재능'이라는 생각이 만연한 곳입니다. 운동선수처럼 생긴 사람, 운동선수처럼 움직이는 사람은 별다른 노력을 하지 않아도 그냥 운동선수가 된다는 생각입니다. 선천적 재능에 대한 신뢰가 너무 강한 나머지 많은 스카우터들과 코치들은 오직 그런 재능을 가진 사람만을 찾고, 구단은 그런 선수를 뽑기 위해 과도한 출혈을 감수하면서도 서로 경쟁합니다.

빌리 빈은 그런 선천적 재능을 가진 선수였습니다. 그가 차세대 베이브 루스가 되리라고 모두가 생각했죠. 하지만 빌리 빈에게는 한 가지 부족한 것이 있었습니다. 바로 챔피언의 마인드셋이죠.

마이클 루이스(Michael Lewis)는 《머니볼(Moneyball)》에서 빈의 고등학교 2학년 시절 이야기를 들려줍니다. 그는 농구팀 최고의 득점원이었고, 미식축구팀의 쿼터백이었으며, 야구팀에서는 최고의 타자였습니다. 가장 경쟁이 심한 리그에서 5할대 타율을 쳤으니 빈의 재능은 의심할 나위가 없었죠.

하지만 일이 잘 풀리지 않을 때마다 빈은 아무 거나 때려 부수곤 했습니다. "그는 단지 실패를 좋아하지 않았던 게 아니다. 마치 그는 실패하는 방법을 알지 못하는 듯했다"고 마이클 루이스는 기술했습니다.

빈이 마이너리그에서 메이저리그로 승격되면서 상황은 점점 더 나빠졌습니다. 매 타석이 악몽 같았고, 모욕감을 느꼈습니다. 그렇게 타격을 망칠 때마다 그는 산산조각 나는 기분이 들었죠. 한 스카우터는 이를 두고 "빌리는 절대로 아웃을 당하면 안 된다는 생각에 사로잡혀 있다"고 평했습니다. 우리가 이미 앞에서 많이 들어본 말이죠?

빈은 자신의 문제를 건설적인 방향으로 해결하려고 노력했을까요? 아니오, 물론 아니었습니다. 이게 고정 마인드셋의 시나리오지요. 선천적 재능을 가진 사람은 노력을 해서는 안 되고, 노력은 재능이 부족한 사람들이나 하는 것이란 생각입니다. 도움을 청하는 건 자신의 약함을 인정하는 것이기에 재능 있는 사람은 그러지 않는다는 것. 즉 재능을 타고난 사람은 자신의 결함을 분석하지도 않고, 연습을 하거나 코칭을 받지도 않는다는 겁니다. 자신에게 결점이 있다는 건 생각만으로도 끔찍한 일이니까요.

이렇게 고정 마인드셋에 물든 빈은 덫에 갇혔습니다. 바로 자신의 대단한 재능이라는 덫에 말이지요. 선수로서의 빈은 고정 마인드셋에서 헤어나오지 못했습니다. 하지만 후에 메이저리그 단장으로서는 커다란 성공을 거두었죠. 어떻게 된 걸까요?

마이너리그와 메이저리그 선수 시절, 빈의 옆에는 또 다른 선수, 레니 다익스트라가 있었습니다. 다익스트라는 신체적 조건이나 선천적 재능 측면에서 보자면 빈의 발끝에도 못 미치는 선수였지만, 빈은 그를 존경했습니다. 후에 빈은 다익스트라를 두고 "그에게는 실패라는 개념 자체가 없었습니다. 저와는 정반대로요"라고 평했지요.

빈은 또 이렇게 얘기했습니다. "야구선수란 어떤 사람인지 이해하게 되고 보니, 나는 그런 사람이 아니었어요. 레니야말로 진정한 야구선수였죠."

지켜보고, 귀담아 듣고, 고민한 끝에 빈은 마인드셋이 재능보다 훨씬 중요하다는 점을 깨닫게 된 겁니다. 그리고 그로부터 오래지 않아 선수 스카우트와 구단 운영에 혁신적인 변화의 바람이 불었고, 빈은 마침내 야구에서 점수를 낸다는 것(사실상 야구의 전부)은 재능이 아닌 과정에 달렸다는 점을 이해하게 되지요.

이런 통찰을 바탕으로, 빈은 2002년 한 시즌 103승을 기록하며 자신이 단장을 맡고 있던 오클랜드 어슬레틱스를 디비전 챔피언의 자리에 올려놨습니다. 또 아메리칸 리그 연승 기록을 거의 깰 뻔했지요. 당시 어슬레틱스는 메이저리그 전체에서 연봉 규모가 꼴찌에서 두 번째였는데도요! 그들은 재능이 아니라 마인드셋을 샀던 겁니다.

선천적 재능에 대한 고정관념들

신체적 자질은 지적 재능과는 다릅니다. 눈으로 확인할 수 있지요. 신장, 체격, 민첩성이 전부 그렇습니다. 연습과 훈련도 마찬가지로, 눈에 보이는 결과를 만들어냅니다. 선천적 재능에 대한 과한 믿음이 통하지 않을 거라고 생각되는 부분입니다. 키가 160cm밖에 안 되는 먹시 보그스는 NBA 농구 무대를 휘젓고 다녔고, 더그 플루티는 키가 작은데도 뉴잉글랜드 패트리어츠와 샌디에이고 차저스에서 쿼터백으로 뛰었지요. 피트 그레이는 한쪽 팔이 없는데도 메이저리그 야구선수로 뛰었고, 역사상 가장 위대한 골퍼 벤 호건은 우아함과는 거리가 멀었으며, 글렌 커닝엄은 심한 화상을 입어 불편한 다리로도 위대한 육상선수가 됐습니다. 전설적인 농구 스타 래리 버드는 민첩성이 부족했지요. 키가 작거나 볼품없거나 혹은 장애가 있는데도 성공한 스포츠 선수들이 있는 반면, 마치 신(神)에 가까운 조건을 타고났는데도 그렇지 못한 선수들을 볼 수 있습니다. 이 점이 우리에게 시사하는 바는 무엇일까요?

권투에서 재능 있는 선수를 식별하는 데 쓰는 특정한 신체 측정 지수가 있습니다. 선수의 주먹, 팔 길이, 가슴둘레, 몸무게 등을 측정하지요. 무하마드 알리는 이 기준에 미달되는 선수였습니다. 말하자면 재능을 타고난 선수가 아니었지요. 스피드는 대단했지만 위대한 파이터의 체격에 못 미쳤고, 힘도 몸동작도 부족했습니다. 사실 그의 권투는 완전히 잘못된 것이었어요. 그는 상대의 펀치를 팔과 팔꿈치로 막지 않았고, 아마추어처럼 주먹을 뻗었으며, 턱을 노출시켰습니다. 또 상체를 뒤로 젖히며 주먹을 피하는 그의 자세를 보고 유명 권투선수였던 호세 토레스는 "마치 철도 한가운데서 있다가 다가오는 열차를 보고 옆으로 피하는 게 아니라 뒤로 달리면서 피하는 것 같다"고 평했지요.

알리의 적수, 소니 리스턴은 신체조건, 체력, 경험 모든 면에서 타고난 복서였습니다. 특히 그의 펀치는 전설적이었죠. 알리가 리스턴을 이긴다는 건 상상조차 할 수 없는 일이었어요. 경기장 좌석이 절반밖에 차지 않을 정도로 둘의 대결은 터무니없는 시합처럼 보였습니다.

하지만 민첩성 외에도 알리는 탁월한 정신을 가지고 있었습니다. 체력을 뛰어넘는 마음의 힘이 있었던 거지요. 적을 파악한 알리는 상대의 정신적 급소를 공격했습니다. 리스턴의 권투 스타일뿐 아니라 링 밖에서 그가 어떤 사람인지까지 면밀히 관찰했던 거지요. "나는 그가 인터뷰한 내용을 모두 읽었습니다. 그의 주변 사람들과 이야기를 나누고 침대에 누워서도 그에 관한 모든 걸 생각했지요. 그리고 그의 마음이 어떻게 움직일지 상상해 봤습니다." 그리고 알리는 시합에서 리스턴의 허를 찔렀습니다.

알리는 왜 매 시합 전마다 그렇게 미친 듯이 상대를 도발하는 모습을 보였을까요? 토레스는, 알리가 상대를 KO시키는 펀치는 상대가 보지 못한 곳에서 날아온다는 점을 알았기 때문이라고 말합니다. 알리는 이렇게 얘기했습니다. "리스턴은 내가 미쳤다고 생각했을 겁니다. 그는 내 입 외에는 아무것도 보이지 않았을 것이고, 그게 바로 내가 원한 거였죠!"

리스턴을 눕힌 알리의 승리는 권투 역사에 길이 남았습니다. 한 유명한 권투 매니저는 알리를 이렇게 회상합니다. "그의 존재는 모순이었습니다. 링 위에서 그의 움직임은 완전히 잘못된 것이었어요. 하지만 그의 두뇌는 항상 완벽한 역할을 해냈죠. 그는 얼굴 가득 미소를 띠고 우리에게 보여줬지요. 승리는 주먹이 아니라 머리에서 나온다는 걸."

하지만 그래도 신체적 자질에 대한 사람들의 생각은 바뀌지 않았습니다. 단지 결과를 두고 알리를 가리켜 '저게 위대한 복서의 몸이지'라고 생각하지요. 그의 정신이 날카로웠고, 흥미로운 시를 지었다는 사실은 우연일 뿐, 우리는 알리의 위대함이 그의 육체에서 비롯되었다고 여전히 생각합니다. 그리고 왜 전문가들이 처음부터 그 위대함을 알아보지 못했는지 이해하지 못하지요.

마이클 조던은 천재였을까

마이클 조던 역시 타고난 선수는 아니었습니다. 그는 아마 스포츠 역사상 가장 열심히 노력한 운동선수일지도 모릅니다.

조던이 고등학교 대표팀에서 탈락했었다는 사실은 널리 알려져 있습니다. 우리는 그를 자른 감독을 비웃을 뿐이지요. 조던은 자신이 뛰고 싶었던 노스캐럴라이나 주립대학 농구팀에 선발되지 못했습니다. 아니, 바보가 아닌가요? 마이클 조던을? NBA 드래프트 때도 첫 두 팀이 그를 뽑지 않고 지나쳤습니다. 그런 실수가 있나요! 지금 우리는 조던이 역사상 최고의 농구선수였다는 점을 알고 있고, 처음부터 당연히 그랬을 거라고 생각하기 때문에 그 선택이 실수였을 거라고 생각하지요. 우리는 지금 '영웅' 마이클 조던을 보지만, 당시 그는 그냥 '평민' 마이클 조던이었을 뿐이었습니다.

학교 대표팀에서 탈락한 조던은 엄청난 충격을 받았습니다. 그의 어머니는 아들에게 원점으로 돌아가 열심히 훈련하라고 말했습니다. 그리고 아들은 어머니의 말을 따랐죠. 등교하기 전에 훈련을 하기 위해 아침 6시에 집을 나섰습니다. 노스캐럴라이나대학 시절에는 자신의 약점인 수비와 볼 핸들링, 슛을 보완하기 위해 끊임없이 노력했죠. 누구보다 열심히 하는 그의 의지에 코치조차도 놀랄 정도였습니다. 한번은 시즌 마지막 게임에서 지고 난 뒤, 훈련장으로 가서 몇 시간 동안 슈팅 연습을 한 적도 있었습니다. 내년 시즌을 준비하기 위해서였죠. 성공과 명성이 절정기에 올랐을 때도 그의 훈련량은 엄청났습니다. 시카고 불스의 코치였던 존 바크는 조던을 가리켜 "자신의 천재성을 계속 향상시키려는 천재"라고 불렀습니다.

조던에게 성공이란 마음으로부터 나오는 것이었습니다. "정신적 강인함과 심장은 당신이 가진 육체적 장점보다 훨씬 더 강력합니다. 나는 항상 그렇게 얘기하고 믿었습니다." 하지만 다른 사람들은 그렇지 않았지요. 그들은 마이클 조던을 보면서 완벽한 육체가 자연스럽게 그를 위대한 선수로 이끌었다고 생각합니다.

뚱보 베이브 루스의 자기관리

이번엔 베이브 루스에 대해 얘기해 볼까요? 확실히 루스의 몸이 완벽한 육체라고는 할 수 없을 겁니다. 왕성한 식욕과 유니폼 밖으로 볼록 나온 거대한 배의 소유자였지요. 와, 이러니 더 재능을 타고난 사람처럼 보이지 않나요? 밤새 술을 퍼마시다가도 다음날 어슬렁거리며 타석에 나와서는 홈런을 펑펑 쳐대지 않았을까요?

하지만 베이브도 역시, 재능을 타고난 사람이 아니었습니다. 프로선수 경력 초반, 베이브 루스는 그렇게 좋은 타자라고는 할 수 없었죠. 배팅 파워만은 대단했습니다. 매번 온 힘을 다해 휘두르는 배트에 공이 맞기만 하면 넘어갔지만, 꾸준한 모습을 보이진 못했습니다.

그가 대주가이자 대식가였다는 것은 사실입니다. 엄청난 양의 식사를 하고 나서도 디저트로 파이 한 덩이를 더 먹을 수 있을 정도였죠. 하지만 자신을 관리해야 할 때를 아는 선수이기도 했습니다. 겨울이면 오프 시즌 내내 체육관에서 몸을 만들기 위해 운동했지요. 실제로 1925년 시즌을 마친 다음에는 살을 쪽 뺐고, 효과가 있었습니다. 1926년부터 1931년 동안 그의 평균 타율은 3할 5푼 4리였고, 매년 평균 50개의 홈런과 155개의 타점을 올렸습니다. 그의 전기를 쓴 로버트 크리머는 이렇게 말합니다. "루스는 야구 역사에서 가장 꾸준한 타격을 보여줬습니다. 1925년의 아쉬움을 뒤로하고 그는 마치 로켓처럼 날아올랐지요." 이 모든 게 훈련 덕분이었습니다.

그는 또한 연습을 즐겼습니다. 실제로 보스턴 레드삭스 시절, 매일 타격 연습을 하는 그에게 베테랑 선수들이 유감을 표시한 적이 있었지요. 그가 신인선수였기 때문이 아니었습니다. 신인 투수였기 때문이죠. 그는 대체 자신을 누구라고 생각했기에, 타격 연습을 한 것이었을까요? 선수생활 후반, 한번은 출장 정지를 당했습니다. 경기에 뛰지 못하게 했을 뿐 아니라 연습도 못하게 했죠. 그건 그에게 정말 큰 상처였습니다.

메이저리그의 전설적 타자인 타이 콥은 루스가 투수로 뛰었던 것이 타격에 도움을 줬다고 주장했습니다. "그는 타석에서 실험을 할 수 있었습니다. 투수가 못 쳐도 누구도 뭐라 하지 않았으니 스윙을 크게 휘두를 수 있었던 겁니다. 시간이 지나면서 그는 큰 스윙을 컨트롤하고 공을 정확히 타격하는 방법을 점차 익혀나갔죠. 그래서 전임 외야수가 될 때에는 이미 충분히 준비를 마친 상태였던 겁니다."

하지만 우리는 여전히 스티븐 제이 굴드(Stephen Jay Gould)가 "야구선수는 하늘이 부여한 재능을 별다른 노력 없이 그저 펼쳐 보이기만 하는 고깃덩어리"라고 칭한 통념에 사로잡혀 있는 겁니다.

지구상에서 가장 빠른 여성

윌마 루돌프는 1960년 로마 올림픽 단거리와 계주 종목에서 3개의 금메달을 목에 걸었고, 지구상에서 가장 빠른 여성이라는 칭송을 들었지요. 어렸을 때 그녀는 스포츠 신동과는 거리가 먼 아이였습니다. 22명의 자식 중 20번째였던 그녀는 미숙아로 태어났고 어린 시절 내내 아팠지요. 4살 때는 양측성 폐렴, 성홍열과 소아마비를 오래 앓아 거의 죽을 뻔했고, 왼쪽 다리가 거의 마비되고 말았습니다. 의사들은 아마 다시 다리를 쓰기 어려울 것이라고 진단했지요. 8년 동안 열심히 물리치료를 받은 후 12살이 되어서야 다리 보호대를 벗고 정상적으로 걷기 시작했습니다.

이것이야말로 신체적 능력이란 발전시킬 수 있는 것이라는 가르침을 주는 예일 겁니다. 그녀는 즉시 이 가르침을 농구와 육상에 적용했지요. 비록 처음으로 참가한 공식 육상대회의 모든 경주에서 패배했지만 말입니다. 놀라운 경력을 마친 후, 그녀는 이렇게 말했습니다. "나는 단지 아주 열심히 노력한 선수로 기억되길 바랍니다."

역사상 최고의 여성 운동선수라고 불린 재키 조이너 커시는 어떤가요? 1985년부터 1996년 초까지 그녀는 참가했던 7종 경기에서 전부 우승했습니다. 7종 경기는 100m 허들, 높이뛰기, 창던지기, 200m 달리기, 멀리뛰기, 투포환과 800m 달리기의 7종목을 이틀간 소화해야 합니다. 그러니 7종 경기 우승자라면 세계 최고의 운동선수라는 칭호를 얻기에 손색이 없을 겁니다. 게다가 조이너 커시는 선수 시절 6번이나 세계신기록을 작성했고, 올림픽에서만 2개, 다른 육상대회까지 포함하면 총 6개의 금메달을 목에 걸었습니다.

그럼 그녀는 타고난 운동선수였을까요? 재능을 가진 선수였지만, 처음 육상을 시작했을 때 그녀는 한동안 꼴찌에 머물러 있었습니다. 노력하면 할수록 점점 더 빨라졌지만 그래도 우승에는 한참 미치지 못했죠. 그러다가 드디어 그녀는 우승하기 시작합니다. 무엇이 달라졌을까요? 그녀는 자신의 성공의 비밀에 대해 이렇게 얘기합니다. "내 성공 비결을 좋은 유전자 덕분이라고 하는 사람도 있을지 모릅니다. 하지만 나는 그것이 좁은 골목길과 기숙사 복도에서 땀을 흘린 그 수많은 시간에 대한 보상이라고 생각합니다. 스스로 향상되는 모습을 지켜보는 일이 나를 자극하고 흥분시킵니다. 올림픽 메달을 따고 세계신기록을 보유한 지금도, 중학생 시절 막 육상을 시작한 당시에도 마찬가지였습니다."

그녀가 마지막으로 딴 2개의 메달(월드챔피언십과 올림픽 메달)은 천식과 심각한 햄스트링(허벅지 뒤쪽 근육) 부상으로 고생하는 와중에 얻어낸 결과물이었지요. 그 고통을 이겨내게 한 것은 타고난 재능이 아니라, 그 재능을 발휘하게 한 마인드셋이었습니다.

천재는 노력할 필요가 없다?

한때 골프계에는 골프선수가 육체적인 훈련을 너무 많이 해서는 안 된다거나, 힘을 키우면 감각을 잃게 된다는 속설이 만연했다는 걸 아시나요? 타이거 우즈가 자신의 운동 프로그램을 따르고 맹렬한 연습을 통해 참가하는 대회마다 우승하기 전까지는 말이죠.

일부 문화권에서는, 훈련을 통해 자신의 선천적 재능을 뛰어넘으려고 노력하는 사람들에 대한 반감을 보이기도 합니다. 자신의 삶에 주어진 위치에 순응하며 살라는 것이지요. 그런 문화권에서는 모리 윌스를 아마 싫어할 겁니다. 윌스는 1950~1960년대에 활약했던, 메이저리그로 진출하려는 꿈을 가졌던 야구선수였죠. 그런데 문제는 그의 타격이 신통치 못해서 브루클린 다저스(현재 LA 다저스의 당시 구단 명칭)가 그를 마이너리그로 보내버렸다는 것이었습니다. 그는 친구들에게 당당하게 선언했지요. "2년 안에, 나는 브루클린으로 가서 재키 로빈슨(당시의 슈퍼스타)과 함께 뛸 거야."

하지만 그는 틀렸습니다. 긍정적인 예측과 피나는 연습에도 불구하고 8년 반 동안이나 마이너리그에 머물러야 했죠. 7년 반째 되던 시기에 단장이 그에게 타격 폼을 바꿔보라고 제안했습니다. "자넨 7년 반이나 슬럼프에 빠져 있지 않나. 밑져야 본전이라고." 그로부터 얼마 후, 다저스의 유격수가 발가락 부상을 당했고, 윌스는 메이저리그로 부름을 받았습니다. 마침내 기회를 얻게 된 거죠.

그러나 그의 타격 솜씨는 여전히 별로였습니다. 아직 포기할 준비가 안 된 그는 1루 코치에게 도움을 청했지요. 그들은 정규 훈련시간 외에도 하루에 몇 시간씩 함께 훈련했습니다. 그래도 부족했습니다. 투지에 불타던 윌스도 이제는 포기하려 했지만, 1루 코치는 그를 보내지 않았습니다. 타격 메커니즘이 제자리를 찾았으니, 윌스가 마음만 다스리면 된다는 것이었죠.

그는 이제 공을 치기 시작했고, 곧이어 엄청나게 빠른 발로 베이스를 훔쳤습니다. 상대 투수와 포수가 공을 주고받는 모습을 연구한 끝에 도루하기에 가장 좋은 타이밍을 파악한 것이었죠. 그는 순식간에 치고 나가서 효과적으로 슬라이딩을 하는 기술을 연마했습니다. 그의 도루 능력에 상대 투수는 집중력이 흐트러졌고, 관중들은 열광했지요. 결국 윌스는 47년간이나 깨지지 않던 타이 콥의 도루 기록을 갈아치웠습니다. 그리고 그해 내셔널리그 MVP로 선정됐지요.

스포츠 IQ가 따로 있다?

이제 스포츠계도 연습과 발전, 마음과 성과 간의 관계를 파악했을 테니, 그럼 더 이상 타고난 신체적 재능을 그렇게 치켜세우는 일은 없을 거라고 생각하기 쉽습니다. 하지만 여전히 스포츠계는 그러지 못하고 있는 듯 보입니다. 아마도 그 이유는, 말콤 글래드웰이 지적한 것처럼, 사람들이 노력으로 얻은 능력보다도 선천적 재능을 더 높이 평가하기 때문일지도 모릅니다. 글래드웰은 우리 문화가 개인의 노력과 자기 발전에 대해 많이 다루는 것처럼 보이지만, 실제로는 선천적 재능을 더 숭배한다고 주장합니다. 우리는 스포츠 챔피언들을 우리와는 다르게 태어난 슈퍼히어로라고 생각하고 싶어 한다는 것이죠. 그들이 원래 평범한 사람이었으나 노력을 통해 특별해졌다고는 생각하려 들지 않는다는 겁니다. 왜 그럴까요? 제게는 노력을 통한 성장이 훨씬 더 놀랍게 느껴지는데 말이죠.

심지어 정신의 역할을 인정하는 전문가들조차도, 그 정신이란 것 역시 타고난다고 주장합니다!

저는 이 점을, 프로 미식축구팀 세인트루이스 램스의 위대한 러닝백 마셜 포크에 관한 기사를 읽던 중 특별히 자각하게 됐습니다. 당시 포크는 최초로 4시즌 연속 2,000야드 이상 전진 기록을 세웠지요.

2002년 슈퍼볼 전날에 발행된 그 기사는, 22명의 선수들이 뛰고 서로를 넘어뜨리는 혼돈의 와중에서도 필드 위 모든 선수들의 위치를 파악하는 포크의 기묘한 능력을 다루고 있었습니다. 선수들의 위치를 알 뿐 아니라, 그들이 뭘 하고 있는지, 뭘 하려 하는지까지 다 안다는 것이었죠. 그의 동료에 따르면, 그는 절대 틀리는 법이 없었다는군요.

믿기지 않는 일입니다. 어떻게 그럴 수 있었을까요? 포크가 말하길, 그는 수많은 세월동안 미식축구를 봐 왔다고 합니다. 고등학교 시절에는 프로 경기를 보기 위해, 싫어하는 일이었지만 경기장 안 노점상에서 일하기도 했답니다. 경기를 보면서 그는 항상 '왜?'라는 질문을 달고 살았지요. "왜 우리팀은 이렇게 플레이를 할까?" "왜 이런 식으로 공격을 할까?" "왜 상대는 저렇게 하는 걸까?" 그 질문들이 미식축구에 보다 더 깊숙이 빠져드는 계기가 됐다고 포크는 말합니다. 프로선수가 되어서도 그는 '왜?'라는 질문을 계속 던졌고, 게임의 더 깊은 부분까지 탐색하기를 멈추지 않았습니다. 분명히 포크 자신은 현재 그의 기술을 그칠 줄 모르는 호기심과 연구의 산물로 인식하고 있는 겁니다.

그런데 과연 다른 선수들과 코치들은 어떻게 생각할까요? 그들은 그걸 재능이라고 여겼습니다. "마셜은 제가 함께 뛰었던 선수들 중에서 미식축구 IQ가 가장 높습니다"라고 어느 베테랑 동료선수는 얘기했지요. 다른 동료들은 수비를 완벽히 파악하는 그의 능력을 두고 '대가의 재능'이라고 평가합니다. 그의 모든 기술들을 신봉한다는 한 코치는 "그런 것들을 모두 갖추려면 선천적인 미식축구 지능이 아주 높아야만 합니다"라고 설명하기까지 했습니다.

마인드셋과 근성의 역할

'하지만 그래도 선천적인 재능이란 건 존재하고, 처음부터 그런 재능을 가진 듯 보이는 운동선수가 따로 있지 않나요?' 이런 질문을 당신이 던질지도 모르겠군요. 네 맞습니다. 그리고 빌리 빈과 존 매켄로의 사례에서 보듯이, 때로는 그 재능이 저주가 되기도 하지요. 자신의 재능에 대한 칭찬, 그리고 별달리 노력할 필요가 없다는 얘기를 들은 그들은 고정 마인드셋 상태에 쉽게 빠져듭니다. 1976년 올림픽 10종 경기에서 금메달을 딴 브루스 제너는 이렇게 얘기했습니다. "내게 난독증이 없었다면 아마 올림픽에서 우승하지 못했을 겁니다. 내가 글을 더 잘 읽었더라면 삶도 운동도 더 쉬웠을 테고, 그랬다면 인생에서 앞서나가기 위해서는 엄청난 노력이 필요하다는 사실을 깨닫지 못했을 테니까요."

우월감에 도취된 선천적 능력자들은 열심히 노력하는 법이나 역경을 딛고 일어서는 법을 배우지 못합니다. 이것이 페드로 마르티네즈에게 일어났던 일입니다. 당시 보스턴 레드삭스에서 활약했던 이 뛰어난 투수가, 팀이 자신을 가장 필요로 할 때 어떻게 스스로 무너졌는가에 관한 이야기이자, 보다 더 큰 주제인 '근성(人性, character)'에 관한 이야기이기도 하지요.

〈뉴욕타임스〉와 〈보스턴 글로브〉의 스포츠기자들은 뉴욕 양키스와 보스턴 레드삭스 간에 벌어지는 2003년 아메리칸리그 플레이오프 시리즈의 3차전 경기를 취재하러 보스턴으로 가는 비행기에 몸을 실었습니다. 저도 그들과 함께였죠. 그들은 근성에 대해 이야기하고 있었는데, 바로 양키스 팀에는 근성이 있다는 얘기였습니다. 〈보스턴 글로브〉의 기자조차도 마지못해 인정할 정도였죠.

그들은 특히 양키스가 2년 전 뉴욕시를 위해 했던 일을 기억하고 있었습니다. 2001년 10월이었는데, 뉴욕 시민들이 9·11 테러의 충격에 휩싸여 있을 때였습니다. 저도 그중 한 명이었고 우리는 모두 절망해 있었죠. 희망이 필요한 상황이었습니다. 온 도시가 양키스가 월드시리즈에 나가기를 바랐습니다. 하지만 양키스도 테러에 신음했고, 마찬가지로 부상당하고 지친 상태였습니다. 마치 희망 따윈 남아있지 않은 듯했죠. 그러다가 어디서 힘을 얻었는지 그들은 한 팀씩 물리쳐 나갔고, 그 각각의 승리가 조금씩 뉴욕 시민들을 일상으로 돌아가게 해주고 미래에 대한 약간의 희망을 품게 해줬습니다. 시민들의 응원을 등에 업은 양키스는 아메리칸리그 동부 챔피언, 또 아메리칸리그 챔피언을 거쳐 마침내 월드시리즈에까지 올랐고, 월드시리즈에서도 용맹하게 싸워 거의 우승을 일궈낼 뻔했지요. 양키스는 사실 누구나 싫어하는 팀입니다. 전국의 다른 모든 팀들이 양키스를 적수로 생각하지요. 저 역시 양키스를 싫어하면서 자랐지만, 그때 이후론 사랑하지 않을 수 없게 됐습니다. 이것이 아마 스포츠기자들이 말하고자 했던 '근성' 이었을 겁니다.

'근성.' 기자들은 그렇게 말했습니다. 그들은 보면 안다고 하더군요. 끝까지 매달려서 상황이 불리해져도 강점을 찾아내는 능력이라고. 그리고 바로 그 다음 날, 실력은 뛰어나지만 오만방자한 보스턴의 투수 페드로 마르티네즈가 근성의 뜻을 몸소 확인시켜줬지요. 근성을 갖추지 못한 사람의 모습을 보여줌으로써 말입니다.

당시 보스턴 레드삭스보다 아메리칸리그 챔피언의 자리를 더 간절히 원한 곳은 없었을 겁니다. 레드삭스는 그 옛날 구단주 해리 프레이지가 브로드웨이 공연비를 벌기 위해 양키스에 베이브 루스를 팔았던 사건, 즉 '밤비노의 저주' 이래 85년 동안 월드시리즈에서 우승하지 못했습니다. 당시 최고의 왼손 투수를 판 것만 해도 문제인데, 더구나 경멸하는 라이벌에 팔았으니 욕 먹어 마땅한 일이었죠.

양키스는 야구를 지배하다시피 했고, 월드시리즈에서 밥 먹듯 우승하곤 했던 반면, 보스턴은 플레이오프에 여러 번 진출했고 월드시리즈에 4번 올랐지만 항상 패배하고 말았죠. 그리고 매번 비극적인 패배를 맛봤습니다. 우승의 문턱까지 진군했다가 와르르 무너져내리곤 한 것이죠. 그리고 마침내 이제, 밤비노의 저주를 깨고 숙적을 물리칠 또 한 번의 기회를 얻은 겁니다. 만약 이번에 이긴다면 레드삭스는 월드시리즈로 직행하고 양키스는 홈구장에 머무르게 되겠죠. 페드로 마르티네즈는 그런 그들의 희망이었습니다. 실제로 시즌 내내 그는 저주 따위 아랑곳 않는 모습을 보여왔고요.

하지만 멋진 투구를 선보이던 마르티네즈는 자제력을 잃었습니다. 그는 공으로 카림 가르시아를 맞히고, 호르헤 포사다에게 위협구를 던졌으며, 72살 먹은 양키스의 돈 짐머 코치를 그라운드로 밀쳐냈죠.

〈뉴욕타임스〉 잭 커리 기자는 당시 상황을 이렇게 적었습니다. "우리는 모두 펜웨이 파크(레드삭스의 홈구장)에서 페드로 대 로저 클레멘스라는 기념비적 경기를 기대했지, 페드로 대 가르시아, 페드로 대 포사다, 페드로 대 짐머 간의 대결을 예상한 사람은 아무도 없었다."

심지어 보스턴 기자들도 경악했지요. 보스턴 글로브의 댄 쇼그네시 기자는 이렇게 물었습니다. "레드삭스 팬들이여, 당신들은 이제 누구를 고르겠는가? 토요일 밤 분명히 화가 치미는 상황에서도 평정을 유지하고 프로선수처럼 행동하며 자신의 팀을 위해 승리를 거둔 로저 클레멘스인가? 아니면 리드를 허용하고 아이처럼 선수를 맞히고는, 양키스 포수 호르헤 포사다에게 '다음은 너냐?'라는 식으로 위협한 마르티네즈인가? 레드삭스 팬들은 듣고 싶지 않겠지만, 분명 토요일 마르티네즈의 행동은 당황스러운 일이었고, 야구에 대한 모독이었다. 그랬음에도 그가 마르티네즈라는 이유로 그냥 넘어갔고 레드삭스의 프런트도 용인했다. 마르티네즈가 언젠가 자신의 잘못을 인정하는 날이 과연 올 것인가?"

빌리 빈처럼, 페드로 마르티네즈는 좌절을 인내하는 법, 끝까지 버티며 중대한 역경을 결정적인 승리로 바꿔내는 법을 알지 못했습니다. 또한 빌리 빈처럼 자신의 실수를 인정하고 그로부터 배우지 못했지요. 그가 자신의 일을 해내는 대신 분노를 터뜨린 바람에, 양키스는 그 경기를 이기고 한 게임 차로 플레이오프에서 우승할 수 있었습니다.

그 비행기의 스포츠기자들은 '근성이 전부'라는 데 모두 동의했습니다. 하지만 그들은 또한 그 근성이 어디에서 비롯되는지는 알지 못한다고 고백했죠. 그러나 저는 이제 근성이란 마인드셋에서 자라나는 것이라는 점을 우리가 이해했다고 생각합니다.

우리는 이제 사람들이 자신의 재능과 특별함에 사로잡힐 때 갖는 마인드셋이 있다는 점을 압니다. 일이 잘 안 풀리면, 사람들은 집중력과 능력을 잃고 자신이 바랐던 모든 것을 위기에 빠지게 만듭니다. 이 경우에는 팀과 팬들이 그토록 간절히 원했던 승리를 놓치게 된 거죠.

우리는 또한 사람들이 역경을 겪을 때 좋은 전략을 알려주고 자신의 이익에 부합하도록 행동하게 해주는 마인드셋이 있다는 점 또한 압니다.

잠시만, 이야기는 여기서 끝이 아닙니다. 1년 후, 레드삭스와 양키스는 다시 맞붙습니다. 7게임 중 4번을 먼저 이기는 쪽이 아메리칸리그 챔피언에 오르고 월드시리즈로 향하게 되는 거죠. 그리고 양키스가 첫 3경기를 먼저 이겼고, 보스턴의 치욕스러운 역사가 되풀이되는 것 같았습니다.

그러나 그해 보스턴은 팀의 주역들에게 상당한 경고를 보냈었습니다. 주요 선수들을 하나둘 트레이드시키면서 선수단에게 메시지를 전달했죠. '우리는 팀이지, 스타들을 모아놓은 곳이 아니다. 우리는 서로를 위해 열심히 노력한다.'

그리고 4게임을 더 치른 후, 보스턴 레드삭스는 아메리칸리그 챔피언에 올랐습니다. 이어 월드챔피언까지 달성했죠. 1904년 챔피언십에서 보스턴이 양키스를 누른 이후 처음 있는 일이었습니다. 이 사건이 의미하는 바는 두 가지입니다. 첫째, '저주가 끝났다.' 둘째, '근성은 배울 수 있다.'

근성에 관한 더 많은 이야기

이번에는 유명 테니스 스타였던 피트 샘프라스와 성장 마인드셋에 대해 이야기해 봅시다. 2000년 윔블던 대회에 참가한 샘프라스는 자신의 13번째 그랜드 슬램 우승을 노리고 있었습니다. 만약 우승하면 로이 에머슨의 메이저대회 12승 기록을 넘어서는 것이었죠. 힘겹게 결승전까지 진출했지만, 샘프라스의 경기력은 그다지 좋지 못했고, 젊고 강력한 패트릭 래프터와의 경기 전망도 그리 좋지 못했습니다.

샘프라스는 첫 세트를 패했고, 2세트도 지고 있었습니다. 타이브레이크(게임 스코어 6:6에서 12포인트 중 7포인트를 선취하는 자가 해당 세트를 이기는 방식) 상황에서 게임 스코어 4:1로 지고 있었죠. 그는 나중에 "정말 승리가 내게서 빠져나가는 듯했다"고 말했습니다. 그 상황에서 매켄로라면 어땠을까요? 페드로 마르티네즈라면 어땠을까요? 그리고 샘프라스는 어떻게 했을까요?

당시 상황을 윌리엄 로든 기자는 이렇게 기록했습니다. "샘프라스는 자신의 준거 기준을 탐색하여 위기를 벗어날 수 있었다." 샘프라스는 말합니다. "첫 세트를 내줬지만 이후 세 세트를 따내서 우승했던 과거의 경기를 떠올렸습니다. 과거의 경험을 반추하면 답을 찾을 수 있죠."

갑자기 샘프라스는 5포인트째 점수를 올렸습니다. 그리고 2포인트를 더 취해, 2세트를 이기고 살아났지요.

로든 기자는 이를 두고 이렇게 말했습니다. "어젯밤, 샘프라스는 영웅이란 무엇인지 보여줬다. 1세트를 내주고 패색이 짙은 상황에서도 부활하여 최종 우승을 거머쥐었다."

재키 조이너 커시는 마지막 월드챔피언십을 치르는 도중 천식의 습격을 받았습니다. 7종 경기의 마지막인 800m 달리기 경기가 벌어지고 있던 와중이었죠. 그녀는 자신에게 이렇게 얘기했습니다. "그냥 네 팔을 계속 휘둘러. 아주 심각한 상황은 아니니까, 계속 해보자고. 너는 할 수 있어. 아직 그리 심각한 상태는 아니야. 공기는 충분해. 너는 이 경기를 이길 거야. 이 마지막 200m를 그냥 힘껏 달리자, 재키." 그녀는 마지막 우승의 순간까지 이렇게 자신을 격려했습니다. "내가 겪은 수많은 경쟁과 부침들 중에서도 이번 우승이 가장 대단한 것이었습니다. … 진정으로 원한다면, 모두 이겨내야 했죠." 패배의 위기, 위기의 극복과 최종적 승리까지. 조이너 커시 역시 영웅의 모습을 보여준 겁니다.

챔피언의 정신은 무엇이 다른가

근성. 정신력. 의지력. 챔피언의 정신.

부르는 이름은 다르지만, 사실 다 같은 겁니다. 당신을 연습하게 만들고, 깊이 파고들어 가장 필요한 순간 성취하게 만드는 힘.

매켄로가 시합에 패할 때마다 자신을 패하게 만들었다고 내세운 변명거리가 무엇이었는지 기억나나요? 너무 추워서, 또는 너무 더워서, 질투심 때문에 혹은 화가 나서, 그렇게 수만 번 그는 집중력을 잃었죠. 하지만 테니스 스타 빌리 진 킹의 말처럼, 챔피언은 상황이 별로 좋지 않을 때, 경기력이 별로거나 감정이 흔들릴 때도 이기는 능력을 갖춘 사람입니다. 그녀가 어떻게 챔피언의 의미를 깨닫게 됐는지 살펴보도록 하지요.

킹은 마거릿 스미스와 포레스트 힐스 경기장(후에 마거릿 스미스 코트로 명칭 변경)에서 결승전을 치르고 있었습니다. 마거릿 스미스는 당시 기량이 절정에 달했을 때였죠. 킹은 그녀와 십수 번을 겨뤘지만 이겨본 적은 딱 한 번뿐이었습니다. 첫 세트에서 킹은 환상적인 경기력을 선보였습니다. 한 번도 발리를 놓치지 않고 경기를 리드해 나갔지요. 그러다가 갑자기 상황이 역전됐습니다. 결국 스미스가 그 세트를 가져갔지요. 2세트에서 킹은 다시 리드를 잡았고 세트를 거의 이겼다고 생각했지만, 미처 알아차리기도 전에 스미스가 그 세트마저 이기고 결국 경기에서 승리했습니다.

킹은 처음엔 당혹스러웠습니다. 그렇게 중요한 경기에서 그런 우세함을 보였는데도 진 적은 없었거든요. 하지만 그러다가 '아!' 하는 깨달음의 순간이 왔습니다. 돌연, 챔피언의 참뜻을 이해하게 된 거지요. '딱 필요한 순간 자신의 경기력을 끌어올릴 수 있는 사람.' 경기가 팽팽하게 이어질 때, 그들은 평소보다 3배쯤 더 강력한 실력을 선보였던 겁니다.

재키 조이너 커시 역시 자신만의 '아!' 하는 순간이 있었습니다. 15살에 아마추어 육상연맹이 주최한 주니어 올림픽 7종 경기에 출전했을 때였죠. 이제 모든 것이 그녀가 두려워하는 800m 달리기에 걸려 있는 상황이었습니다. 그녀는 지칠 대로 지쳐 있었고, 상대는 그녀가 한 번도 달성하지 못했던 기록을 가진 장거리 전문 주자였습니다. 하지만 그녀는 결국 우승했지요. "나는 일종의 환각 상태였어요. 정말 간절히 원하면 우승할 수 있다는 걸 증명했죠. 그 승리를 통해 최고의 선수와 경쟁해서 이길 수 있다는 점뿐 아니라 나 자신도 이길 수 있다는 점을 깨닫게 됐습니다."

세계 최고의 여자 축구선수로 불렸던 미아 햄은 항상 이런 질문을 받는답니다. "미아, 축구선수가 가져야 할 가장 중요한 것은 무엇인가요?" 그럼 그녀는 망설이지 않고 "강한 정신력"이라고 답하지요. 강한 정신력이란 선천적인 자질을 의미하는 것이 아닙니다. 11명의 선수들이 당신을 쓰러뜨리려고 달려들 때, 당신이 지쳤거나 부상당했을 때, 심판이 당신에게 불리한 판정을 내릴 때, 이런 것들로부터 영향을 받지 않을 수는 없습니다. 그럼 어떻게 해야 할까요? 그걸 극복할 방법을 찾아야 하지요. 미아 햄은 말합니다. "그건 축구에서 가장 어려운 일이기도 하고, 내가 매 경기마다 매 연습마다 얻기 위해 노력하는 것이기도 합니다."

그런데 과연 미아 햄은 자신이 세계 최고의 선수라고 생각할까요? 그녀는 아니라고 합니다. "그리고 그렇기 때문에, 제가 언젠가는 그런 선수가 되겠지요."

스포츠에서는 항상 '죽기 아니면 살기'로, 선수가 극복하지 못하면 다 끝나버리게 되지요. 전설적인 골퍼 잭 니클라우스는 오랜 프로생활 동안 이런 상황을 여러 차례 겪었습니다. 자신의 샷 하나로 경기의 운명이 뒤바뀌는 상황 말입니다. 과연 이런 샷 중에서 그가 실수한 적은 몇 번이나 될까요? 정답은 '한 번'입니다. 딱 한 번!

그야말로 챔피언의 정신이라고 할 수 있지요. 상대방만큼 재능을 타고나지 않은 사람이 경기에서 승리하는 방법인 겁니다. 제가 가장 좋아하는 이야기 중, 전설적인 농구 코치 존 우든이 했던 말이 있습니다. 존 우든이 아직 고등학교의 코치였던 시절, 한번은 선수 한 명이 큰 경기의 출전 명단에 포함되지 못해 낙담해 있던 적이 있었습니다. 그 선수, 에디 파웰스키는 우든에게 기회를 달라고 간청했고 우든도 결국 받아들였지요. "좋아, 에디. 내가 너에게 기회를 주마. 내일 밤 포트웨인 센트럴고등학교와의 경기에 선발 출전시켜 주마."

"내가 대체 왜 그렇게 말했는지 모르겠어요"라고 우든은 당시를 회상합니다. 인디애나주 최고의 고교를 가리기 위한 전쟁에서 3개 팀이 다투고 있었는데, 그중 하나가 그의 팀이었고, 다음 날 밤의 경기가 바로 그중 또 한 곳인 포트웨인 센트럴고등학교와의 대결이었는데 말입니다.

어쨌든 다음 날 밤, 우든은 약속대로 에디를 선발로 내보냈습니다. 하지만 그는 에디가 기껏해야 1~2분 정도 버틸 것으로 예상했는데, 에디의 맞상대가 인디애나주에서 가장 거친 선수, 암스트롱이었기 때문이었습니다.

"그런데 에디는 말 그대로 상대를 산산조각 냈지요. 암스트롱은 자신의 경력 중에서 가장 적은 점수밖에 내지 못했어요. 에디는 12점을 득점했고, 우리 팀은 전체 시즌 중에서 최고의 밸런스를 보여줬습니다. 득점 외에도 에디의 방어, 리바운드, 경기 운영 능력은 탁월했지요." 에디가 다시 벤치에서 후보로 머무르는 일은 없었고, 결국 그는 이후 2년 동안 리그 MVP에 선정되기까지 했습니다.

이런 사람들은 모두 근성이 무엇인지를 보여줍니다. 이들 중 누구도 자신이 특별한 사람이라거나, 이길 권리를 갖고 태어났다고는 생각하지 않았습니다. 그들은 열심히 노력하고, 압박 속에서도 집중력을 잃지 않는 법을 배우고, 필요할 때 자신의 능력 이상을 발휘한 사람들이었던 겁니다.

최고의 자리에 머문다는 것

근성은 최고의 자리에 이르게 하고 머무르게 해줍니다. 대릴 스트로베리, 마이크 타이슨, 그리고 마르티나 힝기스는 모두 정상에 올랐지만, 그 자리에 머무르지는 못했습니다. 그것이 그들의 개인적 문제나 부상 탓이었을까요? 그렇습니다. 하지만 그건 다른 챔피언들도 모두 안고 있는 문제들이었죠. 벤 호건은 버스에 치이는 사고를 당해 심각한 부상을 입었지만, 다시 정상에 올랐습니다.

존 우든 코치는 말합니다. "나는 능력이 당신을 정상에 오르게 할 수 있다고 믿습니다. 하지만 정상을 지키게 하는 건 근성이죠. 적절한 준비 과정 없이도 자동적으로 정상을 지킬 수 있다고 생각하기 쉽지만, 최고의 자리에 한 번 올라도 이전처럼, 아니 그보다 더 열심히 노력하려는 근성이 정말 필요합니다. 계속해서 승리를 거듭하는 운동선수나 팀에 관한 이야기를 읽으면 이런 생각이 들지 않을 수 없을 겁니다. '그들은 능력 이전에 정말 뛰어난 근성을 가졌구나'라고요."

근성이 진정 의미하는 바와 성장 마인드셋이 어떻게 근성을 창조하는지에 대해 좀 더 자세히 들여다보기로 하지요. 스튜어트 비들(Stuart Biddle)과 그의 동료들은 운동 능력에 대한 청소년들의 마인드셋에 대해 연구했습니다. 고정 마인드셋을 가진 아이들은 이렇게 믿었죠. "너는 스포츠에 대해 한정된 능력을 가졌고 그 수준을 변화시킬 수 없어." "뛰어난 운동선수가 되려면 타고난 재능이 있어야만 해."

반면에 성장 마인드셋을 가진 청소년들은 다음과 같은 생각에 동의했습니다. "열심히 노력하면 스포츠 능력은 항상 발전할 수 있는 거야." "스포츠에서 성공하려면, 정기적으로 새로운 기술을 익히고 단련해야 해." 성장 마인드셋을 가진 청소년들은 근성이나 용기가 가장 강력한 아이들이었습니다. 그들이야말로 챔피언의 정신을 소유한 사람들이었던 거죠. 이를 통해 제가 입증하려는 건 과연 뭘까요? 스포츠 분야의 연구자들이 찾아낸 발견들을 살펴보면서 더 알아보기로 하지요.

성공에 대한 새로운 정의

발견 #1 : 성장 마인드셋을 가진 사람들은 최선을 다하고 배우고 발전하는 데서 성공을 찾습니다. 이건 또한 우리가 챔피언들에게 발견한 바로 그 특징이기도 하지요.

"내게 운동하는 즐거움은 승리하는 데만 있지 않았어요"라고 재키 조이너 커시는 말합니다. "결과만큼이나 과정에서 얻는 행복감이 컸지요. 나는 뭔가 개선되는 걸 확인하거나 할 수 있는 최대한을 얻어냈다는 느낌이 들면 져도 개의치 않았습니다. 경기에서 진다고 해도 단지 육상 트랙으로 되돌아가서 더 노력하면 되니까요."

성공이 최선을 다한 노력에 있다는 이런 생각은 존 우든의 삶에서도 핵심이었습니다. 실제로 그는 이렇게 말했죠. "10번의 전국대회 우승만큼이나 큰 기쁨을 안겨준 경기들은 수없이 많았습니다. 그 이유는 단지 우리가 충분히 준비하고 능력의 최대치를 선보일 수 있었기 때문이었지요."

타이거 우즈와 미아 햄은 아마 가장 열성적으로 경쟁한 선수들일 겁니다. 그들은 승리를 사랑했지만, 무엇보다 중요했던 것은 자신들이 쏟은 노력이었죠. 비록 이기지 못했을 때라도 말입니다. 그럼 그들은 그 결과를 자랑스러워할 수 있었습니다. 매켄로와 빌리 빈은 그러지 못했지요.

1998년 마스터스 대회가 끝난 후 타이거 우즈는 전년도 우승자의 자리를 지키지 못해 실망했지만, 그래도 최종 10위 안에 이름을 올린 것에 만족했습니다. "나는 이번 주에 수건을 꽉 쥐어짜듯이 최선을 다했습니다. 그렇게 해서 얻은 결과가 참 자랑스러워요." 또 3위로 브리티시 오픈을 마감했을 때도 이렇게 말했지요. "여건이 완벽하지 않을 때, 스윙이 별로 마음에 들지 않을 때는, 상당한 점수를 기록했다는 점만으로도 더 만족스러울 때가 있습니다."

타이거는 거대한 야심을 가진 사람이죠. 그는 최고, 나아가 역사상 최고의 자리에 오르기를 원했습니다. "하지만 최선을 다하는 것, 그것이 좀 더 중요한 일입니다."

미아 햄은 이런 얘기를 들려줍니다. "경기나 연습이 끝난 뒤 가진 걸 모두 운동장에 쏟아냈다고 느낀다면, 당신은 언제나 승리자가 될 겁니다." 왜 미국 전역이 그녀의 팀을 사랑했던 걸까요? "사람들이 우리가 진심으로 우리의 일을 사랑하는 모습, 우리가 서로에게, 그리고 매 게임마다 최선을 다하는 모습을 봤기 때문이죠."

고정 마인드셋을 가진 이들에게는, 성공이란 자신의 우월성을 증명하는 일일 뿐입니다. 평범한 사람들보다 더 가치 있는 사람이 되는 걸 성공으로 본다는 거죠. "이제야 인정하지만, 한때는 내가 너무 뛰어나서 세상의 기준을 하찮게 여기던 때가 있었습니다"라고 매켄로는 말합니다. 노력과 최선에 대한 이야기는 어디 있나요? 어디에도 없습니다. “미리 연습하는 걸 싫어하는 사람도 있고, 우선 100번쯤 연습하려는 사람도 있는데, 나는 전자에 속하는 사람입니다.”

고정 마인드셋은 노력을 ‘자존심을 갉아먹는 존재’라고 여긴다는 점을 기억합시다. 단지 당신의 재능을 의심하게 만드는 존재로 여긴다는 점을.

실패에 대한 새로운 정의

발견#2 : 성장 마인드셋을 가진 사람들은 좌절을 통해 자극을 얻습니다. 좌절은 많은 정보를 담고 있고, 경종을 울려주니까요.

마이클 조던이 선수 경력에서 설렁설렁 넘어가려고 했던 적이 딱 한 번 있었습니다. 야구선수로 외도했다가 시카고 불스로 복귀한 해였는데, 거기서 그는 교훈을 얻었죠. 불스가 플레이오프에서 탈락했던 겁니다. “게임을 떠났다가 돌아와서 여전히 게임을 지배할 수 있다고 생각해서는 안 된다는 걸 알았습니다. 이제부터 나는 신체적, 정신적으로 준비를 갖출 겁니다.”

그리고 그 말은 사실이 됐습니다. 불스는 이후 3년간 NBA 우승을 차지했죠. 마이클 조던은 자신의 실패를 포용하는 사람이었습니다. 자신이 찍은 나이키 광고 중 그는 자신이 이렇게 말하는 장면을 가장 좋아합니다. “나는 9,000번의 이상의 슛을 실패했습니다. 나는 거의 300번의 경기를 패했습니다. 경기를 이기기 위한 마지막 슛을 던졌지만 실패한 적은 26번이었습니다.” 그리고 그때마다 그는 되돌아와서 100번 넘게 슛 연습을 했을 겁니다.

위대한 농구선수 카림 압둘 자바는 대학농구계가 그의 상징과도 같았던 덩크슛을 금지했을 때(후에 다시 허용했지만) 어떤 반응을 보였을까요. 많은 사람들이 그로 인해 카림의 성장이 멈출 것이라고 생각했습니다. 하지만 그는 그 대신, 다른 슛 기술을 연마하기 위해 두 배로 더 노력했지요. 백보드를 맞히는 뱅크 슛, 스카이훅 슛, 턴어라운드 점프 슛 등을 말입니다. 그는 우든 코치에게서 성장 마인드셋을 흡수했고, 제대로 사용했던 겁니다.

고정 마인드셋에서 역경은, 당신에게 꼬리표를 달아주는 사건이지요.

존 매켄로는 진다는 걸 생각만 해도 참을 수가 없었습니다. 특히 친구나 친지에게 진다는 생각은 정말 최악이었지요. 그로 인해 자신의 특별함이 상처 입을 수 있으니까요. 예를 들자면, 그는 절친한 친구 피터에게 마우이 챔피언십 대회에서 초반에 진 후, 피터가 결승전에서 패배하기를 간절히 바랐습니다. 너무도 간절히 원한 나머지 그 결승전을 지켜보지도 못할 정도였지요. 또 한번은 시카고에서 열린 대회 결승전에서 동생 패트릭 매켄로와 맞붙었는데, 자신에게 이렇게 말했다지요. "신이시여, 만약 패트릭에게 지면 그걸로 끝입니다. 시어스 타워(시카고에 있는 110층짜리 빌딩)에서 뛰어내릴 겁니다."

실패가 그에게 어떤 영향을 끼쳤는지 봅시다. 1979년 그는 윔블던 대회에서 혼합복식조를 이뤘지요. 하지만 이후 20년 동안 다시는 혼합복식 경기에 나서지 않았습니다. 왜일까요? 그와 파트너가 세 세트를 내리 졌기 때문이었습니다. 게다가 매켄로는 두 번이나 서브를 실패했지요. 그것도 다른 선수들은 한 번도 실패하지 않았는데 말이죠. "그땐 정말 당황했어요. 나는 '이제 됐어, 다시는 이런 경기 안 할 거야. 도저히 참을 수 없어'라고 말했습니다."

1981년 매켄로는 아름다운 검은 색 '레스 폴(Les Paul)' 기타를 구입했습니다. 그리고 그 주에 시카고의 체커보드 라운지에서 블루스의 거장 버디 가이의 연주를 듣게 되었죠. 그 연주를 듣고 교습을 받거나 연습을 해야겠다는 마음을 먹기는커녕, 매켄로는 집으로 돌아오자마자 자신의 기타를 박

살내버렸습니다.

마인드셋에 문제가 있는 사람으로 세르히오 가르시아(Sergio Garcia)를 빼놓을 수 없습니다. 가르시아는 뛰어난 샷과 소년 같은 매력으로 골프계를 휩쓸었죠. 마치 젊은 타이거 우즈를 보는 듯했어요. 하지만 성적이 악화되자 그의 매력도 망가졌습니다. 경기가 안 풀리면 모두 캐디 탓으로 돌렸고, 계속해서 캐디를 해고했지요. 한번은 미끄러지는 바람에 샷을 실수했는데, 자신의 신발을 탓한 적도 있었습니다. 그리고는 신발을 벗어던지고 발로 차기까지 했는데, 그러다가 심판을 맞출 뻔했지요. 이런 것들이 고정 마인드셋을 가진 사람이 실패를 맞이해 내놓는 기묘한 해결책인 겁니다.

성공도 관리가 된다

발견#3 : 앞서 성장 마인드셋을 가진 의예과 학생들이 화학을 대할 때 그랬던 것처럼, 스포츠에서도 성장 마인드셋을 가진 사람들은 성공을 부르고 유지하는 프로세스를 관리할 줄 압니다.

마이클 조던의 기술은 어떻게 나이가 들어도 녹슬지 않는 것처럼 보이는 걸까요? 분명 조던은 나이가 들면서 체력과 민첩성은 떨어졌지만, 그 부분을 보충하기 위해 턴어라운드 점프슛이나 그의 장기인 페이드어웨이 점프슛처럼 자신의 상태와 움직임에 맞는 무기를 더욱 열심히 갈고 닦았습니다. 슬램덩크를 내리꽂으며 농구계에 들어섰지만, 떠날 때는 우아하게 경기를 마무리하는 가장 완벽한 선수로 변신했던 것이죠.

타이거 우즈도 마찬가지로 자신의 프로세스를 관리했습니다. 유명 골프 코치인 버치 하먼이 말하길, "골프 스윙에서 완벽함이란 정말 달성하기 힘들다. 가장 믿음이 가는 스윙이란 단지 상대적으로 반복하기 쉬운 스윙일 뿐이다. 골프 스윙은 계속 진보를 멈추지 않는다"고 했습니다. 그래서 최고의 골프 스타들도 오직 짧은 기간만 군림할 뿐, 오랫동안 계속해서 우승하지는 못하는 겁니다. 심지어 우즈가 최고의 기량을 발휘할 때도 그랬지요. 그리고 바로 그 때문에 프로세스를 관리하는 게 그토록 중요한 것입니다.

이 점을 잘 알고 있던 타이거 우즈의 부친은 우즈에게 집중력과 코스 공략법을 관리하는 법을 가르치는 데 집중했습니다. 어린 타이거가 스윙을 하려 할 때마다 큰 소음을 내거나 물건을 던지곤 했지요. 이 훈련 덕분에 우즈는 집중력을 잃지 않을 수 있게 됐습니다. 타이거가 3살이 됐을 때, 그의 아버지는 이미 그에게 골프 코스를 관리하는 법을 가르쳤지요. 타이거가 친 공이 덤불 숲 뒤로 사라지면, 아버지는 어린 우즈에게 어떻게 거기서 벗어날 것이냐고 물었습니다.

우즈는 아버지에게 배운 대로 자신의 게임 전반을 관리해 나갔습니다. 어떤 전략이 통하고 통하지 않는지 끊임없이 실험했고, 그를 이끌어주는 장기 계획도 있었습니다. "나는 내 게임을 압니다. 내가 무엇을 이루고자 하는지, 그리고 어떻게 이룰 것인지 알고 있어요."

마이클 조던처럼, 우즈도 자신에게 동기를 부여하는 것들을 관리해 나갔습니다. 바로 연습을 놀이로 바꿈으로써 말이죠. "나는 샷을 다듬는 연습을 좋아합니다. 이런 식으로도 쳐보고, 저런 식으로 쳐보면서 어떤 방식이 효과가 있는지 스스로 탐색해 보는 거죠." 그리고 그는 자신에게 도전하는 가상의 라이벌이 있다고 생각함으로써 자극을 받았습니다. "그는 12살입니다. 열심히 연습할 이유를 스스로에게 부여해야 해요. 저기 어딘가에 그가 있어요. 12살 소년이요."

우즈의 골프 파트너이자 친구인 마크 오미라는 선택을 해야 했어요. 우즈처럼 비범한 선수 옆에서 플레이한다는 건 쉬운 일이 아니었죠. 오미라 앞에 놓인 선택지는 이랬습니다. 우즈의 탁월한 플레이 앞에서 작아지고 질투심을 느낄 것인가, 아니면 그로부터 배울 것인가. 그는 후자를 택했습니다. 오미라는 재능이 있지만 잠재력을 발휘하지 못하는 선수라고 평가받았었죠. 그러나 자신의 게임에 책임을 지겠다는 선택 이후로 그는 완전히 다른 선수가 됐습니다.

21살에 우즈는 마스터스 토너먼트에서 우승했습니다. 그날 밤, 그는 그 유명한 그린재킷을 끌어안고 잠이 들었죠. 1년 후, 그 그린재킷은 오미라의 품에 안겼습니다.

매켄로에게서는 좀처럼 뭔가를 관리한다는 얘기를 들을 수 없었지요. 그가 정상의 위치에 서 있었을 때, 그 자리를 지키기 위해 열심히 노력한다는 얘기는 거의 나오지 않았습니다. 성적이 좋지 않았을 때도 자기 성찰이나 패배의 원인 분석 따위는 없었습니다(뭔가에 대해 탓하는 것 외에는). 예를 들면, 1982년 그의 성적이 기대한 만큼 나오지 않았을 때 우리는 그가 "사소한 일들 때문에 몇 주간 게임에 집중하지 못했고, 그로 인해 투어를 지배하지 못했다"고 하는 얘기를 들어야 했지요.

그는 항상 '외부의 힘'의 희생자였습니다. 그렇게 말하는 대신 왜 그는 자신의 성적에 책임을 지고 성적을 내는 법을 배우지 못한 걸까요? 그건 바로 고정 마인드셋이 추구하는 방향이 아니었기 때문입니다. 실제로 그는 그런 외부의 힘과 맞서 싸우고 자신의 문제를 고치기보다는 차라리 자신이 단체 스포츠를 해서 자신의 결점을 숨길 수 있었으면 했다고 고백합니다. "절정의 상태가 아닐 때는, 팀 스포츠를 할 때 그걸 숨기기가 더 쉬운 법입니다."

매켄로는 또한 자신이 경기장에서 보이는 신경질은 대개 초조함을 감추기 위한 수단이었고, 상황을 더욱 나쁘게 만들었을 뿐이라는 점을 인정했습니다. 그럼 그는 그 결점을 고치기 위해 무엇을 했을까요? 아무런 조치도 취하지 않았습니다. 그저 다른 누군가가 자신을 위해 뭔가 해주기만을 바랐죠. "자신을 통제할 수 없을 때, 당신은 다른 누군가가 자신을 관리해 주길 바랍니다. 그것 때문에 내가 팀 스포츠의 일원이 되길 원했던 거지요. 사람들이 나와 함께 노력해주고, 나를 가르쳐줄 거니까요." 또 이렇게 얘기했죠. "시스템이 나를 점점 더 도망치게 만들었어요. 그 시스템이 정말 점점 더 싫어지더군요." 아니 시스템이라니! 이봐요 존. 그건 당신 인생이잖아요. 대체 책임질 생각을 해본 적 있기나 한가요?

아니죠. 고정 마인드셋에서는 자신의 능력과 동기 관리를 통제할 수 없기 때문입니다. 다만 자신을 빛나게 해줄 재능을 찾게 되고, 또 그런 재능을 못 찾게 되면 달리 어쩔 도리가 없게 되는 겁니다. 스스로를 발전 중인 존재가 아니라 완성된 제품으로 여기기 때문이죠. 그리고 완성된 제품이기에 자신을 보호하고, 한탄하고, 남을 탓할 수밖에 없지요. 자신에 대해 책임을 진다는 건 생각조차 하지 않는 겁니다.

슈퍼스타의 진정한 의미

스타는 자신의 팀에 대해 다른 선수들보다 덜 책임을 지는 것처럼 보이나요? 그저 위대한 플레이를 하고 경기에 이기는 것만이 그들의 역할인 것 같나요? 아니면 스타가 다른 선수들보다 책임감이 더 큰 것 같이 보이나요? 과연 마이클 조던은 어떻게 생각했을까요? "우리 세계에서는 때로 슈퍼스타가 되려고 노력하는 것보다 제 역할을 한다는 것이 더 어려울 때가 있습니다"라고 조던은 말했지요. 슈퍼스타의 재능으로 몇 경기를 이길 수는 있어도, 챔피언에 오르게 하는 건 팀워크라는 뜻입니다.

존 우든 코치는 자신의 전략과 전술이 평범했다고 주장합니다. 그럼 대체 그는 어떻게 10번이나 전국 챔피언의 자리를 제패했던 걸까요? 그는 그 주요한 이유 중 하나가, 자신이 선수들에게 팀의 일부로서 역할을 찾아주는 데 능했기 때문이라고 말합니다. "예를 들면 나는 카림 압둘 자바를 대학 역사상 가장 뛰어난 득점원으로 만들 수 있었다고 믿습니다. 그의 능력을 발휘하게끔 팀을 꾸렸다면 그럴 수 있었을 겁니다. 하지만 그랬다면, 과연 카림이 UCLA에 재학 중일 때 우리가 3번의 챔피언십 우승을 할 수 있었을까요? 절대 그러지 못했을 겁니다."

고정 마인드셋을 가진 운동선수들은 자신의 재능을 입증하고 싶어 합니다. 그건 팀의 일원이 아니라 슈퍼스타처럼 행동한다는 뜻이지요. 하지만 페드로 마르티네즈의 경우에서 봤듯이, 이런 마인드셋은 중요한 승리에 방해가 될 뿐입니다.

이번에는 농구 챔피언의 자리를 그토록 바랐던 스타 패트릭 유잉 이야기를 해보지요. 유잉이 드래프트에 참가했던 해는 지금까지도 역사상 가장 흥미진진했던 드래프트로 남아 있지요. 뉴욕 닉스가 복권 당첨에 버금가는 행운을 손에 쥐고 유잉을 선발했습니다. 이미 닉스에는 주득점원인 장신 센터 빌 카트라이트가 있었고, 이제 유잉까지 합세해 이른바 '트윈 타워'를 구축할 수 있게 된 겁니다. 모든 걸 이뤄낼 수 있는 기회를 얻은 셈이었죠. 팀은 유잉이 파워포워드 역할을 해주길 기대했습니다. 그러나 유잉은 그게 마음에 들지 않았죠. 센터야말로 스타가 맡는 포지션이었기 때문입니다. 혹은 파워포워드가 담당해야 할 외곽 슛에 대한 자신이 없었기 때문이었을 수도 있습니다. 만약 그가 자신의 모든 걸 걸고 파워포워드 자리에 익숙해지기 위해 노력했다면 어떻게 됐을까요? (당대 최고의 유격수였던 알렉스 로드리게스는 양키스에 합류하면서 3루 수비로 이동하는 데 동의했습니다. 그 자리에 익숙해질 때까지 한동안 최고의 수비를 선보이지 못하는 어려움을 감수하면서.) 하지만 그런 일은 일어나지 않았고, 카트라이트는 결국 시카고 불스로 팀을 옮겼습니다. 그리고 유잉의 닉스는 결국 챔피언에 오르지 못했죠.

엄청난 재능을 가졌지만 자신의 위대함을 증명하는 데만 급급했던 또 다른 선수, 미식축구의 키숀 존슨도 있습니다. 경기 전에 상대 팀의 스타 플레이어와 자신을 비교해 달라는 질문을 받으면 그는 이렇게 답했지요. "당신은 지금 손전등과 별을 비교하려는 것과 같아요. 손전등은 단지 잠시 켜져 있을 뿐이지만, 별은 하늘에서 영원히 빛나는 거죠."

그는 과연 팀을 우선시하는 선수였을까요? "나는 팀 플레이어지만, 그 전에 우선 한 개인이죠. 미식축구에서 나는 '넘버원'이어야 해요. 넘버투나 넘버쓰리가 아니라요. 넘버원이 아니라면 아무 의미도 없는 겁니다." 이게 무슨 말일까요? 팀 플레이어라는 의미를 제대로 이해 못한 탓이었는지, 그는 뉴욕 제츠에서 탬파베이 버커니어스로 트레이드되었다가, 결국 거기서도 방출됐습니다.

저는 흥미로운 사실을 발견했습니다. 일부 스타 플레이어들의 경우, 경기 후 인터뷰를 할 때 '우리'라는 표현을 사용한다는 점이었죠. 자신을 팀의 일원이라고 생각한다는 뜻입니다. 반면 그렇지 않고 '나'라고 표현하면서 동료를 자신과는 다른 존재, 즉 자신의 위대함에 동참할 수 있는 특권을 얻은 사람들로 표현하는 사람도 있었습니다.

모든 스포츠는 팀 스포츠다

아시다시피, 어떤 의미로든 '모든 스포츠는 팀 스포츠'입니다. 테니스나 골프처럼 개인만의 스포츠에서조차도 위대한 선수들은 자신의 팀이 있죠. 코치, 트레이너, 캐디, 매니저, 멘토 등 말입니다. 저는 바다 수영 세계 기록 보유자인 다이애나 니어드(Diana Nyad)에 관한 글을 읽으면서 이 점을 크게 깨달았습니다. 바다 수영만큼 외로운 스포츠가 또 있을까요? 그저 선수의 상태를 체크하기 위해 작은 배가 따라올 뿐이죠.

니어드가 자신만의 계획을 은밀히 품었을 때, 바다 수영 세계 기록은 남녀 통틀어 96km였습니다. 그러나 그녀는 160km까지 수영하고자 했죠. 몇 달간의 고된 훈련 끝에 그녀는 준비를 마쳤습니다. 하지만 그녀의 곁에는 가이드(바람과 조류를 체크하고 장애물을 살피는 역할), 수중 다이버(상어를 찾는 역할), NASA 전문가(그녀의 영양 상태와 지구력을 체크하는 역할), 그리고 오한과 구토, 환각과 절망을 이겨낼 수 있게 말을 걸어주는 트레이너까지 한 무리의 팀이 함께했지요. 그녀가 세운 새 기록은 165km였습니다. 세계 기록에는 오직 그녀의 이름만이 올라가 있을 뿐이지만, 그 기록 달성에는 그녀 외에도 51명이나 되는 사람들이 필요했던 겁니다.

우리는 지금까지 챔피언의 근성, 용기, 정신에 대해 살펴봤습니다. 위대한 운동선수를 만들어내는 이런 요소들은 자기 발전, 동기부여, 그리고 책임감에 집중하는 성장 마인드셋으로부터 비롯된다는 점을 알게 됐지요.

뛰어난 선수들이 경쟁에 나서서 최고의 자리에 오르려 하지만, 자신을 평범한 남들과는 다른 존재라고 여기는 고정 마인드셋의 이기심을 가지고서는 결코 위대한 선수가 될 수 없습니다. 고정 마인드셋을 가진 선수들 중에도 선천적 재능을 타고난 이들이 많았을 겁니다. 하지만 존 우든이 말했듯이, 중요한 건 우리가 그들 대부분을 기억하지 못한다는 것이죠.

마인드셋 단련법

◎ 당신이 결코 잘하지 못할 것이라고 생각하는 스포츠가 있나요? 글쎄요. 아마 그럴지도 모르지만, 한편으론 그렇지 않을지도 모릅니다. 정말

많은 노력을 해보기 전까지는 알 수 없는 일이죠. 세계 최고의 운동선수들 중에도 처음부터 두각을 나타내진 못한 경우가 있습니다. 어떤 스포츠에 열정을 느낀다면, 일단 노력을 충분히 해본 다음 어떤 일이 벌어지나 지켜봅시다.

◎ 때로는 특별한 재능을 타고나는 것도 저주가 될 수 있습니다. 이런 운동선수들은 고정 마인드셋에서 벗어나지 못하고 역경을 잘 이겨내지 못하지요. 처음엔 쉽게 느껴졌지만 이내 벽에 부딪힌 듯 막막한 기분이 드는 스포츠가 있나요? 성장 마인드셋을 적용해 다시 도전해 보세요.

◎ '근성'은 스포츠의 세계에서 중요한 개념으로, 성장 마인드셋으로부터 비롯됩니다. 어려운 스포츠 경기에서 자신의 진정한 속내를 알고 싶었던 순간들을 떠올려 보세요. 이번 장에서 다뤘던 성장 마인드셋을 가진 챔피언들과 그들의 방식을 생각해 봅시다. 다음번 그런 위기 상황에 몰린다면 당신은 성장 마인드셋을 갖추기 위해 어떻게 하겠습니까?

◎ 성장 마인드셋을 가진 운동선수들은 승리가 아닌 배움과 발전 속에서 성공을 찾습니다. 이런 마음을 가질수록 스포츠가 당신에게, 또 당신과 함께 플레이하는 동료들에게 제공하는 유익함은 더욱 늘어날 겁니다!

5장

존경받는 사람들의 마인드셋

MINDSET

2001년 미국 재계를 뒤흔든 사건이 있었지요. 바로 미래의 기업으로 일컬어지던 엔론의 도산이었습니다. 대체 무슨 일이 벌어졌던 걸까요? 그렇게 촉망받던 기업에 어떻게 그런 재앙이 닥쳤던 걸까요? 무능이 문제였던 걸까요? 아니면 부패 때문에?

그건 마인드셋의 문제였습니다. 〈뉴요커〉에 기고한 말콤 글래드웰의 글에 따르면, 미국 기업들은 재능에 너무 집착하고 있었습니다. 실제로 미국 제일의 경영 컨설팅 기업인 맥킨지&컴퍼니의 경영 구루들은 현대 기업이 성공하려면 '재능 마인드셋'이 꼭 필요하다고 주장할 정도였으니까요. 그들은 스포츠와 마찬가지로 기업에도 선천적 재능이 중요하다고 주장했지요. 뛰어난 재능을 가진 선수를 스포츠 구단들이 거대한 자금을 들여 영입하듯이, 기업도 훌륭한 인재들을 영입하는 데 돈을 아껴서는 안 된다는 것이었습니다. 그것이 기업의 비밀병기이자, 경쟁자를 물리칠 비결이라고 주장했지요.

글래드웰은 "이 '재능 마인드셋'이 미국 경영계의 새로운 정설(定說)로 자리 잡았다"고 썼습니다. 엔론도 이를 기업문화로 받아들였고, 결국 파멸의 씨앗이 되었던 겁니다.

엔론은 뛰어난 재능을 가진 사람들을 뽑았고, 이들은 대부분 고학력자들이었는데, 그 자체로 그리 나쁜 건 아니었습니다. 물론 그런 채용에는 상당한 돈이 필요했지만, 그 또한 아주 큰 문제라고는 할 수 없었죠. 하지만 재능을 무조건적으로 신뢰했다는 점이 엔론이 저지른 가장 치명적인 실수였습니다. 그렇게 재능을 신봉하는 문화가 형성되었고, 엔론의 직원들도 재능만을 중요시하도록 길들여진 겁니다. 말하자면 고정 마인드셋에 물든 거지요. 우리는 이미 연구를 통해 알고 있습니다. 고정 마인드셋을 가진 사람들은 자신들의 결점을 인정하지도, 고치려 하지도 않는다는 것을.

앞에서 오직 영어만 사용해야 하는 홍콩대학교의 학생들을 인터뷰했던 내용이 기억나시나요? 고정 마인드셋을 가진 학생들은 자신들의 결점이 드러날까 너무도 두려운 나머지 영어 실력을 향상시킬 수 있는 수업을 듣지 않으려 했지요. 그들은 그런 위험을 감수할 수 있는 심리 상태가 아니었던 겁니다.

그리고 엔론이 스타 직원들에게 한 것처럼, 우리가 지능에 대해 칭찬하면 학생들이 고정 마인드셋으로 빠져들었던 것도 기억나시죠? 어려운 문제를 풀고 난 후, 그 학생들에게 우리는 다른 학교의 학생들을 위해 우리 연구에 참여한 경험에 대해 편지를 쓰라고 부탁했었죠. 그리고 그 편지 내용을 읽어본 우리 연구진은 충격을 받을 수밖에 없었습니다. 거의 40%에 달하는 학생들이 자신의 점수를 더 높게 부르는 거짓말을 했기 때문이죠. 고정 마인드셋은 이렇게 결점을 절대 인정하지 못하게끔 만들어 버립니다.

글래드웰은 사람들이 선천적 재능을 높이 평가하는 환경 속에서는 자신의 이미지가 위협받게 될 때 어려움을 겪는다고 결론지었습니다. "그들은 자신의 결점을 개선하려 하지 않는다. 투자자와 대중 앞에서 자신이 틀렸다는 점을 인정하지 않는다. 차라리 거짓말을 하는 쪽을 택하게 된다."

자신을 고치지 못하는 기업은 분명히 결코 번창하지 못할 겁니다. 만약 엔론이 고정 마인드셋 때문에 자신을 망친 것이라면, 성공한 기업들은 성장 마인드셋을 가지고 있다는 걸까요? 한번 확인해 봅시다.

위대한 조직의 특징

짐 콜린스는 '좋은 기업'에서 '위대한 기업'으로 성장하게끔 만드는 게 무엇인지 찾으려 했습니다. 그저 좋은 기업으로 남는 기업들과 달리, 위대한 기업으로 성장하고 그 자리를 유지하게 만드는 요인은 무엇일까?

이 질문에 답하기 위해 짐 콜린스와 그의 연구팀은 5년간의 연구에 돌입했습니다. 동일 업종의 다른 기업들에 비교해 주식 배당이 급증했으며, 그 상태를 적어도 15년 이상 유지한 11개의 기업을 골랐지요. 그리고 이들 기업들을 동일 업종 내에서 조건은 비슷하지만 크게 성장하지는 못한 또 다른 기업들을 선정해 비교집단으로 삼았습니다. 또 마지막으로 좋은 기업에서 위대한 기업으로 도약하는 데는 성공했지만, 그 위대함을 유지하는 데는 실패한 기업들도 연구했습니다.

과연 계속 번창하는 기업들은 무엇이 달랐을까요? 이에 대해 짐 콜린스는 《좋은 기업을 넘어 위대한 기업으로(Good to Great)》에서 몇 가지 중요한 요인들을 거론했습니다만, 그중 가장 절대적인 요소는 남다른 리더의 성향이었습니다. 위대한 기업들은 모두 이 요소를 가지고 있었지요. 그것은 그러나 고집 세고 자기의 재능을 과시하는, 영웅적이고 카리스마 있는 리더의 모습은 아니었습니다. 위대한 기업을 만들어낸 리더들은 끊임없이 질문을 던지고 잔인할 정도로 난감한 과제에도 당당히 맞서는 동시에, 자신을 쓸데없이 과시하지 않는 유형의 사람들이었던 겁니다. 즉, 실패가 눈앞에 닥쳐도 결국에는 승리할 것이라는 믿음을 버리지 않는 리더들이었던 거죠.

어디서 들어본 얘기 같지 않나요? 콜린스는 유능한 리더들이 그런 특별한 자질들을 갖게 된 이유와 그 자질들을 얻은 방법, 그리고 그 자질들이 효과를 발휘한 이유가 궁금했습니다. 하지만 우리는 이미 알고 있지요. 그건 그 리더들이 성장 마인드셋을 갖추고 있었기 때문이라는 점을 말입니다. 그들은 사람이 발전할 수 있다는 것을 믿었습니다.

그 리더들의 특징은 이랬습니다. 그들은 자신이 남들보다 더 낫다는 것을 증명하기 위해 쓸데없이 애쓰지 않았습니다. 예를 들면 굳이 자신이 정상에 있음을 돋보이려고 서열을 강조하지 않았으며, 다른 사람의 공적을 빼앗으려 들지도 않았고, 자신의 강력함을 체감하기 위해 타인을 깎아내리지도 않았지요.

그러는 대신, 그들은 끊임없이 성장하려고 노력했습니다. 자신의 주변을 최대한 능력 있는 사람들로 채우려고 했으며, 자신의 실수와 결점을 직시하였고, 자신과 회사가 앞으로 필요로 하는 기술이 무엇인지 솔직하게 물을 줄 알았지요. 그리고 이 덕분에, 그들은 자신의 재능에 대한 환상이 아니라 사실에 근거한 확신을 가지고 전진할 수 있었던 겁니다.

콜린스는 대형 가전제품 체인 서킷 시티(Circuit City)의 CEO인 앨런 워츨(Alan Wurtzel)이 회의실에서 펼쳤던 논쟁에 대해 이야기합니다. 워츨은 이사진을 무조건 설득하려 들지 않았고, 오히려 그 논쟁을 배움의 기회로 삼았습니다. 또한 회사의 임원들에게도 질문하고, 논쟁하고, 조심스럽게 탐색하면서 마침내 회사의 현재 위치와 나아갈 방향에 대해 점차 보다 명확하게 파악할 수 있었던 겁니다. 그는 콜린스에게 이렇게 말했습니다. "그들은 나를 검사(檢事)라고 부르곤 했는데, 내가 한 가지 문제를 마치 불독처럼 물고 늘어졌기 때문이지요. 나는 내가 이해하게 될 때까지 절대 놓아주지 않았습니다. '왜, 왜, 왜?' 하고 끊임없이 물었어요."

워츨은 자신을 '밭을 가는 말', 즉 열심히 일하고 허튼 짓 않는 평범한 일꾼으로 여겼지만, 파산 직전에 놓인 회사를 맡아 15년 만에 뉴욕증권거래소에 상장된 그 어느 회사보다 주주들에게 더 많은 배당을 안겨주는 회사로 변모시켰습니다.

고정 마인드셋이 회사를 망친다

앨런 워츨과는 대조적으로, 콜린스의 비교집단에 속한 기업들의 리더들은 고정 마인드셋의 모든 증상들을 확연히 드러냈습니다.

고정 마인드셋을 가진 리더들은, 고정 마인드셋을 가진 일반인들과 마찬가지로 본질적으로 어떤 사람은 더 우수하고 어떤 사람은 더 열등하다고 생각했습니다. 따라서 자신들이 바로 그 우수한 쪽이라는 점을 거듭해서 확인해야 했고, 회사를 단지 그 점을 증명하기 위한 플랫폼으로 삼았던 겁니다.

콜린스의 비교집단 리더들은 언제나 자신의 개인적 위대함에 대한 평판에만 관심을 두었습니다. 그런 평판에 너무 집착한 나머지 자신의 임기가 끝날 무렵에는 회사가 망하게끔 방치하는 경우도 종종 발생했지요. 이를 두고 콜린스는 이렇게 적었습니다. "당신이 떠난 뒤에 당신이 몸담았던 회사가 무너졌는데, 개인적 위대함을 평가하는 다른 기준이 무슨 의미가 있겠는가?"

연구자들은 이런 리더들의 2/3 이상에서 '거대한 개인적 에고(ego)'를 발견했습니다. 그 에고(자존심, 이기심)는 회사를 파멸시키거나 2류로 만들어버릴 만큼 강력했지요. 크라이슬러의 리더 리 아이아코카가 바로 그런 리더였습니다. 회사를 기적적으로 회생시켜 놨지만, 재임 기간 후반기에는 자신의 명성에만 집착한 결과, 회사를 다시 평범한 기업으로 되돌려놨지요.

이런 비교집단 기업들 중 다수는 콜린스가 '1,000명의 도우미들을 거느린 천재'라고 칭한 비즈니스 모델에 따라 운영되었습니다. 위대한 기업으로 성장한 기업들처럼 우수한 경영 체제를 갖추는 대신, 이들 기업들은 '위대한 천재들은 굳이 위대한 팀이 필요 없다'는 고정 마인드셋을 바탕에 두고 있었던 겁니다. 단지 천재의 뛰어난 발상을 수행할 도우미들만 있으면 된다는 식이었지요.

이 위대한 천재들은 위대한 팀을 원하지 않는다는 점을 기억해야 합니다. 고정 마인드셋에 사로잡힌 사람들은 주위 사람들과 비교해 자신만이 부각되어 보이길 바랍니다. 그래야 남들보다 자신이 더 낫다는 확신을 얻을 수 있기 때문이지요. 제가 읽은 고정 마인드셋 CEO의 자서전에서는 멘토링이나 직원 개발 프로그램에 관한 내용을 전혀 찾아볼 수 없었습니다. 반면에 성장 마인드셋을 가진 CEO들의 자서전에는, 개인적 발전에 대한 깊은 관심과 열띤 논의가 반드시 포함되어 있었지요.

마지막으로 엔론의 경우처럼, 그런 천재들은 자신의 결점을 직시하지 않으려 했습니다. 다음은 역시 콜린스가 지적한 내용입니다. 위대한 기업으로 성장한 식료품 체인 크로거(Kroger)는 1970년대, 구식의 식료품점들이 점차 사라져가고 있는 위험신호를 용감하게 받아들였습니다. 반면 크로거의 경쟁사였으며 한때 세계 최대의 소매 조직이었던 A&P는 눈을 감고 그 현실을 외면했지요. A&P는 새로운 형태의 슈퍼스토어(대형 슈퍼)를 선보였고 구형 가게들보다 훨씬 성공적이었지만, 결국은 슈퍼스토어를 철수시켜 버렸습니다. 비록 성공했더라도, 그들이 듣고 싶었던 소식은 아니었으니까요. 반면에 크로거는 새로운 슈퍼스토어 모델에 맞지 않는 가게들은 모두 폐점하거나 개조하였으며, 결국 1990년대 말에는 미국 최고의 식료품 체인에 등극하게 됩니다.

고집쟁이 CEO들의 문제점

도대체 왜 'CEO'하면 '엄청난 고집'이란 말이 먼저 떠오르게 된 걸까요? 성장 마인드셋을 가진 겸손한 리더들이 업계의 수호자임이 분명한데도, 왜 그렇게 많은 기업들이 영웅심만 앞세우는 리더들을 선호하는 걸까요? 심지어 이런 리더들은 결국 회사보다는 자신의 영달에 더 관심을 가지는데도 불구하고 말이지요.

리 아이아코카를 탓하지 않을 수가 없습니다. 저널리스트 제임스 서로위키(James Surowiecki)가 〈슬레이트〉지에 쓴 글에 따르면, 아이아코카의 유명세는 미국 산업계에 일종의 터닝 포인트가 되었습니다. 아이아코카의 등장 이전에는, '거물'이나 '실력자'의 시대는 한물간 얘기였습니다. 대중들은 CEO란 '보수도 대우도 잘 받지만 본질적으로 별 특색 없는, 잘 정돈된 조직적 인물'로 여겼지요. 하지만 아이아코카가 나타나면서 이런 인식은 완전히 바뀌었습니다. 비즈니스 저널리스드들은 임원들에게 '차세대 J.P.모건'이나 '차기 헨리 포드'라는 식의 별명을 붙이기 일쑤였고, 고정 마인드셋을 가진 고위급 임원들은 그런 명성을 얻으려 경쟁하기 시작했습니다.

서로위키는 이렇게 CEO가 슈퍼스타가 되려는 경향이 지속되면서 최근의 기업 스캔들에까지도 영향을 미쳤다고 분석합니다. 하지만 자신의 자존심을 과시하고 이미지 관리에만 신경 쓰는 사람들은 결코 장기적인 기업의 건전성을 책임질 수 없지요.

혹시 아이아코카는, 로큰롤이 그랬듯, 문명의 종말을 이끌었다고 부당하게 오해받고 있는 건 아닐까요? 그는 단지 그저 카리스마가 좀 넘친 인물이었는데, 너무 과도한 비난이 쏟아지고 있는 건 아닐까요? 그를 좀 더 자세히 들여다봐야겠습니다. 그리고 고정 마인드셋을 가진 다른 CEO들, 스콧 페이퍼와 선빔의 앨버트 던랩, AOL 타임워너의 제리 레빈(Jerry Levin)과 스티브 케이스(Steve Case), 엔론의 케네스 레이(Kenneth Lay)와 제프리 스킬링에 대해서도 같이 살펴보기로 하지요.

우선 이들은 공통적으로 '남들보다 더 우월한 사람들이 있다'라고 믿었다는 점을 알게 될 겁니다. 따라서 그들 모두 자신의 우월함을 증명하고 과시할 필요가 있었고, 자신의 하급자들을 성장시키는 대신 이런 필요를 충족시키기 위해 이용했으며, 결국 그것 때문에 자신의 회사를 희생시키고 말았지요. 고정 마인드셋의 측면에서 생각해보면 그들의 그 거대한 에고가 어디에서 발생했는지, 어떻게 작동했는지, 그리고 왜 결국 자멸의 길로 접어들게 만들었는지 이해할 수 있습니다.

고정 마인드셋을 가진 리더들

아이아코카 : "내가 영웅이다"

리더십 구루인 워렌 베니스(Warren Bennis)는 세계 최고의 기업 리더들을 연구했습니다. 그런데 그 위대한 리더들은 원래 리더가 되려던 것은 아니었다고 말했지요. 자기 자신을 증명하는 일에 별 관심을 두지 않았고, 단지 자신이 사랑하는 일에 엄청난 추진력과 열정을 가지고 임한 결과 지금의 위치에 오르게 되었을 뿐이었습니다.

하지만 아이아코카는 그런 부류가 아니었죠. 물론, 그는 자동차 업계를 사랑했고, 그 무엇보다도 포드의 거물이 되기를 갈망했습니다. 그는 헨리 포드 2세의 인정과 '황궁'처럼 으리으리한 사무실을 갈구했지요. 그는 이런 것들을 통해 스스로를 평가하고자 했고, 자신이 대단한 인물이라는 점을 입증하려고 했습니다. 제가 '황궁'이라는 표현을 쓴 데는 그럴만한 이유가 있지요. 아이아코카는 우리에게 포드 본사 건물인 '글래스 하우스(Glass House)'는 궁전이며, 헨리 포드는 황제라고 말했으니까요. "헨리는 황제, 나는 황태자였습니다. … 나는 폐하의 특별한 후계자였어요. … 우리 모두는 황궁에서 멋진 삶을 살았죠. 최고급 귀족 이상의 존재였어요. 흰 제복의 웨이터들이 하루 종일 대기하는 가운데, 우리는 모두 임원 전용 식당에서 점심을 먹었습니다. 영국의 도버 해협에서 잡은 가자미가 매일 우리 식탁으로 공수돼 왔지요."

아이아코카는 포드 머스탱(Mustang) 모델을 생산하고 판매하는 등 포드에서 뛰어난 업적을 쌓았습니다. 그리고 헨리 포드의 뒤를 이어 회사의 CEO 자리에 오르기를 꿈꿨지요. 하지만 헨리 포드는 생각이 달랐고, 결국 아이아코카를 회사에서 쫓아내자 아이아코카의 충격과 분노는 극에 달했습니다. 그런데 생각해보면, 아이아코카가 충격을 받아 헨리 포드에 대해 평생 분노했다는 점은 참 흥미롭습니다. 어쨌거나 그는 헨리 포드가 최고 임원들을 쳐내는 모습을 지켜봐왔고, 아이아코카 자신도 다른 사람들의 목을 거리낌 없이 잘라냈었으니까 말이죠. 그는 누구보다도 기업의 생리에 대해 잘 아는 사람이었지만 그의 고정 마인드셋이 그의 시야를 흐리게 한 겁니다. "나는 항상 내가 남들과는 다르다는 생각, 남보다 더 현명하거나 운이 좋다는 생각에 매달려 살아왔어요. 그런 일이 내게 벌어지리라곤 생각하지 못했죠."

자신의 우월함에 대한 믿음이 그를 눈멀게 했던 겁니다. 게다가 이제 고정 마인드셋의 다른 면까지 치고 들어옵니다. 그는 헨리 포드가 혹시 자신에게서 어떤 결점을 발견한 게 아닌가 의구심을 갖게 되지요. 그렇다면 자신이 결국 우월한 사람이 아니라는 얘기이므로, 그는 더욱 집착을 버리지 못합니다. 세월이 흐른 뒤, 그의 두 번째 아내는 이제 다 털어버리라면서 이렇게 말했습니다. "당신은 헨리 포드가 당신에게 베푼 호의를 깨닫지 못하고 있어요. 포드에서 해고된 덕분에 당신은 위대해졌다고요. 더 부자가 됐고, 더 유명해지고 영향력을 가지게 된 건 헨리 포드 덕분이에요. 그에게 감사할 줄 아세요." 그로부터 얼마 후 아이아코카는 아내와 이혼했지요.

이렇게 그는 예전에 자신을 유능하고 가치 있는 인물로 여겼던 황제로부터 버림받은 겁니다. 그래서 아이아코카는 맹렬한 기세로 자신의 체면을 살리는 일에 뛰어들었고, 그 과정에서 크라이슬러 모터스를 만나게 되지요. 한때 포드의 라이벌이었던 크라이슬러는 당시 파산의 문턱까지 이른 상태였지만, 새로운 CEO 아이아코카는 재빨리 인재들을 등용하고 새로운 경영 모델을 채용하였으며, 정부에 로비하여 구제금융을 얻어냅니다. 그리고 포드에서 치욕적으로 쫓겨난 지 단 몇 년 만에 그는 자랑스럽게 자서전을 내놓으며, "이제, 나는 영웅이다"라고 선언했지요.

하지만 얼마 지나지 않아 크라이슬러는 다시 위기에 봉착합니다. 아이아코카의 고정 마인드셋이 가만히 있지 않았던 거지요. 그는 자신의 위대함을 증명해야 했습니다. 자신에게, 헨리 포드에게, 세상에게. 증명의 범위는 점점 더 커져만 갔습니다. 자신의 대중적 이미지를 강화하는 일에 업무 시간을 할애했고, 월스트리트에 깊은 인상을 남기고 크라이슬러의 주가를 끌어올리기 위해 회사 돈을 쏟아 부었습니다. 그 와중에 장기적으로 회사에 수익을 가져다 줄 신차 디자인이나 제조 공정 개선에 투자하는 데는 소홀했던 겁니다.

또한 그는 역사가 자신을 어떻게 평가할지, 자신이 어떻게 기억될지에도 신경 썼습니다. 그러나 회사를 튼튼하게 만들어 그런 관심을 얻으려 했던 게 아니었지요. 오히려 그 반대였습니다. 그의 전기(傳記) 작가에 의하면, 아이아코카는 자신의 아랫사람들이 성공적인 신차 디자인으로 명성을 얻을까봐 걱정한 나머지 그들의 계획을 훼방놓기까지 했다고 합니다. 크라이슬러가 휘청거릴 때는 아랫사람 중에 새로운 구세주가 나타날까봐 아예 그들을 제거하려고 했고요. 자신이 크라이슬러 역사에서 지워질지도 모른다고 걱정하면서, 영향력을 모두 잃은 뒤에도 한참 동안이나 CEO 자리에 절망적으로 매달렸지요.

아이아코카에게는 위대한 유산을 남길 훌륭한 기회가 있었습니다. 당시 미국 자동차 산업은 역사상 가장 거대한 도전에 맞서고 있었죠. 일본 수입차들이 미국 시장을 점령해 나가고 있었던 겁니다. 그 이유는 간단했습니다. 일본 자동차들이 더 멋지고 더 잘 달렸기 때문이죠. 아이아코카의 사람들은 혼다 자동차를 면밀히 연구하여 그에게 훌륭한 제안들을 내놓았습니다.

하지만 고정 마인드셋에 깊게 물든 아이아코카는 일본 차의 도전에 맞서서 더 좋은 차를 내놓는 대신, 비난과 변명만을 늘어놓았죠. 그는 광분하여 일본 자동차 업계에 온갖 비난을 쏟아냈고, 미국 정부에 관세와 수입 할당제를 적용해 일본 자동차 수입을 막으라고 요구했습니다. 〈뉴욕타임스〉는 사설을 통해 아이아코카에게 쓴소리를 날렸습니다. "해결책은 미국이 더 좋은 자동차를 만드는 것이지, 일본을 비난하는 게 아니다."

또한 아이아코카는 조직의 리더로서도 성장하는 모습을 보여주지 못했습니다. 오히려 그 자신이 비난했던 헨리 포드처럼 답답하고 옹졸하며 가혹한 폭군이 되어 가고 있었지요. 그는 자기를 비판하는 사람들을 해고했을 뿐 아니라 회사를 구하기 위해 희생한 직원들에게도 제대로 된 보상을 해주지 않았습니다. 자금 사정이 좋았을 때조차 직원들에게 나눠주는 데 인색했지요. 직원들의 급여는 여전히 낮았고 근무 조건은 열악했습니다. 크라이슬러가 다시 위기에 빠졌을 때도 그는 화려한 제왕적 생활을 이어갔습니다. 뉴욕 월도프에 있는 그의 사무공간을 단장하는 데만 200만 달러를 쓸 정도였으니까요.

마침내 아직 크라이슬러를 회생시킬 시간이 남아 있을 때, 이사회는 아이아코카를 해고했습니다. 이사회가 그에게 엄청난 연금과 스톡옵션을 주었고 여러 특전도 대부분 유지시켜 주었지만, 아이아코카는 엄청나게 분노했지요. 특히 그의 후임자가 회사를 꽤나 잘 이끄는 듯 보이자 그의 분노는 더욱 심해졌습니다. 그래서 자신의 왕좌를 되찾기 위해 그는 적대적 인수합병 시도에 참여하기까지 했고, 그로 인해 크라이슬러의 미래가 위협받을 정도였습니다. 비록 그 시도는 실패로 끝났지만, 그로 인해 그가 회사보다 자신의 자존심을 더 앞세운다는 의심은 만천하에 확인된 겁니다.

아이아코카의 뒤에는 고정 마인드셋이 있었습니다. 비록 그가 처음에는 자동차 산업을 사랑했고 혁신적인 아이디어를 내놓았지만, 자신의 우월함을 증명하겠다는 생각이 결국에는 일의 즐거움과 창의성까지 해친 겁니다. 시간이 흐르고 경쟁자들의 도전에 점점 더 수동적으로 반응하게 되면서, 그는 결국 고정 마인드셋의 핵심 무기들, 비난과 변명, 비판자와 라이벌에 대한 탄압에 의존한 것이지요. 고정 마인드셋에서는 워낙 자주 발생하는 일이긴 하지만, 바로 이런 점들 때문에 아이아코카는 그토록 원했던 세상으로부터의 인정마저 잃게 되었습니다.

학생이 시험에 떨어지거나 운동선수가 경기에 패했을 경우, 그 사실이 의미하는 건 그저 하나의 일을 그르쳤다는 데서 끝납니다. 하지만 CEO는 막강한 권력을 갖고 있기에, 그 주변은 세상의 인정을 얻으려는 그들의 요구에 맞게 재편됩니다. 그로 인해 어떤 경고 신호가 발생해도 CEO들의 주위는 그들의 완벽함과 회사의 성공에 대한 좋은 소식들로만 가득 차게 되는 것이죠. 앞서도 말했지만, 이것이 바로 'CEO 병'이고 고정 마인드셋이 유해한 이유인 것입니다.

저는 근래 들어 아이아코카가 과연 CEO 병에서 회복되었을지 궁금했습니다. 소식을 들으니 그는 획기적인 당뇨병 치료제 연구를 위해 기금을 모으고 있는 중이라는군요. 자신의 자금도 많이 투자했고요. 또 친환경 자동차 개발과 관련한 일도 하고요. 아마도 자신을 증명하려는 일에서 해방되었기에 이제 자신이 진정 바라는 가치를 이루고자 하는 것인지도 모르겠습니다.

앨버트 던랩 : "나는 슈퍼스타다"

앨버트 던랩은 죽어가는 회사들을 살려냈습니다. 비록 저는 그 '살려냈다'는 표현이 과연 정당한 것인지 의구심이 들지만요. 왜냐하면 그는 그 기업들이 미래에도 번창할 수 있도록 준비시키지 않았기 때문입니다. 수천 명의 직원들을 해고하는 등 오직 수익을 내고 회사를 팔 준비를 했을 뿐이죠. 그리고 실제 수익을 냈습니다. 스콧 페이퍼의 회생과 매각을 통해 1억 달러를 벌어들였죠. 단지 1년 반 만에 1억 달러를 번 겁니다. "내가 그렇게나 벌었다고? 맞아요, 내가 그랬죠. 나는 농구 스타 마이클 조던과 로큰롤 스타 브루스 스프링스틴처럼, 내 분야에서는 슈퍼스타라고요." 아이아코카는 말로나마 팀워크와 하급 직원들의 중요성을 강조했지만, 앨버트 던랩에게는 그런 립서비스조차 없었죠. "당신이 사업을 하고 있다면, 그 목적은 단 한 가지, 바로 돈을 벌기 위함이다"라고 할 뿐.

그는 스콧 페이퍼의 직원회의에서 있었던 일을 자랑스럽게 이야기합니다. 한 여직원이 일어나 물었습니다. "이제 우리 회사 사정이 나아지고 있는데, 자선 기부를 다시 시작해도 되지 않을까요?" 이 질문에 던랩은 이렇게 답했지요. "자네가 자네 돈으로 기부하고 싶다면, 그건 자네가 알아서 할 일이지. 하지만 회사는 돈을 벌기 위해 있는 거야. 그래서 내 답변은, 한마디로, '노'일세."

저는 사업의 목적이 돈을 벌기 위함이 아니라고 말하려는 게 아닙니다.

하지만 이렇게 묻고 싶군요. 왜 던랩은 왜 그렇게 돈에 집착했을까요?

그의 말을 직접 들어보죠. "내게 출세한다는 건 자존심의 문제고, 자신의 가치를 증명하는 문제입니다. 이날까지 나는 자신을 증명하고 또 증명해야 한다는 마음으로 살아왔죠." 그리고 자신을 증명하는 일에 그는 어떤 기준이나 척도가 필요했습니다. 하지만 직원 만족도나 기업의 사회적 책임, 또는 기부 공헌 같은 것들은 그에게 좋은 척도가 아니었던 거죠. 그것들은 주주들의 수익률처럼, 던랩의 가치를 증명하는 수치로 표현될 수 없기 때문입니다. 그는 또 "요즘 회의실에서 들리는 가장 우스꽝스런 용어는 '이해당사자'라는 말"이라고 얘기했습니다. 여기서 이해당사자란 직원들, 지역사회, 그리고 공급사 등 회사가 거래하는 다른 기업들을 지칭하지요. 그런데 던랩은 "다양한 이해당사자들의 이익을 충족시킨다고 해서 성공했다고 할 수는 없다. '주주들이 얼마나 배당받았는지'가 성공을 측정하는 요소"라고 주장했습니다.

장기적인 성장은 던랩의 관심사가 아니었습니다. 회사에 대한 진정한 이해나 성장 비결의 파악은 그에게 단숨에 슈퍼영웅이 될 수 있는 마법의 물약을 주지 못한다고 생각한 것이죠. "결국에 나는 내 주변의 모든 일들에 싫증을 느끼게 됐다"고 그는 얘기합니다. 그의 책에는 '증권분석가들을 사로잡는 법'에 관한 챕터는 있어도 회사를 꾸려나가는 방법에 대한 내용은 찾아볼 수 없지요. 즉, 던랩에게 사업이란 언제나 자신의 천재성을 입증하는 것에 불과했다는 얘기입니다.

그러다가 1996년, 던랩은 가전제품 회사 선빔을 맡게 됐습니다. 자신의 별명인 '전기톱 앨버트'의 스타일대로, 그는 선빔의 공장 중 2/3를 폐쇄하거나 매각했고, 1만 2,000명 직원 중 절반을 해고했지요. 아이러니하게도 그로 인해 선빔의 주가가 치솟는 바람에 회사를 매각하려던 그의 계획이 수포로 돌아갔습니다. 누가 선뜻 사겠다고 나서기에 너무 비싼 기업이 돼버린 것이죠! 이런, 이제 그는 회사를 경영해야만 했습니다. 회사가 수익을 내도록, 아니 적어도 수익을 내는 것처럼 보이도록 유지해야 했던 거죠. 하지만 직원들의 목소리에 귀를 기울이거나 뭘 해야 할지 배우는 대신, 그는 회사의 수익을 부풀리고, 자신에게 의문을 제기하는 사람들을 해고했으며, 점점 심각해지는 회사의 문제들을 덮으려 했습니다. 자신의 책에서 스스로 슈퍼스타라고 자랑한 지 2년도 채 지나지 않아(그리고 자화자찬의 도가 더 심해진 개정판을 낸 지 1년이 지난 후에) 던랩은 무너졌고 회사에서 쫓겨났습니다. 그가 떠날 때 선빔은 증권거래위원회의 조사를 받는 중이었고 17억 달러에 달하는 은행 융자를 갚지 못할 것이란 평가를 받는 상태였습니다.

던랩은 마이클 조던과 브루스 스프링스틴에 대해 뭔가 단단히 오해하고 있었습니다. 이 두 슈퍼스타는 모두 정점에 달한 뒤에도, 노력을 게을리하지 않고 도전에 맞서며 계속 성장했기에 오랫동안 그 자리를 유지할 수 있었습니다. 하지만 던랩은 자신이 선천적으로 우수한 사람이라고 여겼기에, 자신을 성공하게끔 해줄 배움 따위는 아예 안중에도 없었던 거죠.

가장 똑똑한 사람들의 몰락

아이아코카에서 출발해 1990년대의 거물들을 다루자면, 엔론의 리더였던 케네스 레이와 제프리 스킬링을 다루지 않을 수 없지요.

엔론의 창립자이자 회장, 그리고 CEO였던 케네스 레이는 자신을 위대한 선지자라고 여겼습니다. 《방에서 가장 똑똑한 사람들(The Smartest Guys in the Room)》(국내 출간명 《엔론 스캔들》)을 저술한 베서니 맥린(Bethany McLean)과 피터 엘킨드(Peter Elkind)에 따르면, 레이는 실질적으로 회사를 경영하는 사람들을 마치 왕이 노예를 부리듯이 깔보았다고 합니다. 엔론의 대표인 리치 카인더마저도 말입니다. 카인더는 팔을 걷어붙이고 회사가 목표 수익을 달성할 수 있도록 노력했고, 덕분에 레이는 화려한 생활을 즐길 수 있었습니다. 카인더는 또한 회사 수뇌부 중에서 유일하게 자신들이 스스로를 망치고 있는 건 아닌지 끊임없이 자문했던 인물이기도 했습니다.

그러니 카인더는 엔론에서 오래 버틸 수 없었습니다. 하지만 합리적이고 현명했던 그는 엔론의 자산 중에서 가장 가치 있는 것 하나를 사서 회사를 떠납니다. 바로 엔론이 업신여기던 자산, 송유관이었죠. 2003년 중반에 카인더가 세운 회사의 시장 가치는 70억 달러에 이르렀습니다.

레이는 제왕적 태도와 시각에 사로잡혀 있었지만 그럼에도 자신이 존경심과 고결함을 가진 '훌륭하고 사려 깊은 사람'으로 보이길 원했지요. 심지어 엔론이 희생자들의 고혈을 신나게 빨아먹고 있을 때조차 그는 직원들에게 이렇게 공표했습니다. "우리 회사에는 무자비함, 냉혹함, 오만함 따위는 발붙일 곳이 없습니다. 우리는 고객들을 진실하고 정직하며 열린 자세로 대합니다." 아이아코카 등의 사람들이 그랬듯, 세상의 평판, 특히 주로 월스트리트에서의 평판만이 중요했습니다. 현실이 어떤지는 중요하지 않았죠.

그런 레이의 곁에는, 리치 카인더의 뒤를 이어 COO(최고운영책임자) 자리를 승계받았다가 후에 CEO가 된 제프리 스킬링이 있었습니다. 스킬링은 아주 똑똑한 사람이어서, 주변으로부터 '내가 만나본 사람 중 가장 똑똑한 사람'이나 '눈부실 정도로 뛰어난 사람'이라는 평을 들을 정도였지요. 하지만 그는 자신의 지능을 배움이 아니라 타인을 협박하는 데 사용했습니다. 누구든 자신보다 덜 똑똑하다고 여기는 사람에게는(예외가 없을 정도로 항상 그랬지만) 함부로 대했죠. 그리고 자신에게 동의하지 않는 사람들은 그저 자신의 의견을 이해할 만큼 똑똑하지 못한 사람이라고 여겼습니다.

그가 아주 어려운 시기를 겪을 때 스킬링을 돕기 위해 뛰어난 경영 능력을 갖춘 공동 CEO가 투입되었지만, 스킬링은 그를 업신여겼죠. "론은 당최 이해를 못 해." 금융분석가나 월스트리트 증권거래업자들이 추가적인 설명을 요구할 때도 그는 그들을 바보처럼 취급했습니다. "자, 이렇게 쉬운 걸 어떻게 이해를 못 할 수 있죠?" 그럼 대부분의 경우 월스트리트 사람들은 자신의 지적 능력이 의심받을까 염려한 나머지, 스스로 이해했다고 믿어버리곤 했습니다.

타고난 천재로서 스킬링은 자신의 생각을 절대적으로 신뢰했습니다. 자신이나 자신의 사람들이 수익을 낼 만한 아이디어를 갖는 순간 바로 엔론이 수익을 내야 한다고 믿을 정도로 자신의 아이디어를 애지중지했지요. 고정 마인드셋의 과격한 확대 적용이라고 할 수 있습니다. 나의 천재성이 나를 규정할 뿐 아니라, 나라는 사람의 가치까지 입증한다고 믿는 겁니다. 또한 그 천재성은 자신의 회사마저도 규정하고 입증하며 가치를 창출해내지요. 즉, 천재성이 곧 회사의 수익, 그 자체인 겁니다!

그리고 실제로 엔론은 이런 생각을 바탕으로 운영됐습니다. 맥린과 엘킨드에 따르면, 엔론은 "실제로는 아직 한 푼도 벌지 못한 상태에서도 수백만 달러의 이익을 냈다고 장부에 기록"했습니다. 물론 그런 창조적인 조작을 한 뒤에는 실제 결과가 어떻게 나왔는지에 대해 누구도 신경 쓰지도 않았지요. 그건 그리 중요한 일이 아니었거든요. 결국 수익은 전혀 발생하지 않았습니다. 천재성이 곧 수익과 동의어이기에 엔론의 사람들이 서로 경쟁하느라 수백만 달러를 낭비해도 상관없었습니다. 엔론의 임원이었던 아만다 마틴은 "당신 스스로를 속이는 것이 곧 창조성과 위대함의 증거였다"고 말했을 정도입니다.

아이아코카처럼 스킬링은 자신이 단지 남들보다 똑똑할 뿐 아니라 운도 더 좋다고 생각했지요. 엔론의 내부자들에 따르면 그는 어떤 불리함이든 극복할 수 있다고 믿었습니다. 어느 것 하나 잘못된 게 없는데, 굳이 자신에게 약점이 있다고 여겨할 이유가 뭐가 있었겠습니까? 스킬링은 여전히 엔론에 잘못이 있었다는 점을 인정하지 않고 있습니다. 세상이 이해하지 못했다고 생각할 뿐이겠지요.

천재들 간의 전쟁

타고난 천재들은 AOL과 타임워너 역시 거의 무너뜨릴 뻔했지요. 고정 마인드셋의 소유자였던 두 사람, AOL의 스티브 케이스와 타임워너의 제리 레빈은 서로의 회사를 합병했습니다. 과연 어떤 일이 벌어졌을까요?

케이스와 레빈에게는 공통점이 많았습니다. 둘 다 자신이 엄청난 지능의 소유자라는 점을 뽐냈지요. 또 둘 다 자신의 탁월함을 이용해 사람들을 위협했습니다. 그리고 실제 자신의 가치보다 더 높은 명성을 누린 사람들로 알려져 있지요. 타고난 천재였기에 남들의 불평불만을 들으려고 하지 않았고, '팀 플레이어'가 아닌 사람들, 즉 자신들이 세워놓은 기준을 참아내지 못하는 사람을 해고할 준비가 되어 있다는 면에서도 같았습니다.

합병이 진행될 당시, AOL은 전에 파산 위기에 처한 회사를 인수한 탓에 상당한 부채를 안고 있었습니다. 이 두 CEO가 새로 만든 회사를 살리기 위해 서로 힘을 모아 전력을 다했을까요? 물론, 아닙니다. 그러는 대신, 레빈과 케이스는 각자의 권력을 위해 다투었습니다.

먼저 쓰러진 쪽은 레빈이었죠. 하지만 승리 후에도 케이스는 상황 개선을 위해 노력하지 않았습니다. 오히려 새로운 CEO 리처드 파슨스가 AOL을 구하기 위해 사람을 파견하려고 하자, 케이스는 극렬히 반대했지요. 만약 자신 아닌 누군가가 AOL의 문제를 해결한다면 그가 명성을 얻을 것이 뻔하니까요. 아이아코카처럼, 자신의 왕관을 타인에게 넘겨주느니 차라리 회사가 망해버리는 게 낫다고 생각한 겁니다. 결국 사퇴 압박을 받았을 때도 그는 폭주했습니다. 아이아코카와 마찬가지로 회사의 문제에 대한 책임이 전혀 없다고 잡아떼면서 오히려 자신에게 등을 돌린 이들에게 이를 갈았지요.

이 타고난 천재들 탓에 AOL 타임워너는 2002년, 거의 1,000억 달러에 달하는 손실을 입었습니다. 미국 역사상 단일연도 최대 손실액을 기록한 것이지요.

"나는 천하무적의 권력자"

아이아코카, 던랩, 레이와 스킬링, 케이스와 레빈. 이들은 고정 마인드셋을 가진 사람들이 회사를 책임지는 위치에 올랐을 때 어떤 재앙이 발생할 수 있는지 잘 보여줍니다. 각각의 경우 모두, 뛰어난 한 사람이 자신과 자신의 재능이 다른 모든 것보다 우월하다고 생각했기 때문에 회사를 위기에 몰아넣었지요. 일반적인 의미에서 그들을 '악한 사람'이라고는 할 수 없을 겁니다. 남에게 피해를 입힐 의도를 가졌던 건 아니었으니까요. 하지만 중대한 결정의 순간, 그들은 회사의 장기적인 목표보다 자신의 만족과 평판을 더 중시했습니다. 다른 사람들을 비난하고, 자신의 실수를 덮고, 거짓으로 주가를 조작하고, 라이벌과 비판자를 공격하고, 힘없는 이들을 겁박하기. 이것이 그들의 일상적인 경영방침이었던 겁니다.

여기서 주목할 점은, 자신의 회사를 파멸로 몰고 가면서도 이 리더들 모두가 자신을 천하무적, 난공불락의 존재라고 여겼다는 것입니다. 대부분의 경우 아주 경쟁이 치열하고 라이벌의 맹공에 맞서야 하는 산업군이었는데도 말이죠. 하지만 그들은 전혀 다른 현실, 개인의 위대함과 자격만이 중시되는 세상에서 살았습니다. 케네스 레이는 자신이 무엇이든 누릴 자격이 있다고 여겼지요. 엔론으로부터 연간 수백만 달러의 보수를 받았음에도 그는 회사로부터 엄청난 개인 융자를 받고, 친척들에게 일자리와 일감을 몰아줬으며, 회사 비행기를 가족 전용기처럼 썼습니다. 또 아이아코카 역시 크라이슬러가 위기를 겪고 있는 동안에도 회사 엘리트들을 위해 호화판 크리스마스 파티를 열었죠. 파티 때마다 그는 '왕'으로서 스스로에게 값비싼 선물을 선물했고, 그 비용은 나중에 임원진들이 내도록 했습니다. AOL의 어느 전직 직원은 AOL 임원진들에 대해 "그들은 무엇이든 할 권리가 있다고 생각하는 사람들"이었다고 말했지요.

이처럼 자신을 온갖 화려한 치장으로 감싸고, 주변을 아첨꾼들로 채우고, 각종 문제로부터 숨어버렸으니 이 리더들이 자신을 천하무적이라고 여겼던 것도 당연합니다. 그들의 고정 마인드셋이 왕의 총명함과 완벽함이 항상 입증되는 마법의 세계를 창조해낸 겁니다. 이런 마인드셋 안에서 그들은 완벽한 존재가 될 수 있었습니다. 그러니 굳이 그 세계에서 벗어나 결점과 실패가 가득한 추한 현실을 마주하려 할 이유가 뭐가 있었겠습니까?

모건 맥콜은 자신의 책《야심가들(High Flyers)》에서 이렇게 지적합니다. "불행히도 사람들은 종종 자신의 성장을 방해하는 것들에 빠진다. 당장의 극적인 결과를 이루기 위해 자신의 권력을 사용하길 좋아한다. 그럼으로써 나중에 필요할 새로운 기술을 발전시키지 못한다고 하더라도. 모두에게서 좋은 평판을 듣는다고 믿으려 하고, 자신의 약점을 심각하게 받아들이지 않는다. 나쁜 소식이나 비판을 들으려 하지 않는 것이다. 새로운 것에 도전하려는 시도는 대단히 위험하다고 여긴다." 그리고 고정 마인드셋이 그 시도가 훨씬 더 위험해 보이도록 만들지요.

잔혹한 보스들

맥콜은 이어서 리더들이 자신을 타인보다 본래 더 잘난 사람이라고 생각하면, 자신보다 못한 사람들은 무시해도 된다고 믿기 시작한다는 점도 지적하지요. 앞서 말한 고정 마인드셋 리더들 중 누구도 약자를 배려하는 태도를 보이지 않았고, 대부분은 회사의 위계질서에서 자신보다 아래에 있는 사람들을 대놓고 업신여겼습니다. 이런 생각은 과연 어떤 결과로 이어지게 될까요? 이런 보스들은 '바짝 정신 차리게 한다'는 명목으로 직원들을 학대했습니다.

아이아코카는 임원들과 고통스러운 게임을 벌여 괴롭혔습니다. 타임워너의 제리 레빈은 동료들 사이에서 잔혹한 로마 황제 칼리굴라에 비유되곤 했고요. 스킬링은 자신보다 똑똑하지 못한 사람들을 심하게 조롱한 것으로 유명하지요. 기업 리더십 전문가 하비 혼스타인(Harvey Hornstein)은 《잔혹한 보스들(Brutal Bosses)》이라는 책에서 이런 종류의 권력 남용은 부하직원들을 희생시켜 자신의 권력, 능력, 가치에 대한 확신을 강화하려는 욕망을 반영한다고 썼습니다. 우리의 연구 중에서도 고정 마인드셋을 가진 사람들은 자신보다 못한 사람과 스스로를 비교하기 원했지요. 원칙은 같지만, 중대한 차이점이 하나 있습니다. 바로 그 보스들은 사람들을 심하게 망칠 수 있는 권력을 가졌다는 점이지요. 그리고 그들은 그렇게 함으로써 자신에 대해 더 좋은 기분을 느꼈습니다.

보스가 직원들에게 모욕감을 안겨주면, 조직 곳곳에서 변화가 발생하기 시작합니다. 모든 것이 오직 보스를 기쁘게 해주는 일 중심으로 돌아가는 거지요. 짐 콜린스는 《좋은 기업을 넘어 위대한 기업으로》에서 비교집단에 든 기업들(위대한 기업에 이르지 못했거나, 다시 쇠락해버린 기업들) 중 대부분은, 리더가 직원들의 주된 걱정거리였다는 점을 지적했지요. "리더가 직원들로

하여금 실제 현실에 대해 걱정하게 하기보다 리더 자신을 걱정하게끔 만들어 버리는 순간, 평범한 기업, 또는 '평범'에도 미치지 못하는 기업으로 전락시키는 것이다."

1960년대와 1970년대 체이스맨해튼은행은 지배욕이 과했던 리더, 데이비드 록펠러가 이끌고 있었습니다.《성공하는 기업들의 8가지 습관(Built to Last)》을 쓴 짐 콜린스와 제리 포라스에 따르면, 록펠러의 부하직원들은 하루하루를 그에게 승인을 받지 못할까봐 두려워하며 보냈다고 합니다. 하루가 저물 때면 "휴! 오늘도 무사히 하루가 지났군"이라고 안도의 한숨을 내쉬면서 말이죠. 그의 전성기가 한참 지난 다음에도 고위 간부들은 "록펠러가 좋아하지 않을 것"이라는 이유로 새로운 사업 아이디어를 거절했다고 하죠. 역시 콜린스와 포라스가 전하는 바에 따르면, 컴퓨터 브랜드 버로스(Burroughs)의 레이 맥도널드는 공개적으로 직원들의 실수를 조롱함으로써 회사의 혁신을 저해했습니다. 그 결과 컴퓨터 산업 초창기에는 IBM을 앞서던 버로스는 결국 업계에서 밀려나게 됐습니다. 컴퓨터 산업의 초창기를 이끌던 또 다른 기업 텍사스 인스트루먼츠(Texas Instruments)에서도 비슷한 일이 벌어졌습니다. 이 회사의 회장이었던 마크 셰퍼드와 프레드 부시는 직원들의 프레젠테이션이 마음에 들지 않으면 소리 지르고, 테이블을 치고, 발표자를 모욕하고, 물건들을 집어던졌습니다. 그러니 그 밑의 직원들이 진취적인 기상을 갖는다는 건 꿈도 못 꿀 일이었죠.

보스들이 부하직원들을 공공연히 지배하고 학대하면, 직원들은 고정 마인드셋으로 내몰리게 됩니다. 즉 모두가 학습, 성장, 회사의 발전에 대한 고민이 아닌 '자신이 혹시 혼나지 않을까' 하는 걱정만 하기 시작한다는 겁니다. 처음에는 보스만이 평판을 걱정하지만, 결국 전 직원들이 평판에 대한 두려움에 휩싸이게 되지요. 회사 전체에 고정 마인드셋이 만연해 있다면,

'용기'나 '혁신' 같은 가치들은 살아남기 어렵습니다.

성장 마인드셋을 가진 리더들

앤드류 카네기는 일찍이 이렇게 말했습니다. "내 묘비에 '여기에 자신보다 더 똑똑한 사람들을 거둘 줄 알 정도로 현명한 사람이 잠들다'라는 글귀가 새겨졌으면 한다."

자, 고정 마인드셋은 사람을 너무 숨 막히게 하니, 창문을 열고 상쾌한 공기를 좀 마셔볼까요. 고정 마인드셋을 가진 리더들은 아무리 세계를 돌아다니며 유명인사들을 만나더라도 좁고 한정된 자신의 세계에서 벗어나지 못합니다. 그들의 마음이 항상 "나를 입증해야 해!"라는 한 가지에만 집착하고 있기 때문이죠.

하지만 성장 마인드셋을 가진 리더들의 세계에 들어서면 모든 것이 달라집니다. 더 밝고 크며, 긍정적인 에너지로 가득 차 있는 세상입니다. 아마도 당신은 '와, 이것 참 재밌네!' 하는 느낌을 받을 겁니다. 저는 한 번도 기업을 운영하고 싶다는 생각을 가진 적이 없었지만, 이런 리더들의 성과에 대해 알면 알수록 세상에서 가장 흥미로운 일처럼 느껴졌지요.

고정 마인드셋 리더들의 극단에 서 있는 이런 리더들 중에서 저는 3명을 골랐습니다. 우선 GE의 잭 웰치를 고른 이유는, 그가 겸손하며 성장 마인드셋을 가진 전형적인 유형의 사람이 아니라 자존심이 강한 영웅 유형의 리더였기 때문입니다. 또 저는 이른바 기업 회생 전문가인 앨버트 던랩과 대비되는 두 인물, IBM을 구한 루 거스트너(Lou Gerstner)와 제록스를 회생시킨 앤 멀케이(Anne Mulcahy)를 선택했습니다.

잭 웰치, 루 거스트너, 앤 멀케이가 매력적인 이유는 그들이 회사를 변모시켰기 때문입니다. 그들은 고정 마인드셋을 뿌리 뽑고 그 대신 성장 마인드셋과 팀워크 문화를 확산시켜 그 변화를 이뤄냈지요. 거스트너가 IBM에 한 일을 보면, 마치 엔론이 성장 마인드셋의 성지(聖地)로 변모하는 듯한 느낌입니다.

성장 마인드셋을 가진 리더인 그들은, 자신과 직원들의 잠재력과 발전 가능성에 대한 믿음을 갖고 있었습니다. 자신의 위대함을 돋보이게 할 견인차로서 회사를 이용하는 대신, 그 위대함을 자신과 직원, 그리고 기업 전체를 위한 성장 동력으로 활용했지요.

워렌 베니스는 이리저리 좌충우돌하지만 정작 한 걸음도 제대로 나아가지 못하는 보스들이 너무 많다고 지적했습니다. 하지만 이들은 그런 리더들이 아니었죠. 자신의 왕좌 따위에 대해서는 입에 올리지 않았습니다. 그들은 여정에 대해 얘기했습니다. 포용적이고, 배움으로 가득한, 흥겨운 여정에 대해서 말입니다.

잭 웰치 : 인재를 기르는 리더

1980년 잭 웰치가 GE를 맡았을 때 회사의 가치는 140억 달러였습니다. 그리고 20년 후 월스트리트는 GE의 가치를 4,900억 달러라고 평가했지요. 당시 세계에서 가장 가치가 높은 회사였습니다. 〈포춘〉지는 웰치를 이렇게 평했지요. "그는 동시대에 가장 널리 존경받고, 연구되고, 모방되는 CEO이다. 그가 재계에 미친 영향력은 정확히 측정하기 어렵지만, 적어도 그가 GE에서 보인 성과보다는 훨씬 클 것이다."

하지만 제게는 이런 평가보다 인튜이트(Intuit)의 CEO 스티브 베넷이 〈뉴욕타임스〉에 쓴 칼럼이 훨씬 더 인상적이었습니다. "나는 GE에 근무하는 동안 잭 웰치로부터 직원들을 양성하는 법을 배웠습니다. 그는 업무 현황 파악을 위해 일선에서 근무하는 직원들을 직접 찾아갔지요. 1990년대

초에는 루이빌에 있는 냉장고 공장에 온 웰치를 보았습니다. 그는 조립라인에서 일하는 직원들에게 다가가 그들의 얘기를 들었지요. 나도 일선 직원들과 CEO와의 대화를 자주 합니다. 바로 잭으로부터 배운 겁니다."

이 일화는 상당히 많은 것을 시사하고 있습니다. 잭은 분명 바쁜 사람이었을 겁니다. 그것도 아주 중요한 일들로 바쁜 사람이었지요. 하지만 그는 고급 사무실에서 흰 제복을 입은 웨이터들에 둘러싸여 있던 아이아코카와는 달랐습니다. 웰치는 공장을 방문해 직원들의 이야기를 듣는 일을 결코 멈추지 않았습니다. 그들은 웰치가 존경하고, 배우고, 그 결과 좋은 직원으로 성장하는 사람들이었습니다.

그리고 위대한 내가 아닌 팀워크에 대한 강조가 숨어있지요. 웰치 자서전에서 '감사의 말'과 '저자의 말'만 읽어도 당신은 뭔가 다르다는 걸 눈치챌 수 있을 겁니다. 리 아이아코카의 "나는 영웅이다"나 알프레드 던랩의 "내가 슈퍼스타다"와는 분위기가 사뭇 다릅니다. 잭 웰치야말로 그런 얘기를 쉽게 할 수 있을 정도의 성취를 이룬 사람인데도 말입니다.

그 대신 그는 이렇게 적었습니다. "나는 1인칭 시점에서 이 자서전을 쓰고 싶지 않습니다. 내가 살면서 이룬 거의 모든 일들은 다른 사람들과 함께한 것들이기 때문이죠. 부디 이 책에서 '나'라는 단어를 보게 될 때마다 내 동료나 친구, 또는 내가 놓쳤을지도 모르는 사람들을 가리키는 말이라고 생각해 주길 바랍니다." 또 이런 말도 있습니다. "이 사람들은 내 여정을 엄청난 즐거움과 배움으로 채워줬습니다. 그들은 자주 나를 원래의 나보다 더 낫게 보이도록 만들어 줬지요." 자신을 입증하기에 급급한 CEO들이 '나', '나', '나'를 강조했던 것과 달리, 성장 마인드셋을 가진 리더들은 '우리'라는 표현을 사용하는 점이 벌써 다르지 않나요?

재미있는 점은, 웰치가 회사에서 고정 마인드셋을 뿌리 뽑기에 앞서 우선 자기 자신에게서 먼저 지워야 했다는 사실입니다. 그리고 믿기지 않게도, 그렇게 되기까지 웰치에게는 오랜 세월이 필요했습니다. 그가 항상 성장 마인드셋 리더의 모습을 보인 건 아니었다는 말이죠. 1971년 웰치가 승진 대상으로 고려되고 있을 때, GE의 인사부장이 그에 대한 경고성 보고서를 회사에 제출했습니다. 그는 웰치가 여러 장점을 가졌지만, 웰치를 승진시키는 데는 "평균 이상의 위험이 수반된다"고 썼습니다. 그는 웰치가 오만하고, 비판을 받아들일 줄 모르며, 노력과 부하직원들의 뒷받침보다는 자신의 재능에 너무 의존한다고 했지요. 결코 좋은 신호는 아니었습니다.

운 좋게도, 성공에 너무 도취될 때마다 웰치는 자신을 깨우쳐 주는 경고를 받았습니다. 젊은 시절 어느 날, 그는 멋진 옷을 차려 입고 새로 구입한, 지붕 덮개를 접었다 폈다 할 수 있는 컨버터블 승용차에 올랐습니다. 그런데 덮개 버튼을 누르자마자 검고 더러운 기름이 튀어나와 옷과 사랑스러운 차까지 망쳐놓은 겁니다. "그때 나는 일종의 허세에 물든 상태였는데, 그렇게 한방 먹고는 현실로 돌아왔죠. 아주 위대한 교훈을 얻은 셈입니다."

'너무 건방졌던 나'라는 제목의 챕터는 그가 기업 인수를 진행하면서 자신은 어떤 잘못도 저지를 수 없다고 믿었던 때에 대한 이야기를 하고 있습니다. 당시 그는 엔론과 비슷한 문화를 가진 월스트리트의 투자은행 키더피바디를 사들였지요. 그 인수는 GE에 수억 달러의 손실을 안겨준 재앙이었습니다. "키더 인수 경험은 이후로도 절대 잊히지 않았습니다. 그로 인해 자신감과 자만심은 종이 한 장 차이라는 걸 알게 됐지요. 이번에는 자만심이 이겼지만 내게 잊지 못할 교훈을 남겼습니다."

그가 배운 것은, 진정한 자신감이란 "열린 자세를 갖는 것, 근원이 어디든 변화와 새로운 아이디어라면 받아들이는 용기"라는 점이었습니다. 진정한 자신감은 직함이나 비싼 양복, 멋진 차나 기업 인수로 나타나지 않지요. 그건 당신의 마인드셋, 바로 '기꺼이 성장하려는 마음가짐'으로 드러나는 겁니다.

자, 겸손이 출발점이라면, 경영 능력은 어땠을까요? 웰치는 경험으로부터 자신이 되고자 하는 관리자의 유형에 대해 점점 더 알게 됐습니다. 판단하는 사람이 아닌 안내자로서, 성장 중심의 마인드를 가진 관리자가 되려 했지요. GE의 젊은 엔지니어였던 시절, 그는 자신이 일하던 빌딩 지붕을 날려버릴 정도로 큰 폭발 사고를 일으켰습니다. 그는 그 일로 큰 충격을 받았고, 상사에게 해명하고 징계를 받기 위해 160km 떨어진 본사를 향해 운전해갔지요. 하지만 본사에 도착해 그가 받은 처분은 이해와 지원이었습니다. 그는 절대 당시의 일을 잊지 않았죠. "찰리의 반응은 내게 깊은 인상을 남겼습니다. 어떤 실수에 대해 자책하는 좋은 직원을 관리할 때, 우리의 일은 거기서 벗어나도록 돕는 일인 겁니다."

그는 사람을 '혈통'이 아니라 마인드셋을 보고 뽑는 법도 배웠습니다. 원래 그는 학력을 중요시하는 사람으로, MIT, 프린스턴, 캘리포니아공대 출신의 엔지니어들을 뽑았죠. 하지만 어느 정도 시간이 지나자, 그는 학력이 중요한 것이 아니라는 점을 깨닫게 됐습니다. "결국 내가 진정 찾는 인재는 일을 완성시키겠다는 열정과 열망이 가득한 사람이었습니다. 하지만 이력서로는 그 사람이 가진 갈망을 잘 알 수 없었죠."

그러다가 웰치에게 CEO가 될 기회가 찾아왔습니다. 3명의 지원자들은 당시의 CEO에게 자신이 최적의 지원자임을 증명해야 했죠. 웰치는 자신의 성장 가능성에 무게를 두었습니다. 자신이 천재라거나 가장 뛰어난 리더라는 식으로는 주장하지 않았죠. 대신 계속 발전하겠다고 약속했습니다. 그리고 그 자리에 올라 자신의 약속을 지켰죠.

우선 그는 솔직한 피드백을 구하기 위한 대화 채널을 열었습니다. 임원진들에게 그들이 회사에 대해 좋아하는 점과 싫어하는 점, 그리고 변화가 필요하다고 생각하는 점을 물었죠. 저런, 그 임원들이 얼마나 놀랐겠어요. 사실 그들은 그동안 보스의 비위를 맞추는 데만 익숙한 나머지 그런 질문에 답할 준비조차 돼 있지 않았지요. 그래서 웰치는 선언합니다. "이 회사가 추구하는 것은 성장이지, 개인의 자만심이 아니다"라고요. 그는 앞에서 다뤘던 고정 마인드셋 리더들과는 정반대로 엘리트주의를 배격했습니다. 어느 날 저녁, 웰치는 날고 긴다는 GE의 쟁쟁한 엘리트 임원들이 모인 클럽에서 연설을 하게 됐어요. 그들은 웰치가 자신들의 뛰어남을 치하하지 않는 데 충격받았습니다. 웰치는 이렇게 말했지요. "나는 당신들이 하는 일에서 어떤 가치도 찾아볼 수 없습니다." 대신 그는 그 엘리트 임원들에게 그들 자신과 회사를 위해 더 합당한 역할이 무엇일지 생각해 보라고 주문했습니다. 한 달 뒤, 그 클럽의 회장이 새로운 아이디어를 들고 웰치를 찾아왔습니다. 클럽을 지역사회 자원봉사단으로 변화시키겠다는 것이었죠. 그렇게 모든 직원들에게 문호를 개방한 이 프로그램은 20년 후, 4만 2,000명의 회원을 거느리게 됩니다. 그들은 도심지역 학교와 공원, 운동장과 도서관 등 도움이 필요한 곳에서 멘토링 프로그램을 운영했습니다. 이제 각자의 이기심이 아니라 서로의 성장에 공헌하는 조직이 된 것이죠.

또 그는 악랄한 보스들을 내쫓았습니다. 아이아코카는 직원들의 생산성을 높이기만 한다면 잔혹하게 구는 보스들을 용인하고 심지어 칭찬하기까지 했지요. 그게 수익 창출에 유리했기 때문입니다. 웰치는 자신도 역시 과거에 그런 식으로 생각했다는 점을 인정했습니다. 그러나 그가 꿈꾸는 조직에서는 결코 그런 일을 용납하지 않았죠. 500명의 관리자들 앞에서 그는 이렇게 말했습니다. "왜 작년에 좋은 수익을 낸 4명의 간부들을 해고했는지 그 이유를 설명하겠습니다. 그들을 떠나보낸 이유는 회사의 가치를 실천하지 않았기 때문입니다." 생산성을 제고하는 방법이 이제 공포가 아닌 멘토링으로 바뀐 겁니다.

그리고 웰치는 천재적인 개인들보다는 팀워크에 대해 보상을 주었습니다. 오랫동안 GE는 엔론처럼 아이디어를 창안한 개인에게만 큰 보상을 했지만, 이제 웰치는 그 아이디어를 실행에 옮긴 팀에 보상하고자 한 것입니다. "그 결과, 리더들은 실적을 혼자만 챙기려 하지 않고 자신의 팀과 아이디어에 대한 공을 나누려 하게 됐습니다. 그건 직원들 간의 관계에 있어서 엄청난 변화를 일으켰지요."

잭 웰치는 완벽한 인간은 아니었지만, 성장하기 위해 모든 것을 헌신했습니다. 이 헌신은 자신의 이기심을 계속해서 점검하게 했고, 현실감각과 자신의 인간적인 면모를 잃지 않게 해주었지요. 결국 덕분에 그의 여정은 성공할 수 있었고 수천 명의 사람들을 행복하게 만들었습니다.

루 거스트너 : 고정 마인드셋을 몰아내다

1980년대 후반, IBM은 엔론과 같은 처지가 됐지만, 한 가지만은 달랐습니다. 이사회가 IBM에 문제가 있다는 점을 알고 있었다는 것이죠.

그 문제는 잘난 체하는 문화와 엘리트주의였습니다. 회사 내에 '우리는 고귀하다. 특히 나는 너보다 더 고귀하다'는 식의 낡은 분위기가 팽배해 있었습니다. 팀워크는 찾아볼 수 없었고, 세력 싸움만이 난무했죠. 거래가 이뤄져도 사후관리가 안 됐고, 고객에 대한 배려도 없었고요. 하지만 사업이 순탄하게 흘러갔다면 누구도 이 문제에 신경 쓰지 않았을 겁니다.

1993년 이사회는 루 거스트너에게 CEO 자리에 앉아달라고 청했습니다. 루는 거절했죠. 하지만 그들은 다시 요청했습니다. "당신은 미국에 빚을 지고 있어요. 우리는 클린턴 대통령에게, 당신에게 전화를 걸어서 CEO를 맡으라고 얘기해 달라고 요청할 겁니다. 제발, 제발, 제발 부탁합니다. 우리는 바로 당신이 아메리칸 익스프레스와 RJR(식품기업)에서 만들었던 전략과 문화가 필요합니다."

결국 루는 그 제안을 받아들였습니다. 비록 자신조차도 그 이유는 정확히 기억 못 하시만 말이죠. 어쨌든 이렇게 해서 IBM은 이제 개인의 성장 가능성을 믿고, 그 성장을 뒷받침할 기업 문화를 창조할 수 있다고 생각하는 리더를 얻게 된 겁니다. 그럼 그는 어떻게 IBM에서 그런 문화를 만들어 냈을까요?

우선, 잭 웰치가 그랬듯이, 루는 회사의 상하 커뮤니케이션 채널을 열었습니다. 부임한 지 6일째 되는 날 그는 IBM 전 직원에게 보내는 서한을 통해 이렇게 말했지요. "앞으로 몇 달 동안, 나는 사무실과 현장을 최대한 많이 방문할 계획입니다. 그리고 가능할 때마다 여러분을 만나 회사를 부강하게 만들 방법에 대해 함께 이야기하겠습니다."

그리고 그는 후에 자신의 책을 직원들에게 헌정했습니다. "이 책을 자신의 회사, 동료, 그리고 스스로를 절대 포기하지 않은 수천 명의 IBM 직원들에게 바칩니다. 그들은 IBM을 재창조한 진정한 영웅들입니다."

그리고 웰치와 마찬가지로 엘리트주의도 배격했습니다. 엔론처럼 IBM도 회사 내에서 개인의 위상을 높이기 위해 다투는 문화가 만연해 있었죠. 거스트너는 IBM 임원진들의 궁극적인 권력기관인 경영위원회를 해체했고, 종종 상층부 이외의 곳에서 전문지식에 대한 조언을 구하기도 했습니다. 성장 마인드셋을 가진 사람은, 선택된 소수만이 경청할 만한 아이디어를 가졌다고 생각하지 않기 때문이죠. "내게 고위층이란 별 의미가 없는 말입니다. 회의에는 직위에 관계없이 문제 해결을 도울 수 있는 사람이라면 누구나 참석할 수 있습니다."

그 다음으로 팀워크 문제를 해결했습니다. 회사 내에서 음모나 일삼던 정치적 성향의 직원들을 해고했고, 동료를 돕는 직원들을 포상했지요. IBM의 판매부서들이 각자 계약을 따내기 위해 고객 앞에서 서로를 헐뜯는 일도 금지시켰고요. 임원들의 보너스도 개별 실적이 아니라 IBM 전체 성과를 근거로 지급하기 시작했습니다. 이 모든 일들이 전하는 메시지는 이것이었죠. '우리는 뛰어난 소수의 왕자를 찾는 게 아니다. 우리는 팀으로 일해야 한다.'

IBM에서는 계약을 따내는 일만 주목받고, 그 외의 일들에는 관심이 없는 점 역시 엔론과 비슷했습니다. 계약과 결정을 끝까지 완수하지 못하는 사례가 너무 많았고, 또 회사도 그에 대해 별 질책을 하지 않는 분위기에 거스트너는 질겁했습니다. 그는 업무 수행 방식을 개선하라고 주문하고 독려했지요. 이것은 직원들에게 '천재가 되는 걸로는 부족하다. 회사는 일의 완수를 원한다'는 메시지를 전했습니다.

마지막으로 거스트너는 고객에 집중했지요. IBM의 고객들은 배신감과 분노를 느끼고 있었습니다. IBM이 그들의 컴퓨터에 필요한 서비스를 제대로 제공해주지 못하고 있었거든요. 또 고객들은 가격도 마음에 들지 않았고, IBM의 관료주의적 태도에 낙담했으며, 고객들의 시스템 통합을 돕지 않는 정책에 짜증이 난 상태였죠. 미국 대기업 최고정보책임자들 175명이 모인 회의에서, 거스트너는 이제 IBM은 고객 최우선 정책을 펼칠 것이라고 공언했습니다. 그리고 컴퓨터 가격을 확 낮춘다는 발표로 자신의 발언을 뒷받침했죠. 이 선언은 '우리는 세습 왕족 따위가 아니다. IBM은 고객의 만족을 위해 봉사한다'는 메시지를 의미했습니다.

부임 후 첫 3달을 동분서주하며 고되게 보냈지만, 월스트리트로부터 받아든 거스트너에 대한 통지표는 비관적이었습니다. "IBM의 주가가 그대로

인 이유는, 그가 아무것도 한 일이 없기 때문"이라는 내용이었죠.

하지만 거스트너는 이런 비난에도 흔들림 없이 자신의 귀족 퇴치 정책을 이어나갔고, 빈사 상태에 빠진 IBM을 구해냈습니다. 마치 전력질주하는 단거리 경주 같았죠. 만약 던랩이었다면 이쯤에서 자기 돈을 챙겨 내뺐을 시점입니다. 하지만 거스트너의 앞에는 IBM이 다시 업계 선두에 올라설 때까지 자신의 정책을 유지해야 하는, 더 막중하고 어려운 과제가 놓여 있었습니다. 이 과제는 마라톤에 비유할 수 있을 겁니다. 그가 2002년 3월 임기를 마치고 CEO 자리를 IBM 출신에게 되돌려줬을 때, IBM의 주가는 무려 800%나 상승해 있었고, IBM은 IT 서비스, 하드웨어, 기업용 소프트웨어와 맞춤 디자인된 고성능 컴퓨터칩 부문에서 세계 1위로 평가받았습니다. 또한 IBM이 다시 업계가 나아갈 방향을 제시하는 선두주자의 위치에 올랐다는 것이 더 대단한 점이었지요.

앤 멀케이 : 공부하고 배우는 리더

IBM을 본받는다. 하지만 170억 달러의 빚더미에 올라앉는다. 신용등급이 주저앉는다. 증권거래위원회의 감사 표적이 된다. 그리고 주가가 63.69달러에서 4.43달러로 곤두박질친다. 어떤 회사 얘기일까요? 바로 제록스입니다.

이것이 앤 멀케이가 2000년 제록스를 맡게 되었을 때 상황이었습니다. 회사는 업종 다양화에 실패했을 뿐 아니라 주력 분야인 복사기조차 팔리지 않는 처지에 놓였지요. 하지만 3년 뒤 제록스는 4분기 연속 이익을 냈고, 2004년 〈포춘〉지는 멀케이를 "루 거스트너 이후 가장 뛰어난 회생 전문가"라고 표현하기까지 했습니다. 그녀는 어떻게 그런 업적을 이룬 걸까요?

그녀는 놀라운 학습 태도를 보이며 스스로를 제록스의 회생에 필요한

CEO로 만들었습니다. 우르술라 번스 등의 고위인사들과 그녀는 사업 전 부문의 핵심을 공부했지요. 〈포춘〉 기자 벳시 모리스는 멀케이가 대차대조표 기초 강의도 들었다고 설명합니다. 부채, 재고, 세금과 통화(通貨)에 대해 공부한 그녀는 자신이 내리는 각각의 경영상 결정이 대차대조표상에서 어떻게 나타날지 예측할 수 있을 정도가 됐지요. 주말마다 커다란 서류철 더미를 집으로 가져가서 마치 수요일에 시험이라도 보는 것처럼 세세히 살폈습니다. 그녀가 CEO에 올랐을 때 제록스의 누구도 회사의 재고가 얼마인지, 무엇을 팔았는지, 심지어 누가 책임자인지 등의 간단한 답변조차 내놓지 못하는 상황이었기 때문입니다. 스스로 그런 질문에 대한 답을 직접 구하거나, 적어도 어디서 답을 구할 수 있는지 아는 CEO가 되었지요.

그녀는 강인했습니다. 사람들에게 그들이 알고 싶어 하지 않는 차갑고 혹독한 진실에 대해 말해주었죠. 그건 제록스의 사업모델이 성공할 수 없는 이유나 회사 자금이 얼마나 부족한지에 대한 내용이었습니다. 직원 수를 30%나 감축하기도 했고요. 하지만 그녀는 '전기톱 앨버트'와는 달랐습니다. 자신의 결정에 뒤따르는 정신적 고통을 감내했고, 회사를 돌아다니며 직원들과 어울리면서 유감의 뜻을 전했습니다. 그녀는 강인했지만, 동시에 아픔을 나눌 줄도 알았죠. 실제로 그녀는 회사가 망하면 남은 직원들과 퇴직자에게 벌어질 일을 걱정하느라 한밤중에 잠에서 깨는 일도 많았습니다.

그녀는 직원들의 사기와 발전을 끊임없이 우려했고, 인원을 감축할 때도 제록스의 독특하고 훌륭한 문화를 희생시키지 않았습니다. 업계에서 퇴직자들에게 파티를 열어주고 은퇴자들의 친목 모임을 주관해주는 제록스의 문화는 잘 알려져 있었지요. 자신과 함께 고생하는 직원들을 위해 임금 인상안 폐지에 반대했고, 사기 진작 차원에서 전 직원에게 생일 휴가를 주었습니다. 그녀는 회사를 물심양면으로 회생시키고자 했지요. 그건 그녀나 그녀의 자존심을 위한 것이 아니라 최대한 회사를 위해 헌신하는 직원 모두를 위한 행동이었던 겁니다.

그렇게 2년 동안 노예처럼 일했지만, 어느 날 〈타임〉지를 펼친 멀케이는 타이코(Tyco)와 월드콤(WorldCom)의 악명 높은 CEO들과 자신의 사진이 나란히 놓인 것을 보고 절망했지요. 그 둘은 이 시대 최악의 경영 참사를 일으킨 장본인들이었거든요. 하지만 그로부터 1년 후, 그녀가 자신의 고된 노력이 마침내 보상받았다고 느낀 사건이 있었지요. 바로 P&G의 전임 CEO 이자 그녀의 이사회 멤버인 어느 임원이 그녀에게 이렇게 말해준 겁니다. "나는 내가 이 회사와 연관돼 있다는 점을 다시 자랑스러워할 날이 다시는 오지 않으리라 생각했어요. 하지만 내가 틀렸군요."

멀케이는 단거리 경주에서 승리를 거뒀다고 할 수 있습니다. 그럼 마라톤에서는 어떨까요? 제록스가 장거리에서도 이길 수 있을까요? 제록스는 과거의 영광에 너무 심취한 나머지 변화를 거부하고 이미 너무 많은 기회를 놓친 것인지도 모릅니다. 또는 자신과 회사를 변화시키려는 멀케이의 성장 마인드셋이 또 하나의 미국 기업을 구원하게 될지도 모르죠.

이렇게 잭 웰치, 루 거스트너, 앤 멀케이는 모두 성장 마인드셋을 믿는, 열정이 가득한 리더들이었습니다. 그리고 리더십이란 개인의 탁월함이 아니라 성장과 열정에서 비롯된다는 점을 믿는 사람들이었죠. 고정 마인드셋을 가진 리더에게는 결국 쓰라림만이 남았지만, 성장 마인드셋을 가진 리더들에게는 감사의 마음이 가득했습니다. 자신의 놀라운 여정을 가능하게 만들어준 직원들을 진정한 영웅이라고 부르면서 고마움을 표시했으니까요.

칭찬만 받고 자란 세대의 습격

우리는 앞으로 리더를 찾는 데 어려움을 겪게 될까요? 잡지를 펼치거나 라디오를 들을 때면 직장에서 칭찬의 문제점을 지적하는 내용들을 자주 듣게 됩니다. 우리는 이 책의 앞에서 그 문제가 어디서 기원하는지 살펴본 바 있지요.

우리는 똑똑하고 재능 있다고 말해줌으로써 자녀의 자존감을 키워주려는 좋은 의도를 가진 부모들에 대해 얘기했습니다. 또 그런 종류의 칭찬이 가진 부정적 효과에 대해서도 다뤘지요. 자, 그런데 이렇게 칭찬받았던 아이들이 이제 직업을 갖게 되면, 분명히 그들 중 많은 이들이 매번 칭찬이나 인정을 받지 못하고는 제대로 된 역할을 해내지 못할 겁니다. 그래서 일부 기업들은 성과에 대한 보너스를 연 단위가 아닌 분기나 월 단위로 지급하고 있습니다. '이달의 직원'이 아니라 '오늘의 직원'을 선발하는 곳도 있지요. 과한 칭찬을 받고 자란 세대에게 풍부한 보상을 제공하는 방법을 배우기 위해 컨설턴트를 고용하는 기업까지 있을 정도입니다. 이제 직장에서 지속적인 보상을 얻으려 하고 비판을 견디지 못하는 사람들을 흔히 볼 수 있게 된 것이죠. 하지만 이건 도전을 견디고, 인내하고 실수를 받아들여 고치는 능력이 필요한 직장에서 성공의 요소라고는 도저히 인정할 수 없습니다.

과연 왜 기업들은 이런 문제들을 그대로 두는 걸까요? 왜 컨설턴트들에게 돈을 주면서까지, 과도한 칭찬을 하는 부모들과 똑같은 실수를 반복하고 있는 걸까요? 아마도 한 걸음 뒤로 물러서서 이 문제를 좀 다른 각도에서 살펴봐야 할 필요가 있는지도 모릅니다.

잘못된 칭찬이 자격에 대한 집착, 의존성, 취약성을 아이들에게 심어주는 반면, 올바른 칭찬은 노력과 인내심을 가져다 줄 수 있습니다. 우리 연구진은 실험을 통해, 올바른 피드백을 제공하면 성인조차도 도전을 즐기고 자신의 실수를 받아들이도록 만들 수 있다는 점을 증명했습니다.

그럼 직장에서는 어떤 피드백이 필요할까요? 직원의 뛰어난 아이디어나 성과에 대해 무조건 보상해주는 대신, 솔선수범하기, 어려운 업무 완수하기, 새로운 것을 익히고 학습하기, 역경에 굴하지 않기, 열린 자세로 비판을 수용하기 등에 대해 칭찬해주면 됩니다. 혹은 끊임없이 칭찬을 갈구하지 않는 자세 역시 칭찬의 대상이 될 수 있습니다!

1990년대에는(그리고 안타깝게도 2000년대까지도) 자녀를 사랑하는 방법에 대한 왜곡된 인식을 가진 부모들이 많았습니다. 그들은 자녀를 올바르게 성장시키는 자신들의 책임을 다하지 못했지요. 부모의 빈자리를 메우는 것이 기업의 본래 역할은 아니지만, 이제는 그럴 수밖에 없는 입장입니다. 만약 기업마저 보다 성숙하고 성장 마인드셋을 가진 직장 문화 조성을 포기한다면, 미래의 리더들이 성장할 수 있는 곳은 이 세상에 없을 겁니다.

최고의 협상가는 어떻게 탄생하는가

협상력은 성공적인 기업인이 갖춰야 할 핵심 능력 중 하나이지요. 실제로 유능한 협상가 없이 사업이 번창하는 모습은 기대하기 힘듭니다. 로라 크레이(Laura Kray)와 마이클 하젤훈(Michael Haselhuhn)은 협상의 성공에 마인드셋이 끼치는 중대한 영향력을 보여줬습니다. 한 연구에서 그들은 사람들에게 협상 기술에 대해 고정 마인드셋과 성장 마인드셋을 각각 심어주었지요. 참가자들 중 절반은 '협상력은 마치 석고처럼 시간이 흐르면 굳어져서 고정된다'는 내용의 논문을, 다른 절반은 '협상력은 변화가능하고 발전될 수 있다'는 내용의 논문을 각각 읽게 했습니다. 성장 마인드셋에 관한 논문의 내용을 맛보기로 일부 들려 드리지요. "과거에는 협상력이 타고나는 고정된 능력이라고 믿었지만, 이제 이 분야 전문가들은 협상력이 개발

가능하고 평생 발전할 수 있는 역동적 능력이라고 주장한다."

그 다음 각 참가자들은 자신이 원하는 유형의 협상 과제를 고르라는 주문을 받았습니다. 그중 한 과제는 자신의 협상 기술을 뽐낼 수 있지만 새롭게 배울 것은 없는 유형이었고, 다른 하나는 실수를 하거나 혼란스러울 수는 있어도 유용한 협상 기술을 익힐 수 있는 유형이었습니다. 협상력에 대한 고정 마인드셋이 주입된 사람 중 거의 절반(47%)은 단순히 자신의 능력을 뽐내는 유형의 과제를 고른 반면, 성장 마인드셋을 배운 사람 중에는 같은 유형의 과제를 고른 비율이 단 12%에 그쳤습니다. 즉, 성장 마인드셋을 배운 사람들 중 88%는 자신의 협상력을 향상시키기 위해 어려운 과제를 수행하길 원했다는 뜻입니다.

크레이와 하젤훈은 또 다른 연구에서, 이번엔 협상에 임하는 사람들을 모니터링했습니다. 마찬가지로 참가자 절반은 협상력에 대해 고정 마인드셋을, 나머지 절반은 성장 마인드셋을 갖게 했죠. 그리고 두 명씩 짝을 지어 고용 협상에 돌입하게 했습니다. 둘 중 한쪽은 구직자, 다른 한쪽은 구인자 역할을 맡아, 급여, 휴가, 수당 등 8가지 쟁점에 대해 토론하는 것이었습니다. 그런데 협상이 끝나고 나자, 성장 마인드셋을 가진 사람이 협상에서 승리하는 빈도가 고정 마인드셋의 승리 빈도에 비해 거의 두 배에 이를 정도였습니다. 성장 마인드셋을 배운 사람들은 자신에게 보다 유리한 결과를 얻기 위해 협상이 난관에 부딪히거나 교착상태에 빠지더라도 포기하지 않고 매달렸던 겁니다.

그리고 이 연구자들이 수행한 마지막 세 번째 연구는, 협상학 수업을 듣는 MBA 학생들을 대상으로 삼았습니다. 우선 MBA 학생들이 어떤 마인드셋을 갖고 있는지 측정하기 위해, 고정 마인드셋을 반영한 문장("한 사람의 협상가적 기질은 처음부터 정해져 있고 크게 달라지지 않는다", "훌륭한 협상가는 타고나는 것이다")과 성장 마인드셋을 반영한 문장("누구나 가장 기본적인 협상 능력도 바꿀 수 있다", "협상에서는 경험이 곧 위대한 선생이다") 중 어느 쪽에 더 동의하는지 조사했지요. 이전 연구들과 마찬가지로, 성장 마인드셋을 더 많이 갖춘 학생일수록 실제 협상도 더 잘 해낸다는 점을 발견할 수 있었습니다.

하지만 성장 마인드셋이 단지 사람들로 하여금 바라던 것을 얻는 데만 효과를 발휘하는 걸까요? 협상을 하다 보면 타인의 이익까지 이해하고 고려해야 할 경우가 많지요. 협상의 가장 이상적인 결과는 양측 모두 각자의 욕구가 충족됐다고 느낄 때입니다. 더 어려운 협상 과제를 내준 연구에서, 성장 마인드셋을 갖춘 사람들은 양측의 근본적인 이익을 충족시키는 거래를 제안함으로써 처음의 실패를 극복할 수 있었습니다. 즉 성장 마인드셋을 가진 사람들은 자신들에게 더 유리한 결과를 얻어냈을 뿐 아니라, 모두에게 이익이 되는 보다 창의적인 해결책까지 내놓을 수 있었던 것이지요. 이 점이 더욱 중요한 겁니다.

결국 성장 마인드셋은 학습을 촉진하는 효과를 낳습니다. 협상 수업 첫날, 성장 마인드셋을 지지했던 MBA 학생들은 몇 주 뒤 그 수업이 끝났을 때의 최종점수도 더 높았습니다. 그 성적은 필기 과제, 토론, 발표, 그리고 협상 이론과 실행에 대한 이해도를 종합적으로 반영한 것이었지요.

뛰어난 관리자를 육성하는 방법

리더들과 관리자들에게 부하직원을 코칭하고 효율적으로 피드백하는 방법을 가르치는 일에 매년 수백만 달러와 수천 시간이 투입되곤 하지요. 하지만 이런 트레이닝은 대부분 별 효과가 없으며, 따라서 리더들과 관리자들의 코칭 능력 또한 답보 상태를 면하지 못합니다. 그럼, 코칭 능력은 훈련이 불가능하다는 뜻일까요? 그럴 리가요. 기업의 트레이닝이 대개 실패하는 이유를 밝히는 관련 연구들이 있었습니다.

피터 헤슬린(Peter Heslin), 돈 반데발레(Don VandeWalle)와 게리 레이섬(Gary Latham)이 수행한 연구는 개인의 변화를 믿지 않는 관리자들이 상당히 많다는 점을 보여줍니다. 고정 마인드셋을 가진 이 관리자들은 이미 갖고 있는 재능만을 중시하지요. 한눈에 이 직원이 능력이 있는지 없는지 판단을 내리고, 그걸로 끝입니다. 직원의 발전을 촉진시키는 코칭 방법을 상대적으로 등한시하고, 만약 직원이 발전한다고 해도 처음 받은 인상에서 벗어나지 못하여 알아채지 못하는 경우가 많습니다. 더 심각한 점은, 엔론의 관리자들처럼 자신의 직원들로부터 비판적인 피드백을 구하거나 수용할 가능성이 거의 없다는 겁니다. 직원들이 어차피 변하지 못할 거라면, 굳이 왜 힘들여 코칭하면서 그들을 괴롭혀야 하나요? 또 자신이 바뀔 마음이 없다면 굳이 직원들에게 피드백을 받을 이유가 뭐가 있나요?

성장 마인드셋을 가진 관리자들도 재능을 중시하긴 하지만, 직원의 재능을 그저 출발선으로 여깁니다. 이들은 직원의 발전, 그리고 자신의 발전을 위해 보다 헌신적으로 노력하지요. 또 직원의 발전과 관련된 코칭을 매우 중요하게 여기고, 직원의 성과가 향상되면 즉시 눈치채며, 직원들의 비판을 환영합니다.

이 연구에서 가장 흥미로운 발견은, '관리자들에게 성장 마인드셋을 가르칠 수 있다'는 것입니다. 헤슬린과 동료 연구진은 관리자들을 대상으로 심리학적 원칙에 기반하여 조직된 간단한 워크숍을 진행했습니다. 이 워크숍은 뇌가 학습을 통해 어떻게 바뀌는지에 대한 영상과 기사를 보여주면서 시작됩니다. 뇌가 가진 역동성과 학습에 의한 변화과정을 이해하는 일은 언제나 매우 흥미롭지요. 기사는 평생에 걸쳐 뇌가 얼마나 많이 변할 수 있는지, 그리고 코칭과 연습을 통해 어떻게 능력을 개발할 수 있는지 다루는 내용입니다. 물론 관리자들은 뽑고자 하는 자리에 딱 맞는 인재를 찾고자 하지만, 그렇게 딱 맞는 사람이 항상 나타나지는 않습니다. 그러나 이 워크숍을 통해 '훈련과 경험이 훌륭한 성과를 내는 데 필요한 자질을 끌어내고 향상시킬 수 있다'는 점을 깨닫게 되지요.

워크숍에서는 그 다음으로 관리자들에게 다음 몇 가지 과제를 내줍니다.

a) 사람의 능력을 발전시킬 수 있다는 점을 이해하는 것이 중요한 이유를 고민하기
b) 자신이 한때는 능력이 부족했지만 현재는 잘 해내고 있는 업무 영역이 무엇인지 떠올리기
c) 어려움을 겪는 후배에게 그의 능력이 발전될 수 있다는 내용의 편지 쓰기
d) 절대 불가능하다고 자신이 생각했지만 실제로 배움에 성공한 사람을 본 경험 회상하기

이 각각의 과제마다 그들은 변화가 발생한 이유와 과정을 다시 한 번 고민해보게 되지요.

그리고 워크숍이 끝난 뒤, 놀랍게도 워크숍에 참석했던 관리자들은 전에 비해 훨씬 손쉽게 부하직원들의 변화와 발전상을 파악합니다. 또 성과가 좋지 않은 직원을 더 열성적으로 가르치려 하고, 코칭의 질과 양 모두 향상되지요. 무엇보다도 이런 변화들이 워크숍이 끝난 후 관리자들을 추적한 6주 내내 지속되었다는 점이 놀랍습니다.

이건 무슨 뜻일까요? 첫째, 무조건 재능이 가장 뛰어난 관리자를 찾아내 고용하는 게 능사가 아니라 성장 마인드셋이 몸에 밴 관리자를 찾는 게 더 좋은 방법이라는 겁니다. 가르치고 배우려는 열의, 피드백에 대한 열린 태

도, 그리고 장애에 맞서 극복하는 능력을 가진 관리자를 뽑아야 한다는 것이지요.

둘째, 우리가 리더, 관리자, 직원 들에게 성장을 믿도록 훈련시켜야 한다는 뜻입니다. 또한 그들에게 효과적인 커뮤니케이션과 멘토링의 방법을 가르쳐야 하지요. 실제로 어떤 기업 트레이닝 프로그램이든지, 성장 마인드셋 워크숍을 첫 단계로 배치하면 아주 좋은 결과를 얻을 수 있습니다.

마지막 의미는, 성장 마인드셋 환경을 조성함으로써 사람들의 성공을 독려할 수 있다는 겁니다. 다음과 같이 실행함으로써 그런 환경을 만들 수 있습니다.

- 능력은 학습 가능하다는 점을 공표하라.
- 기존에 완성된 천재성이나 재능이 아닌 배움과 끈기를 기업의 가치로 삼아라.
- 학습과 미래의 성공을 장려하는 방식으로 피드백을 전하라.
- 관리자를 학습의 원천으로 삼아라.

인간의 발전에 대한 믿음이 없다면, 기업의 트레이닝 프로그램은 단지 제한된 가치를 주입하는 데 그치고 말겠지요. 하지만 발전에 대한 믿음을 갖는 프로그램은 '인적 자원(human resources)'이라는 용어에 참된 의미를 부여하게 될 것이며, 엄청난 잠재력을 키워내는 도구가 될 수 있을 겁니다.

리더는 어떻게 만들어지나

워렌 베니스는 위대한 지도자들을 만나 인터뷰한 경험에 대해 이렇게 말했지요. "그들 모두가 리더는 타고나는 게 아니라 만들어지며, 그것도 어떤 외부의 힘이 아니라 자신에 의해 만들어진다는 점에 동의했다." 베니스의 생각도 같았습니다. "나는 나이와 환경에 상관없이 모두가 자신을 변화시킬 수 있는 능력을 가졌다고 믿는다." 그렇다고 모든 사람이 리더가 될 수는 없겠지요. 안타깝지만, 대부분의 관리자들, 심지어 CEO들조차 '리더'가 되지 못하고 '보스'에 머물고 맙니다. 그들은 자신, 직원, 조직을 변화시키기보다는 권력을 휘두르는 쪽을 택하지요.

그 이유는 뭘까요? 존 젠거(John Zenger)와 조지프 폴크먼(Joseph Folkman)은 대부분의 사람들이 처음 관리직을 맡게 됐을 때 이른바 '중대한 학습기'에 들어서게 된다고 주장합니다. 많은 훈련과 코칭을 받고, 아이디어를 받아들이며, 자신의 일을 수행하는 방법에 대해 오랫동안, 또 치열하게 고민하게 되지요. 또 자신을 발전시킬 수 있는 기회를 찾고자 합니다. 그러나 일단 기본을 익힌 다음에는 갑자기 성장을 위한 노력을 멈춘다는 겁니다. 진정한 리더가 되는 길이 너무 고되어 보이기 때문이거나, 혹은 아무리 자신이 발전해봤자 얼마나 향상될 수 있을지 잘 알지 못하기 때문일 수도 있습니다. 그래서 리더의 자리에 오르려 하기보다는 현재의 자리에 만족하고 마는 것이죠.

혹은 USC마셜경영대학원의 모건 맥콜(Morgan McCall) 교수가 주장하듯이, 많은 기업들이 선천적 재능만을 신뢰하고 성장 가능성을 가진 사람들을 찾아보지 않기 때문일지도 모릅니다. 이들은 미래에 리더가 될 수 있는 사람들이 모인 커다란 인재 풀(pool)을 놓치는 것이죠. 뿐만 아니라 선천적 재능에 대한 믿음 때문에 그들은 자신들이 재능을 타고났다고 여겨서 뽑은 바로 그 사람들을, 오만하고 방어적이며 배우려 하지 않는 사람으로 만들어 버리는 겁니다. 여기서 얻을 수 있는 교훈은 이것입니다. '능력의 개발을 장려하는 기업 환경을 만들면, 리더의 재목들이 반드시 나타난다.'

기업도 마인드셋을 가진다

루 거스트너와 앤 멀케이에 관해 다룰 때, 우리는 이들이 어떤 종류의 회사를 만들고 싶어 했는지 볼 수 있었고, 실제 그런 회사를 만들어내는 모습까지 지켜봤습니다. 바로 '천재성'을 신성시하지 않고, 그 대신 온 직원들의 발전을 장려하는 회사였죠. 여기서 한 가지 의문이 생깁니다.

분명히 한 조직의 리더는 고정 혹은 성장 마인드셋 어느 한쪽을 가질 수 있습니다. 하지만 과연 한 '기업' 전체가 특정한 마인드셋을 갖는다는 게 가능할까요? 기업의 전 직원들이 '재능은 불변이다' 또는 '재능은 발전할 수 있다'는 식의 통일된 믿음을 갖는다는 게? 그리고, 혹 그럴 수 있다면, 그 점은 그 조직과 직원들에게 어떤 영향을 미칠까요? 이를 알아보기 위해 우리 연구진은 포춘 500대 기업과 포춘 1000대 기업으로 구성된 대기업들을 조사해보았습니다.

어느 조직이 고정 마인드셋을 갖는다는 건, 직원들을 '재능을 가진 자'와 '재능이 없는 자'로 구분한다는 겁니다. 우리는 이를 '천재형 문화'라고 부르기로 했습니다. 그리고 성장 마인드셋을 가진 조직은, 직원들이 노력과 좋은 전략, 멘토링을 통해 성장하고 발전할 수 있다는 전제를 바탕에 두겠죠. 이것을 우리는 '발전형 문화'라고 칭했고요.

한 기업의 마인드셋을 파악하기 위해 우리는 각 조직 내 다양한 직급의 직원들에게 그들이 다음과 같은 문장들에 얼마나 동의하는지 확인해 보았습니다.

- 우리 회사는 성공에 관해서, 사람마다 가진 재능의 크기가 다르고, 그걸 바꿀 수 있는 방법은 없다고 생각하는 듯하다(고정 마인드셋).
- 우리 회사는 다른 어떤 인성보다 선천적 지능과 사업 능력을 중시한다

(고정 마인드셋).

- 우리 회사는 직원들의 발전과 성장을 진정으로 중시한다(성장 마인드셋).

그렇게 직원들의 응답을 정리해보니 한 가지 중요한 발견을 할 수 있었습니다. 각 회사마다 고정 마인드셋 또는 성장 마인드셋에 기초한 믿음과 가치를 갖고 있다는 데 직원들 사이에서 의견이 강력하게 일치되고 있었다는 점입니다. 우리는 그 다음으로 기업의 마인드셋이 '회사에 대한 직원들의 신뢰도', '직원들의 주인의식과 헌신도', '기업 내 협업, 혁신, 윤리 수준'에 각각 미치는 영향에 대해 살펴보고자 했습니다.

그렇게 찾아낸 결과는 아주 놀라웠습니다. 성장 마인드셋을 가진 기업에서 일하는 직원들은 자신의 회사에 대한 신뢰도뿐 아니라 주인의식과 헌신도 역시 훨씬 높았던 겁니다. 예를 들어 "우리 회사 사람들은 신뢰할 수 있다"는 문장에 점수를 매겨달라고 요청했을 때, 성장 마인드셋 기업의 직원들이 훨씬 높은 점수를 줬습니다. 또 성장 마인드셋 기업의 직원들은 회사에 대한 소속감이 훨씬 높았고 회사를 위해 헌신하려는 마음이 더 강했지요. "나는 회사와 한 몸이라고 느끼고 , 회사의 미래를 위해 노력할 것"이라는 답변이 많았습니다. 하지만 고정 마인드셋 기업에서 일하는 직원들의 주된 관심사는 다른 회사로의 이직인 경우가 많았습니다.

성장 마인드셋 기업의 직원들이 신뢰감과 소속감을 느끼는 건 좋은 일이지만, 과연 기업의 유연성과 혁신은 어떨까요? 특히 요즘의 기업들에게 더 중요해진 가치인데 말이죠. 언뜻 보면, 회사가 첨단 수준의 혁신을 이끌기 위해서는 직원들의 편의와 충성도를 얼마간 잃지 않을 수 없을 것 같지요. 또한 '재능은 고정돼 있다'는 믿음이 혁신의 동기를 자극할 것 같아 보이기도 합니다.

하지만 우리 연구진이 살펴본 바에 따르면, 그렇지 않았습니다. 성장 마인드셋 기업의 직원들은, 회사가 합리적인 위험 부담, 혁신, 창의성의 측면을 적절히 지원하고 있다고 답했지요. 예를 들면, 그들은 "회사가 사업의 위험성을 보완해줄 것이고, 내가 실패하더라도 나를 지원해 줄 것이다"와 "회사가 직원들의 창의성을 독려하고 환영한다"는 문장에 강력하게 동의했습니다.

고정 마인드셋 기업의 직원들은 위험 부담과 혁신 추진에 관해서 회사가 자신들을 지원할 것 같지 않다고 답했고, 오히려 회사에 가혹하고 비윤리적인 일들이 자주 벌어진다는 데 더 동의하는 쪽이었습니다. "이 회사는 속임수, 꼼수, 요령으로 가득하다"거나 "우리 회사 사람들은 정보를 숨기거나 비밀을 만드는 일이 잦다"는 문장에 점수를 많이 준 겁니다. 잘 생각해 보면 어렵지 않게 이해되는 부분입니다. 기업이 선천적 재능에 높은 가치를 매긴다면, 그 기업의 모든 사람들은 슈퍼스타가 되고자 할 것이고, 남들보다 자신이 더 빛나 보이길 원할 것이며, 그러기 위해서 남을 속이거나 원칙을 무시할 가능성이 높지요. 팀워크의 가치는 폭락할 것이고요.

자, 이렇게 성장 마인드셋 기업의 직원들은 회사에 대해 보다 더 긍정적인 시각을 가졌습니다. 그럼 직원들 간의 상호존중은 어떨까요? 마찬가지였습니다. 성장 마인드셋 기업에 다니는 관리자들이 부하직원들을 훨씬 더 긍정적으로 인식하고 있었고, 회사가 직원들을 신경 쓰는 범위도 더 넓었습니다. 성장 마인드셋 기업의 관리자들은 자신의 직원들에게 협력성, 학습과 성장을 향한 열의, 혁신성에 대해서 높은 점수를 줬습니다. 그리고 회사 경영을 잘해낼 잠재력도 높이 평가했지요. 이들은 모두 회사를 더 유연하게 만들고, 경쟁에서 뒤처지지 않게 만드는 요소들이기도 합니다.

제가 특히 마음에 든 점은 이 마지막 발견이었습니다. 성장 마인드셋 기업의 관리자들이 고정 마인드셋 기업 관리자들보다 자신의 직원들에게서 경영에 관한 잠재력을 훨씬 더 크게 봤다는 점 말이지요. 말하자면 그들은 미래의 리더들이 만들어지고 있는 모습을 포착한 겁니다. 이런 아이러니가 참 재미있습니다. 아마도 재능 있는 사람을 찾고 고용하며 더 큰 보상을 부여해온 쪽은 고정 마인드셋 기업들일 텐데, 오히려 그들은 지금에 와서 주위를 둘러보며 "대체 재능 있는 녀석들은 다 어디로 간 거야?"라고 당황해 하는 겁니다. 재능은 그렇게 아무 데나 널려 있는 게 아닌데도요.

우리는 연구를 통해 성장 마인드셋 또는 고정 마인드셋을 기업이라는 조직에 침투시켜 '천재형 문화'나 '발전형 문화'를 창조하는 것이 가능하다는 점을 확인했습니다. 과거의 비즈니스 모델이 이제는 더 이상 유효하지 않으며, 현대 기업들은 생존을 위해 반드시 스스로를 재창조해야 한다는 것을 누구나 알고 있지요. 여러분은 오늘날 과연 어떤 기업의 성공 가능성이 더 높다고 생각하시나요?

마인드셋 단련법

◎ 당신의 직장은 고정 마인드셋과 성장 마인드셋 중 어느 쪽입니까? 주변 사람들이 당신을 그냥 심판하려는 것 같은가요, 아니면 당신의 발전을 돕고 있다고 생각하나요? 당신의 회사를 보다 성장 마인드셋에 가까운 곳으로 만들고자 한다면, 우선 당신 자신에서부터 시작해야 합니다. 자신의 실수를 감추거나 방어하기에만 급급하지 않을 수 있는 방법이 있을까요? 당신이 주변에서 받는 피드백을 더 잘 활용할 수 있을까요? 좀 더 많은 경험을 쌓고 배울 수 있는 기회를 만들 방법은 뭘까요?

◎ 당신은 직장에서 다른 이들을 어떻게 대하고 있습니까? 혹시 직원들의 행복보다 자신의 권력을 더 중요시하는, 고정 마인드셋을 가진 상사는 아닌가요? 타인을 깎아내려서 자신의 위상을 세우려고 한 적은 없었나요? 당신에게 위협이 된다는 이유로 성과가 좋은 직원을 방해한 적이 있지 않았나요?
직장에서 당신 직원들의 발전을 도울 수 있는 방법이 뭐가 있을지 고민해보세요. 견습 프로그램, 워크숍, 별도의 코칭 면담 등을 생각해볼 수 있겠지요. 어떻게 해야 직원들을 당신의 협력자, 하나의 팀으로 바라보고 대할 수 있게 될까요? 떠오르는 할 일 목록을 작성하고 실천해 보는 겁니다. 설사 자신이 이미 성장 마인드셋을 가진 상사라고 생각한다고 해도, 제가 말한 대로 따라해 보세요. 적절한 지원과 성장을 촉진하는 피드백이 피해를 되돌려줄 리는 절대 없으니까요.

◎ 당신이 만약 회사를 경영하고 있다면, 회사를 마인드셋의 관점에서 한번 살펴보세요. 당신이 루 거스트너처럼 엘리트주의를 뿌리 뽑고, 자기 성찰과 열린 커뮤니케이션, 그리고 팀워크의 문화를 만들어야 할 필요는 없는지 꼼꼼하게 점검해야 합니다. 거스트너의 책 《코끼리를 춤추게 하라(Who Says Elephants Can't Dance?)》를 참고해 볼 것을 권합니다.

6장

관계를 주도하는
사람들의 마인드셋

MINDSET

진정한 사랑의 과정은 절대 순조롭게 진행되지 않는다는 말이 있지요? 또한 진정한 사랑에 이르기까지의 길 역시 순조롭지 않습니다. 그 길에는 보통 실망과 가슴 찢어지는 고통이 함께하지요. 그런 경험 때문에 이후에도 만족스러운 인간관계를 맺지 못하는 사람들이 있는 반면, 어떤 사람들은 그 상처를 치유하고 더 좋은 관계를 이어가기도 합니다. 이들 간의 차이는 무엇일까요? 그걸 알아내기 위해 우리 연구진은 100명 이상의 사람들을 모아, 다른 사람에게 거절당한 쓰라린 고통의 순간에 대해 말해달라고 요청했습니다.

> 처음 뉴욕에 왔을 때 나는 아주 외로웠어요. 아는 사람이 전혀 없었고 여기는 내가 있을 곳이 아니란 생각이 들었죠. 그렇게 비참하게 1년을 보낸 후에 잭을 만났습니다. 우리는 한눈에 사랑에 빠졌고 마치 서로 오랫동안 알아온 사이처럼 느꼈죠. 곧 우리는 함께 살면서 모든 걸 함께하기 시작했습니다. 서로가 '평생 당신과 함께할 거야'라고 말했어요. 그렇게 2년을 정말 행복하게 보냈습니다. 그러다 어느 날 집에 갔더니 메모가 한 장 남겨져 있었어요. 거기에다 그는 떠나야만 한다고, 자기를 찾지 말아 달라고 적었더군요. 사랑한다는 말조차 없이요. 그리고 다시는 그의 소식을 들을 수 없었습니다. 하

지만 지금도 전화벨이 울리면 혹시 그가 아닐까 하고 생각한답니다.

우리는 이와 비슷한 이야기들을 계속해서 들었습니다. 성장 마인드셋을 가진 사람도, 고정 마인드셋을 가진 사람도, 거의 모두가 적어도 한 번쯤은 사랑에 빠졌다가 상처를 받은 경험이 있었습니다. 다만 그 상처를 대하는 방법은 확연히 달랐습니다.

자신의 이야기를 마친 사람들에게 우리는 이렇게 물었습니다. "그 경험이 어떤 의미를 가집니까? 당신은 어떻게 그 고통을 극복했나요? 당신이 바란 것은 무엇이었습니까?"

고정 마인드셋을 가진 사람들은, 상대방의 거절로 인해 자신이 심판받은 듯한 느낌을 받았다고 답했지요. 마치 법정에서 유죄를 선고받고 '사랑받지 못한 자!'라는 낙인이 이마에 찍힌 것 같았다고요. 그리고 그들은 상대를 비난했습니다. 고정 마인드셋으로는 자신의 상처를 치유할 수 없었기에 그들이 할 수 있는 일이라곤 가해자도 똑같은 상처를 입길 바라는 것뿐이었던 겁니다. 위 이야기의 주인공인 리디아는 자신의 비통함이 오래도록 강렬하게 지속됐다고 말했지요. "나는 그를 찾아가서 어떻게든 상처를 줄 거예요. 그래야 마땅하니까요."

사실 고정 마인드셋을 가진 사람들에게, 최우선 목표는 아주 분명합니다. 바로 '복수'죠. 한 남자는 이렇게 말했습니다. "그녀가 떠났을 때 나라는 사람의 가치까지 앗아간 겁니다. 어떻게 그녀가 죗값을 치르도록 만들지 고민하지 않은 날이 없어요." 이 연구를 진행하는 도중, 저는 고정 마인드셋을 가진 친구에게 그녀의 이혼 경험에 대해 물어본 적이 있었어요. 그녀가 했던 말을 앞으로도 절대 잊을 수 없을 겁니다. "나의 행복과 그의 불행 중 하나를 선택해야 한다면, 주저하지 않고 그가 불행해지는 쪽을 택하겠어."

'복수는 달콤하다'는 말을 만든 사람은 분명 고정 마인드셋을 가졌던 사람일 겁니다. 성장 마인드셋을 가진 사람들은 '복수를 통해 구원받는다'는 생각을 별로 좋아하지 않으니까요. 그들의 사연 역시 비통하기 짝이 없지만, 대응 방식은 고정 마인드셋의 그것과는 완전히 달랐습니다. 그들에게 인간관계에서 버림받은 경험은 이해와 용서, 그리고 새로운 곳으로의 이동을 의미했지요. 비록 깊은 상처를 받았을지라도, 그들은 그 상처로부터 배우고자 했습니다. "그 관계와 이별을 통해 나는 소통의 중요성을 진심으로 깨달을 수 있었어요. 전에는 사랑만 있으면 뭐든 극복할 수 있다고 여겼는데, 지금은 사랑에도 여러 도움이 필요하다는 걸 압니다." 이 남성은 또 이렇게 얘기했습니다. "그리고 어떤 사람이 내게 잘 맞는지도 배웠지요. 모든 인간관계가 우리에게 어떤 사람과 잘 어울리는지 알려준다고 생각해요."

프랑스에는 '완전히 이해하면 다 용서하게 된다'는 표현이 있지요. 물론 언제나 그럴 수는 없겠지만, 기본적으로는 맞는 말입니다. 성장 마인드셋을 가진 사람에게 최우선 목표는 '용서'입니다. 한 여성은 이렇게 말했어요. "난 성자(聖者)는 아니지만 내 마음의 평화를 위해서라도 용서하고 잊어야 한다는 걸 알았죠. 그는 내게 상처를 줬지만, 과거에 매달려 산다면 내게 남아 있는 삶마저 엉망이 될 테니까요. 그래서 어느 날 그냥 '그 사람도 잘 되길 빌고, 나도 잘 살아보자'라고 생각하게 됐습니다."

성장 마인드셋 덕분에 그들은 자신에게 영원한 낙인이 찍혔다고 생각하지 않을 수 있었고, 자신과 인간관계에 도움이 될 교훈을 얻고자 노력할 수 있었던 겁니다. 그 교훈을 바탕으로 미래에 더 나은 경험을 하기 위함이죠. 그리고 미래를 향해 전진하고 포용하는 법도 알게 됐습니다.

제 사촌인 캐시는 성장 마인드셋을 갖춘 여성입니다. 몇 년 전, 23년간의 결혼생활을 뒤로 하고 남편이 그녀를 떠났어요. 게다가 엎친 데 덮친 격으로 사고를 당해 다리까지 다쳤고요. 그러다 어느 토요일 밤, 집에 홀로 앉아서 캐시는 스스로에게 다짐했답니다. "이렇게 주저앉아 한탄만 하고 있을 순 없어!" 이 다짐이 그녀에게 성장 마인드셋을 불러다줬는지, 그녀는 다친 다리를 끌고 춤을 추러 나갔고, 거기서 미래의 남편을 만나게 됐답니다.

인간관계를 들여다보다

재능이 뛰어난 사람에 관한 벤저민 블룸의 연구에는 피아니스트, 조각가, 수영선수, 테니스선수, 수학자, 신경의학자들이 포함돼 있었죠. 하지만 대인관계의 재능이 뛰어난 사람은 없었습니다. 원래 블룸은 그런 사람들도 포함시킬 계획이었다고 합니다. 교사, 심리학자, 행정가, 외교관 등, 대인관계 능력이 중요한 역할을 하는 직업들이 여럿 있으니까요. 하지만 블룸이 아무리 노력해도 사교력을 측정할 만한 객관적 지표를 찾을 수 없어 포기했다는 거죠.

'사교력'이라는 게 과연 '능력'에 포함될 수 있는지도 확실해 보이지 않습니다. 대인관계의 기술이 뛰어난 사람들을 보고, 보통 '재능이 뛰어난 사람'이라고는 생각하지 않으니까요. 그저 '쿨한 사람' 또는 '매력적인 사람' 정도로 얘기합니다. 행복한 결혼생활을 하는 부부들을 보고도 인간관계에 뛰어난 사람들이라고 여기기보다 '제 짝을 찾았다'거나 '둘의 궁합이 좋다'라고 생각하고 말죠. 우리가 이렇게 생각한다는 건 무엇을 의미할까요?

우리 사회가 인간관계의 기술을 제대로 이해하지 못하고 있다는 겁니다. 하지만 사람들 사이의 관계야말로 모든 것을 결정합니다. 이 때문에 대니얼 골먼의 책 《감성 지능(Emotional Intelligence)》이 그토록 사회적 공감을 얻었던 게 아닐까요. 그 책이 '사회정서적 기술(social-emotional skills)이라는 능력의 정체를 알려 주마'라고 사람들의 관심을 모았던 것이죠.

여기서 마인드셋 개념이 논의의 범위를 더욱 넓혀줍니다. 마인드셋을 통해 우리는 왜 사람들이 필요한 기술(사교술)을 배우려 하지 않는지, 또 갖고 있는 기술도 사용하지 않는지에 대해 이해할 수 있지요. 사람들이 희망에 가득 차서 시작한 새로운 인간관계가 결국은 상처로 돌아오게 되는 이유, 또한 사랑이 종종 선혈이 낭자한 전쟁터로 바뀌어 버리는 이유도 알 수 있습니다. 무엇보다 중요한 점은, 만족스러운 인간관계를 지속적으로 이어가는 일부 사람들의 비밀도 파악할 수 있게 된다는 겁니다.

마인드셋이 관계에 끼치는 영향

이제까지, 고정 마인드셋을 갖는다는 것은 '당신의 개인적 자질이 고정돼 있다'고 믿는다는 뜻이었지요. 하지만 인간관계에서는 여기에 두 가지, 바로 '당신의 파트너'와 '인간관계 자체'라는 요소들이 더해집니다. 이제 고정 마인드셋은 총 3가지에 적용될 수 있는 것입니다.

1. 당신의 자질이 고정돼 있다고 믿는다.
2. 당신 파트너의 자질이 고정돼 있다고 믿는다.
3. 인간관계의 질(質)이 고정돼 있다고 믿는다.

관계의 질이 고정돼 있다는 건, 둘 사이의 관계가 애초부터 좋거나 나쁘기로 결정돼 있다는 겁니다. 처음부터 인연이었거나 또는 인연이 아니었거나 둘 중 하나라는 거죠. 이제 이 3가지가 모두 심판의 대상이 되는 겁니다.

하지만 성장 마인드셋은 위의 3가지 내용들이 모두 발전할 수 있다고 말합니다. 즉, 당신과 당신의 파트너, 그리고 둘 사이의 관계 모두가 성장하고 변할 수 있다는 쪽입니다.

반면 고정 마인드셋에서는 즉각적이고 완벽하며 영원히 지속되는 관계만을 이상적으로 봅니다. 마치 그럴 운명이었다는 것처럼, '그래서 그들은 영원히 행복하게 살았답니다'와 같이 아름다운 결말로 끝맺는 동화를 꿈꾸지요.

많은 사람들이 자신들의 관계가 특별하며 운명적이라고 느끼길 원합니다. 뭐 여기까지는 문제없어 보이죠. 그럼 고정 마인드셋 때문에 인간관계에 어떤 문제가 발생한다는 걸까요? 다음 두 가지를 들 수 있습니다.

첫 번째 문제 :
"관계 유지를 위해 노력해야 한다면, 운명적인 관계가 아니다"

고정 마인드셋을 가진 사람들의 첫 번째 문제는 모든 좋은 일들이 자동적으로 발생하길 기대한다는 겁니다. 파트너 간에 서로 도와 문제를 해결하거나 관계의 기술을 발전시키는 게 아니라, 사랑을 통해 마법같은 일들이 벌어져야 한다고 생각하는 거죠. 마치 왕자의 키스 한 번에 눈을 뜬 '잠자는 숲속의 공주'나, 왕자를 만나 비참했던 인생을 역전시킨 '신데렐라'처럼 말입니다.

친구들이 샬린에게 그 도시에 새로 온 음악가 맥스에 대해 이야기해 줬습니다. 교향악단에서 첼로를 연주하는 사람이라고요. 그리고 다음 날 샬린과 친구들은 그 악단의 연주를 들으러 갔다가 연주회가 끝난 후 무대 뒤로 몰려갔죠. 그때 맥스가 샬린의 손을 잡고 속삭였습니다. "다음번엔 좀 오래 같이 있도록 합시다." 그녀는 그의 강렬하고 낭만적인 분위기에 끌렸고, 그는 그녀의 매력적인 매너와 화려한 외모에 반했던 겁니다. 그리고 그 끌림은 만남이 계속되면서 더 깊어졌죠. 둘은 서로를 잘 이해하는 듯 보였습니다. 심지어 음식, 사람에 대한 분석, 여행에 대한 취향까지 같았고요. 둘

다 이렇게 생각했어요. '당신 왜 이제야 나타났나요?'

하지만 시간이 지나면서 맥스는 점차 침울한 모습을 보이기 시작했습니다. 사실, 그는 원래 그런 사람이었고 단지 처음에는 그런 면이 잘 보이지 않았을 뿐이었습니다. 기분이 좋지 않을 때는 혼자 있고 싶어 했죠. 샬린은 뭣 때문에 그가 괴로워하는지 얘길 나누고 싶었지만 맥스는 짜증만 냈습니다. "그냥 날 좀 내버려 둬." 그는 계속 이런 말만 되풀이했지요. 샬린은 답답했고요. 게다가 맥스의 감정 기복은 때를 가리지 않았습니다. 데이트나 특별한 만찬을 계획해 놓고도, 그가 갑자기 취소하면 샬린은 저녁 내내 그의 뚱한 침묵을 견뎌야 했지요. 가벼운 대화라도 나누려고 할 때마다 그는 "당신은 나를 이해해줄 줄 알았는데"라며 그녀를 낙담시켰고요. 그 둘이 서로를 얼마나 아끼는지 잘 아는 친구들은, 그들에게 이 문제를 잘 해결해보라고 충고했지요. 하지만 두 사람은 큰 슬픔에 잠겨 이렇게 생각했어요. '우리가 정말 인연이라면, 굳이 그렇게 노력해야 할 필요가 과연 있을까. 제대로 된 관계라면 서로의 필요를 그냥 이해하고 존중해줄 수 있어야 하는 게 아닌가'라고요. 그렇게 둘은 점점 멀어졌고 결국 헤어지고 말았습니다.

성장 마인드셋을 가진 사람들끼리도 첫 만남부터 갑작스레 불꽃이 튀는 일이 발생하지만, 그들은 마법을 기대하진 않습니다. '오래 지속되는 좋은 관계란, 필연적인 차이를 극복하려는 부단한 노력에서 비롯된다.' 그들은 이렇게 믿지요.

하지만 고정 마인드셋에는 그런 믿음이 없습니다. 고정 마인드셋은 '능력을 가졌다면, 열심히 노력할 필요가 없다'고 생각한다는 점을 기억하시죠? 이런 생각은 인간관계에도 그대로 적용됩니다. '우리가 정말 인연이라면, 모든 일이 자연스레 이뤄져야 해.'

하지만 이런 의견에 동의하는 인간관계 전문가는 단 한 명도 없습니다.

저명한 정신의학자 에런 벡(Aaron Beck)은 인간관계를 파괴하는 가장 큰 주범이 '관계 개선을 위해 굳이 노력해야 한다면, 우리 사이는 정말 문제가 있는 거야'라는 생각이라고 주장합니다. 또 최고의 인간관계 연구자인 존 가트맨(John Gottman)은 이렇게 말하지요. "모든 결혼생활을 올바로 유지하는 데는 노력이 필요합니다. 서로를 붙잡아두는 힘과 떼어놓는 힘 사이에는 끊임없는 긴장이 존재하지요."

개인의 성취와 마찬가지로, '성공에는 노력이 필요 없다'는 이런 믿음은 성공적인 인간관계에 꼭 필요한 바로 그것을 앗아가 버립니다. '사랑에 빠지는 데는 큰 노력이 필요 없다'는 사람들의 생각이 그토록 많은 관계를 망가뜨려 왔는지도 모르겠군요.

서로의 마음을 읽는다는 것

'사랑에는 노력이 필요 없다'는 믿음의 이면에는, '사랑하는 사이라면 서로의 마음을 읽을 수 있어야 한다'는 생각이 자리 잡고 있습니다. '우리는 하나다. 그러므로 나와 파트너는 서로가 무엇을 생각하고, 느끼고, 필요로 하는지 알고 있어야 한다'는 것이죠. 하지만 이건 불가능한 얘깁니다. 서로 소통하는 대신 마음을 읽는 데 집착하는 건 역효과를 낳게 마련이죠.

저명한 가족 심리학자 일레인 새비지(Elayne Savage)는 톰과 루시라는 커플의 예를 들어서 이를 설명합니다. 만난 지 3개월 후 톰은 루시에게 그들의 관계가 '불균형'하다고 얘기하죠. 톰의 '마음을 읽은' 루시는 자신에 대한 톰의 애정이 식었다고 결론짓고, 낙담하게 됩니다. '그가 결별을 통보하기 전에 먼저 헤어지자고 해야 하는 걸까?' 하지만 심리치료를 받은 후 그녀는 용기를 내어 톰의 참뜻을 확인해 보게 됐지요. 그리고 루시는 톰의 '불균형'이란 표현은, 관계를 한 단계 진전시키고자 하는 마음에서 화음을 잘

맞춰보자는 의미였다는 것을 알게 됐습니다.

저도 이와 같은 함정에 빠질 뻔한 적이 있었어요. 제 남편과 만난 지 채 몇 달이 지나지 않은, 모든 것이 완벽해 보였을 때였죠. 그러던 어느 저녁, 함께 앉아 있는데 남편이 제게 "나는 공간이 더 필요해"라고 하더군요. 갑자기 눈앞이 캄캄해졌어요. 제 귀를 의심하지 않을 수 없었죠. '내가 우리 관계를 완전히 착각하고 있었나?' 하는 생각이 들었고요. 그러다가 용기를 내어, "그게 무슨 뜻이야?"라고 물었습니다. 그가 이렇게 답했죠. "옆으로 좀 비켜주면 내가 더 편히 앉을 수 있겠다고." 참지 않고 물어봤던 게 얼마나 다행이었는지 모릅니다.

모든 일에 동의한다는 것

타인의 마음을 읽을 수 있다고 생각한다는 자체가 이상하게 여겨지지만, 고정 마인드셋을 가진 많은 사람들이 '커플은 생각이 같아야 한다'고 생각하는 걸 알게 된다면, 전혀 이해가 가지 않는 것도 아닙니다.

만약 사랑하는 사이에 생각이 같다면, 서로 간의 소통도 필요 없을 겁니다. 자신이 생각하는 대로 파트너의 생각을 추측하면 그만이니까요.

심리학자 레이먼드 니(Raymond Knee)와 동료들은 몇몇 커플들을 초대한 후, 그들이 서로의 관계를 바라보는 시각에 대해 토론하게 했습니다. 고정 마인드셋을 가진 사람들은 자신과 파트너가 서로의 관계에 대해 약간만 의견이 달라도 적대감을 드러내는 모습을 보였죠. 아주 사소한 의견의 불일치조차도 상대의 시각을 공유한다는 믿음을 위협한다고 여겼던 겁니다.

아무리 커플이라도 서로의 모든 추측과 기대를 공유한다는 건 불가능한 일입니다. 남편은 아내가 일을 그만두고 내조에 집중해야 한다고 생각할 수 있지만, 아내는 여성도 동등한 가장(家長) 역할을 해야 한다고 여길 수 있죠. 또 한쪽은 교외에 그럴듯한 집을 구하고 싶은 반면, 다른 쪽은 사랑만 있으면 집이 대수냐고 생각할 수도 있고요.

마이클과 로빈은 막 대학을 졸업하고 결혼하려는 커플이었습니다. 마이클은 '사랑이면 다 된다'는 성향이었고, 결혼한 후에도 함께 소박한 삶을 살게 되길 꿈꿨지요. 그래서 괜찮은 아파트를 찾았을 때 로빈도 기뻐하리라고 여겼고요. 하지만 그녀는 펄쩍 뛰었습니다. 평생을 형편없는 작은 아파트에서 살았던 로빈은 다시는 그런 삶을 살고 싶지 않았던 겁니다. 결혼하면 당연히 차고가 있는 근사한 집에서 살아야 한다고 여겼지요. 그들은 서로 배신감을 느꼈고 결국 이별하게 됐습니다.

커플들은 각자의 권리와 의미에 대해 서로가 같은 생각을 가졌다고 착각하는 경우가 많습니다. 다음의 빈칸을 한번 채워보세요.

"남편으로서 나는 ____할 권리가 있고, 내 아내는 ____할 의무가 있다."

"아내로서 나는 ____할 권리가 있고, 내 남편은 ____할 의무가 있다."

자신의 권리가 침해당했다고 느끼면 파트너는 화를 낼 겁니다. 또한 자신에게는 그럴 자격이 있다고 느끼지만 당신은 그렇게 생각하지 않는 일에 대해서도 격분하지요.

존 가트맨은 이렇게 설명합니다. "신혼 남성들을 인터뷰해 보면 자신만만하게 '나는 절대 설거지 따위는 안 할 겁니다. 그건 여자들이 하는 일이잖아요'라고 합니다. 그리고 바로 그 사람들이 2년이 지난 후에는 '왜 아내는 저와 섹스를 하지 않을까요?'라고 묻는답니다."

물론 남녀 간의 전통적 역할에 동의하는 커플도 있을 수 있죠. 그건 그들 몫입니다. 하지만 그걸 일종의 자격이나 권리라고 여기는 것은 또 다른 얘기인 겁니다.

금융전문가인 재닛과 부동산 중개인인 필이 만났을 때, 필은 막 새 아파트를 구한 참이었고, 친구들을 초대해 파티를 열 계획이었죠. 재닛이 '좋아, **같이** 해보자'고 하자 그는 신이 났어요. 그녀가 '같이'를 강조한 걸 그리 심각하게 생각하지 않았죠. 재닛은 자신이 요리 경험도 많았고 파티도 자주 해봤기 때문에 대부분의 준비를 했습니다. 또 필이 파티를 열면서 행복해하는 모습을 보고 기쁘기도 했고요. 문제는 손님들이 도착하면서 일어나기 시작했어요. 필이 파티를 즐기기만 하며 마치 손님처럼 굴었던 겁니다. 마치 모든 일은 다 재닛의 몫인 것처럼 말이죠. 그녀는 화가 치솟았습니다. 물론 필을 따로 불러서 얘기를 나눴다면 훨씬 어른스러운 행동이었겠지만, 재닛은 그에게 교훈을 줘야겠다고 마음먹고 자신도 파티를 즐기기 시작했지요. 다행히도 둘 사이의 관계에서는 아직 자격에 대한 주장과 그에 대한 보복이 패턴으로 굳어져 있지는 않아서, 대화를 통해 문제를 해결할 수 있었습니다. 그리고 이후로는 모든 문제를 함부로 추측하지 않고 논의하면서 결정하게 됐고요.

노력하지 않는 관계는 훌륭한 관계로 발전할 수 없고, 불행한 결말만이 있을 뿐입니다. 정확하게 자신의 의견을 전달하는 일, 또 서로의 희망사항과 신념이 충돌하는 부분을 드러내고 해결하는 일에는 노력이 필요하지요. '그들은 영원히 행복하게 살았답니다'가 불가능하다는 뜻은 아닙니다. 다만 '그들은 영원히 행복할 수 있도록 노력했답니다'가 보다 정답에 가깝다는 뜻이지요.

두 번째 문제 :
"둘 사이에 문제가 있다는 건 인격에 결함이 있다는 뜻이다"

고정 마인드셋에서 발생하는 두 번째 큰 어려움은, 둘 사이의 문제가 일어났을 때 그것을 뿌리 깊은 결함의 증거로 인식한다는 겁니다. 하지만 역경 없이는 위대한 성취가 불가능한 것처럼, 갈등과 문제가 없이는 좋은 관계가 성립될 수 없습니다.

고정 마인드셋을 가진 사람들은 갈등에 대해 이야기할 때 곧잘 '비난'을 택합니다. 때로 자기 자신을 탓하기도 하지만 대개는 파트너를 비난하곤 하지요. 특히 '인격적 결함'을 탓하면서요. 하지만 거기서 끝이 아닙니다. 파트너의 인격을 비난하게 되면 상대에 대한 분노와 혐오 또한 거세지지요. 그리고 한 걸음 더 나아가, '이건 변하지 않는 자질 때문에 비롯된 문제니까 해결할 수 없어'라고 결론을 내리게 되는 겁니다.

그래서 고정 마인드셋을 가진 사람들은 일단 자신의 파트너에게서 결점을 발견하게 되면, 점점 파트너를 경멸하고 파트너와의 관계 자체에 대해 불만족하게 되는 겁니다. 이와 반대로 성장 마인드셋을 가진 사람들은 파트너의 불완전함을 알면서도 좋은 관계를 이어갈 수 있다고 생각하지요.

때로 고정 마인드셋을 가진 사람들은 관계의 파국을 막기 위해 파트너나 둘 사이의 관계에 있는 문제를 못 본 척 지나치는 경우도 있습니다.

이본느를 아는 사람들은 모두 그녀가 바람을 피우고 있다고 생각했습니다. 그녀에게 이상한 전화도 많이 걸려 왔고, 아이들을 늦게 데리러 가는 경우도 종종 있었죠. 밤중에 친구들을 만난다면서 나가는 일도 잦아졌고요. 마음이 딴 곳에 있는 게 확실했어요. 하지만 남편인 찰리는 그저 일시적인 현상이라고 여겼습니다. "여자들은 다 그런 시기를 겪게 마련이지. 그렇다고 아내에게 남자가 생겼다고는 할 수 없어."

가장 친한 친구가 제대로 좀 살펴보라고 충고했지만, 찰리는 만약 진실을 마주하게 되면, 그리고 그 진실이 부정적인 것이라면, 자신을 둘러싼 세계가 무너져내릴 것 같은 기분이 들었습니다. 고정 마인드셋을 가진 그는 (1) 내가 사랑하는 아내가 나쁜 여자이거나, (2) 내가 나쁜 남자라서 아내를 밖으로 내몰았거나, (3) 둘의 관계가 나빠서 도저히 회복할 수 없거나, 이 셋 중의 하나일 뿐이라고 생각했습니다.

어느 쪽이든 그에게는 감당할 수 없는 일들이었지요. 자신이 문제를 해결할 수 있다는 생각, 그녀가 자신에게 '나를 당연하게 여기지 말아요. 내게는 관심이 더 필요해요'라는 메시지를 보내고 있다는 생각은 도저히 들지 않았던 겁니다.

그가 성장 마인드셋을 갖고 있다고 해도, 그녀에게 직접 문제를 따져보지는 않았을지 모르지요. 하지만 적어도 상황을 따져보기는 했을 겁니다. 뭐가 정말 문제인지 살펴봤을 테고, 상담을 받았을 겁니다. 이후 무엇을 해야 할지 결정도 내릴 수 있었을 테고요. 문제를 해결가능한 것으로 여긴다면, 적어도 해결할 기회는 주어지게 마련이니까요.

당신은 결점이 너무 많아

커플 심리치료사인 대니얼 와일(Daniel Wile)의 고객 중에는 브렌다와 잭이란 부부가 있었습니다. 브렌다는 퇴근해서 집에 오면, 남편에게 직장에서 있었던 일에 대해 길고 장황한 이야기를 주절주절 늘어놓았지요. 비록 눈물 날 정도로 지루했지만 잭은 꾹 참고 아내의 이야기를 들었고요. 하지만 브렌다는 그의 진심을 눈치채고는, 그를 좀 더 재밌게 해주려는 마음에서 또 다른 길고 긴 이야기, 역시 직장에 관한 이야기를 꺼내곤 했답니다. 결국 잭은 폭발 직전의 상태가 됐지요. 둘 모두 정신적으로 불안정해진 겁니다. 와일에 따르면, 둘의 생각은 같았습니다. '브렌다는 지루하고, 잭은 이기적이고, 우리 관계는 엉망이야.'

사실, 둘 모두 원래 의도는 좋았습니다. 브렌다는 회사에서 대단한 일을 해냈다고 거만하게 떠벌리고 싶지 않았고, 그래서 프로젝트의 아주 사소한 부분만을 말한 것이죠. 잭은 그녀에게 무례하게 굴고 싶지 않아서 브렌다에게 질문을 던지거나 의문을 표하는 대신 가만히 그녀의 이야기가 끝날 때까지 기다려줬던 겁니다.

잭은 그저 이렇게 말할 필요가 있었어요. "여보, 당신이 너무 자세하게 얘기하다보니 요점을 잘 모르겠어. 이 프로젝트가 왜 당신에게 신나는 일인지 그냥 얘기해주면 어떨까? 난 그 얘기가 듣고 싶은데."

이건 커뮤니케이션의 문제이지, 인격이나 성격의 문제가 아닌 겁니다. 하지만 고정 마인드셋에서는 비난이 무엇보다 먼저 다가오지요.

솔직히 저는 이런 종류의 이야기들을 좋아합니다. 제가 어렸을 때는 여성 잡지 〈레이디스 홈 저널(Ladies' Home Journal)〉에 '이 결혼, 구원받을 수 있을까요?' 같은 제목을 단 기사들이 꼭 실려 있었지요. 대부분 그 답은 '예스'였습니다. 저는 그 이야기들을 하나하나 탐독하면서, 결혼생활이 얼마나 나빠질 수 있는지에 놀랐고, 또 아무리 나쁜 결혼생활도 치유되는 모습에 더욱 매료됐지요.

에런 벡이 들려준 테드와 캐런의 이야기는, 고정 마인드셋을 가진 두 사람이 서로에게 장점 가득한 배우자에서 단점 투성이 배우자로 변해가는 과정을 잘 보여줍니다. 테드와 캐런이 만났을 때 그들은 자신과 다른 서로의 모습에 이끌렸지요. 캐런은 즉흥적이고 가벼운 편이었고, 테드는 세상 모든 짐을 자기 어깨에 짊어진 듯 심각한 사람이었습니다. 그는 캐런의 근심 없는 태도 덕분에 자신의 삶이 바뀌고 있다는 느낌을 받았지요. "그녀의 말과 행동 모두가 사랑스러웠어요"라고 그는 토로했습니다. 한편 캐런에게 테드는 전에는 가져보지 못한, 바위처럼 단단한 남자였지요. 안정감을 주는 믿을 만한 남자였던 겁니다.

하지만 겨우 몇 해가 지나자, 테드는 캐런을 '무책임한 멍청이'로 여기게 됐죠. "그녀는 어떤 일도 심각하게 여기지 않아요. 도저히 의지할 수 없는 사람이죠." 그리고 캐런에게는 테드가 자신의 일거수일투족을 감시하는 '참견쟁이 독재자'였고요.

하지만 결국엔 이 결혼생활도 구원을 받았습니다. 이 커플이 서로에게 화를 내며 꼬리표를 붙이는 대신 다른 식으로 반응하는 법을 배움으로써 구원이 가능했지요. 어느 날, 캐런이 집안일에 짓눌려 있을 때 집에 돌아온 테드는 엉망인 집안을 보고 잔소리를 하려다가, 에런 벡에게서 들은 교훈을 떠올렸지요. '이런 상황에서 내가 할 수 있는 어른스러운 행동이 뭘까?' 이런 질문을 스스로에게 던진 그는, 집안을 치우기 시작했습니다. 캐런을 심판하기보다 지원하는 쪽을 택한 것이지요.

이들도 구원받을 수 있을까?

에런 벡은 상담을 받으러 오는 커플들에게 다음과 같은 고정 마인드셋을 절대 갖지 말라고 얘기합니다. '내 파트너는 변하지 않아. 어떻게 해도 우리 관계는 나아지지 않아.' 그는 이런 생각이 대개 항상 잘못이라고 말합니다.

하지만 이런 생각을 떨치기 어려울 때가 있죠. 마치 빌과 힐러리 클린턴 부부처럼 말입니다. 대통령이었던 시절 클린턴은 모니카 르윈스키와의 관계에 대해 아내에게, 또 나라 전체에 거짓말을 했지요. 처음에 힐러리는 그를 옹호했습니다. "내 남편이 잘못을 저지른 적은 있어도, 내게 거짓말한 적은 없었습니다"라고요. 그러나 특별검사의 도움으로 진실이 드러나자, 배신당하고 격분한 힐러리는 이제 결정해야만 했습니다. 남편 빌이 완전히 나쁜 놈이고 믿을 수 없는 남편인지, 아니면 많은 도움이 필요한 남자인지, 둘 중에서 말이죠.

이쯤에서 중요한 포인트를 하나 지적해야겠군요. '파트너가 변할 수 있다'는 믿음을 '파트너가 변할 것이다'란 믿음과 혼동해서는 안 된다는 점입니다. 파트너가 변화를 원해야 하고, 변하기 위해 노력하고 행동해야만 변화가 가능한 것이죠.

클린턴 부부는 일주일마다 하루씩, 1년 내내 상담치료를 받았습니다. 상담을 통해 빌은 알코올 중독자의 아들로서 자신이 어떻게 이중적 삶을 살아왔는지 이해하게 됐죠. 한편으로 그는 어린 나이부터 과도한 책임감을 짊어져야 했습니다. 양아버지가 어머니를 때리지 못하게 막아야 하는 소년이었던 거죠. 또 그 인생의 한편에는 책임질 필요가 없는, 아무래도 괜찮은 부분들도 존재했습니다. 그래서 TV에 나와 당당히 르윈스키와 아무런 관련이 없다고 얘기할 수 있었던 겁니다. 말하자면 그는 책임은 지지 않고 부정만 하는 상태에 놓여 있었죠.

빌을 용서하라는 사람들의 목소리가 높아졌습니다. 어느 날 저녁, 스티비 원더가 백악관에 전화를 걸어 방문하겠다고 청했죠. 그리고 그날 밤 '용서의 힘'에 관한 곡을 작곡해 와서는 힐러리를 위해 연주했습니다.

하지만 힐러리가 남편을 거짓말쟁이에 사기꾼으로 여겼다면 용서하지 못했을 겁니다. 빌이 자신의 문제를 진심으로 극복하고 성장하려고 노력하려는 남자라고 여겼기에 그녀는 용서할 수 있었던 것이죠.

파트너가 될 것인가, 적이 될 것인가

고정 마인드셋에서는, 한 순간 당신 인생의 빛이었던 파트너가 다음 순간 당신의 적이 되어 버립니다. 왜 사람들은 사랑하는 사람을 이렇게 적으로 만드는 걸까요?

다른 일에서는 실패했을 때 다른 사람을 계속 탓하기가 어렵지만, 인간관계에서는 뭔가 잘못됐을 때 다른 사람을 비난하기가 쉽습니다. 실제로 고정 마인드셋에서는 선택의 폭이 넓지 않죠. 당신 자신의 영구적인 자질을 탓하거나, 아니면 당신 파트너의 자질을 탓하거나. 둘 중 하나인 겁니다. 남몰래 누군가에게 비난을 떠넘기고 싶은 유혹을 참기가 어렵다는 건 다들 아실 테지요.

저도 여전히 고정 마인드셋이 남아 있어서, 인간관계에서 뭔가 잘못됐을 때 자신을 보호하고 남을 탓하려는 충동을 이겨내기 힘듭니다. "그건 내 잘못이 아니야!"라고 소리치고 싶지요. 이런 나쁜 버릇을 없애기 위해 남편과 저는 제3자, 가상의 '모리스'라는 남성을 창조해냈습니다. 제가 '이게 누구 잘못인지'를 따지려 할 때마다 우리는 이 불쌍한 모리스를 불러내어 그를 탓하지요.

고정 마인드셋을 가진 사람들에게 '용서'가 얼마나 힘든 일인지 기억하시나요? 그 이유 중 하나는 거절이나 이별에 의해 낙인이 찍히는 것 같은 느낌을 받기 때문이지요. 하지만 한편으로는, 파트너를 용서하면 자기 자신을 더 많이 비난해야 하기 때문이기도 합니다. 만약 파트너가 좋은 사람이라면, 자신이 나쁜 사람이라는 뜻이니까요. 누구도 아닌 내가 잘못을 저지른 사람이 되어 버리는 겁니다.

부모와의 관계에서도 같은 일이 발생합니다. 부모와 사이가 좋지 않다면, 누구의 잘못일까요? 부모가 당신을 충분히 사랑하지 않아서? 그들이 나쁜 부모라서? 당신이 사랑받기에 부족한 사람이라서? 고정 마인드셋에서는 이런 추한 질문들이 우리를 괴롭히지요. 여기서 탈출할 수 없는 걸까요?

제게도 이런 문제가 있었죠. 제 어머니가 절 사랑하지 않았어요. 제 인생의 대부분을 어머니를 비난하면서, 비참한 심정으로 보냈죠. 하지만 제 자신을 보호하는 걸로는 만족하지 못하게 되는 순간이 찾아왔습니다. 어머니와 좀 더 친밀한 관계를 원했던 거죠. 하지만 부모에게 인정을 애걸하는 그런 자식이 되고 싶지는 않았어요. 그러다가 마침내 깨달았습니다. 적어도 그 관계에서 절반은 제가 하기 나름이라는 걸. 적어도 제가 원한다면 '사랑을 베푸는 딸'이 될 수 있다는 것을요. 어머니가 어떻게 대하든 상관없는 일이었죠. 그럼 최소한 전보다는 나아질 수 있겠다고 생각했어요.

그 결과가 어땠을까요? 비참함은 어느새 사라졌고 어머니와의 관계에서 한걸음 나아간 기분이 들었지요. 어떤 인정을 받으려는 게 아니었기에 그 이후는 별로 중요하지 않았지만, 어쨌든 마저 얘기해 드리지요. 예기치 않았던 일이 일어났습니다. 그런 마음을 먹은 지 3년 후, 어머니가 제게 이렇게 얘기하더군요. "누군가 내가 내 자식을 사랑하지 않는다고 말했다면, 나는 모욕당한 기분이었을 거야. 하지만 이제는 그게 맞는 말이었다는 걸 알겠구나. 그 이유가 내 부모님이 날 사랑하지 않았기 때문이었는지, 내가 내 문제에만 집착했기 때문이었는지, 사랑이 무엇인지 몰랐기 때문이었는지, 난 모르겠다. 하지만 이제는 사랑이 뭔지 알 것 같구나."

그로부터 25년 뒤 돌아가시기 전까지, 어머니와 저는 친하게 지냈습니다. 각자의 삶도 생기를 찾았고, 서로의 관계도 더 좋아졌죠. 몇 년 전 어머니가 뇌졸중으로 쓰러졌을 때, 의사들은 제게 어머니가 말을 영영 하지 못하게 될지도 모른다고 경고했죠. 그런데 제가 어머니 방으로 걸어 들어가자 그녀가 절 쳐다보며 입을 열었지요. "캐럴, 옷이 참 예쁘구나."

과연 무엇이 저로 하여금 거절당할지도 모르는 두려움을 무릅쓰고 성장하는 쪽을 선택하게 만들었을까요? 고정 마인드셋에 처해 있을 때 저는 비난할 대상이 필요했습니다. 잘못이 제게 있다고 생각하는 것보다 그 편이 훨씬 힘이 됐으니까요. 하지만 성장 마인드셋 덕분에 저는 비난을 포기하고 앞으로 나아갈 수 있었습니다. 성장 마인드셋이 제게 어머니를 되찾아 준 것이죠.

어렸을 적 실수로 자기 발등에 아이스크림을 떨어뜨려 놓고는 친구에게 "너 때문에 이렇게 됐어"라고 괜히 친구를 탓했던 기억이 떠오릅니다. 남을 비난함으로써 자신이 덜 멍청하게 느껴질 수는 있어도, 아이스크림은 여전히 우리 발등에 남아 있고, 그 비난을 들은 친구를 방어적으로 만들 뿐이죠. 인간관계에서 성장 마인드셋은 비난을 극복하고, 문제를 이해하며, 함께 해결하도록 만들어 줍니다.

파트너 간의 경쟁심리

자신의 능력을 계속해서 입증해야만 하는 고정 마인드셋에서는 파트너와 경쟁에 빠지기 쉽습니다. 누가 더 똑똑한지, 누가 더 재능이 많은지, 누가 더 호감이 가는 존재인지 따지게 되는 거죠.

수전의 남자친구 마틴은 수전만 주목받고 자신은 들러리 취급을 받을까봐 걱정했습니다. 수전만 특별한 사람이고, 자신은 하찮은 사람이 될까봐서요. 하지만 마틴은 '하찮음'과는 거리가 먼 사람이었죠. 그는 자신의 분야에서 매우 큰 성공을 거두고 존경까지 받았으며, 잘생긴 데다 주변의 사랑을 받는 인물이었습니다. 그래서 처음엔 수전도 그의 이런 걱정을 별로 신경 쓰지 않았지요. 그러다가 한 컨퍼런스에 함께 참석하게 됐어요. 호텔에 따로 도착해 각자 체크인을 하는 과정에서 수전은 로비에서 만난 친절한 호텔 직원과 이야기를 나누며 친해졌지요. 그날 밤 둘이 함께 로비를 걸어가는데, 호텔의 모든 직원들이 수전을 환대하는 것이었습니다. 마틴은 툴

툴댔지요. 그리고 저녁식사를 하러 택시를 타고 이동했어요. 택시에서 내리기 전 택시기사가 그녀를 칭찬해댔지요. "손님, 저 여자분을 단단히 잡으세요. 아주 멋진 여성이니까요." 마틴은 움찔했습니다. 온 주말 내내 그런 식의 일들이 이어졌고, 컨퍼런스에서 돌아온 다음에는 둘 사이의 관계가 아주 껄끄러워지고 말았습니다.

마틴이 경쟁을 즐기는 성격이었던 건 아닙니다. 특별히 수전보다 잘나 보이려고 한 건 아니었고, 그저 수전이 인기가 더 많아 보이는 게 마음에 안 들었던 거지요. 하지만 어떤 연인들은 대놓고 경쟁에 돌입하는 경우도 있습니다.

과학자인 신시아는 자신이 저지른 일들을 깨닫고 당황한 상태였습니다. 특히 자신의 파트너들을 압도하려고 한 일에 대해서요. 그녀가 파트너들의 영역을 매번 함부로 침범하지만 않았어도 일이 이 지경에 이르지 않았을지도 모릅니다. 처음에 배우와 결혼한 그녀는 직접 극본을 쓰고 연기까지 하기 시작했습니다. 그것도 멋들어지게. 그녀는 자신이 단지 남편의 인생과 관심사를 나누고자 했을 뿐이라고 말했지만, 그녀의 취미가 남편의 경력을 앞지를 정도가 되었습니다. 결국 그 배우는 자신을 되찾기 위해선 그녀에게서 벗어나야겠다고 결심했습니다. 그 다음으로 신시아는 뛰어난 요리사이기도 한 음악가와 결혼했는데, 결혼 즉시 그녀는 피아노를 배웠고 믿을 수 없을 만큼 뛰어난 요리를 내놓았습니다. 이번에도 역시 절망한 남편은 결국 도망쳐 버렸지요. 신시아는 파트너들에게 자신의 정체성을 발휘할 여지를 남겨두지 않았던 겁니다. 파트너들이 가진 모든 능력에 대해 그들과 동등해지거나 오히려 능가하려고 했던 거죠.

파트너를 지원하고 그들에 대해 관심을 표명하는 방법은 수없이 많지만, 신시아의 방식은 적절하지 않았습니다.

관계를 발전시키고 주도하는 비결

처음 사귀게 될 때 사람들은 자신과는 다른 파트너를 만나게 되는데, 아직 그 차이를 다루는 법에 대해서는 알지 못하는 상태입니다. 훌륭한 관계를 형성하는 과정에서 사람들은 그 방법을 발전시켜 나가며, 그럼으로써 둘 모두 성장하고 관계도 깊어지는 거죠. 하지만 이런 일이 발생하기 위해서는 서로가 같은 편에 서 있다고 생각해야 합니다.

로라는 운이 좋은 편이었습니다. 그녀는 자기중심적이고 방어적이며, 소리를 잘 지르고 쉽게 토라지는 성격이었죠. 하지만 제임스는 그런 그녀를 잘 받아주고 그녀가 항상 자기편이라고 생각하는 사람이었습니다. 그래서 그녀가 자신을 비난할 때도 제임스는 그녀를 진정시키고 자신에게 마음을 털어놓게 만들었죠. 시간이 지나면서 로라는 더 이상 소리치지 않고 토라지지 않는 법을 배우게 됐고요.

서로 간의 신뢰가 높아지면서 그들은 각자의 발전에 대해서도 큰 관심을 갖게 됐습니다. 제임스는 창업을 준비 중이었는데, 로라는 몇 시간이고 그의 계획과 문제점들에 대해 함께 얘기를 나눴죠. 로라는 동화책을 쓰겠다는 꿈을 가지고 있었습니다. 제임스는 그녀가 집필 아이디어를 풀어내고 초고를 쓸 수 있도록 도와주었죠. 또 잘 아는 일러스트레이터를 만나보라고 권했습니다. 이 관계에서 각각의 파트너는 그들이 원하는 일을 하고 원하는 사람이 되도록 서로를 도와준 것입니다.

얼마 전, 저는 한 친구와 자녀양육에 관한 관점에 대해 이야기를 나눴습니다. 부모가 자녀에게 끼치는 영향은 그리 크지 않다는 생각에 대해서요. 그 관점을 설명하면서 제 친구는 결혼생활에 비유했어요. "그건 결혼생활에서 파트너들 간의 관계와 같아. 각자가 완성된 상태로 관계에 돌입하지. 그러니 파트너의 존재에 대해 어떤 영향을 끼칠 수는 없는 거야."

"오, 그건 아니지." 저는 반박했지요. "내 생각에 결혼이란 파트너의 발전을 독려하고, 또 파트너로부터 응원을 받는 게 핵심인 거야."

저는 파트너를 완전히 다른 사람으로 바꿔놓으려는 영화 〈마이 페어 레이디〉식의 변화를 말하는 게 아닙니다. 다만 관계 속에서 파트너들이 각자의 목표를 이루고 잠재력을 발휘하도록 도와야 한다는 뜻이죠. 이것이야말로 성장 마인드셋의 실천이라고 할 수 있는 것이니까요.

진정한 우정에 관하여

연인 관계와 마찬가지로 친구 간의 우정은 '서로의 발전을 도모'하고 '서로를 인정'할 수 있는 기회가 됩니다. 이 두 가지가 모두 중요하지요. 친구들은 성장을 이끌어내는 결정을 내릴 수 있도록 서로에게 지혜와 용기를 줄 수 있고, 또 서로의 훌륭한 재능에 대해 확신을 줄 수도 있는 겁니다. 비록 재능을 칭찬하는 데는 위험성이 있지만, 자신에 대한 확신이 필요한 순간도 많지요.

"내 남자친구를 찼다고 해서 내가 나쁜 사람은 아니라고 말해 줘."

"이번 시험을 망쳤지만 내가 멍청한 건 아니라고 해줘."

사실, 이런 경우들은 지원과 성장의 메시지를 전할 수 있는 기회가 되기도 합니다.

"넌 3년 동안이나 모든 노력을 다했지만 그는 관계 개선을 위해 어떤 노력도 하지 않았잖아. 내가 보기엔 네가 떠나는 게 당연해."

"그 시험에 어떤 문제가 있었을까? 문제는 다 이해했니? 공부는 충분히 한 거야? 혹시 따로 과외가 필요한 건 아닐까? 우리 같이 얘기해보자."

하지만 다른 모든 관계에서처럼, 자신을 입증하려는 사람들의 시도는 자칫 잘못된 방향으로 균형을 무너뜨릴 수 있지요. 사회심리학자인 셰리 레비(Sheri Levy)가 수행한 연구의 주제는 '우정'이 아니었지만, 상당히 중요한 시사점을 내포하고 있습니다.

레비는 청소년기 소년들의 자존심 수준을 측정한 뒤, 여성에 대한 부정적인 선입견을 얼마나 믿는지 물어봤습니다. 예를 들면, 여자아이가 수학을 잘 못한다거나 남자에 비해 비이성적이라는 주장을 믿는지 물었지요. 그런 후 다시 소년들의 자존심을 측정했습니다.

고정 마인드셋을 믿는 소년들의 자존감은 여성에 대한 선입견을 지지했을 때 한층 높아졌습니다. 여자가 더 멍청하고 주의력이 산만하다는 생각이 그들의 자신감을 높여준 것이죠. 성장 마인드셋을 가진 소년들은 그런 선입견을 가진 경우도 드물었지만, 선입견을 가진 경우라도 특별히 자존심이 더 강화되지는 않았습니다. '네가 못할수록 내 기분은 더 좋아져'라는 식의 마음가짐은 우정에 방해가 될 수 있지요.

제가 사랑하는, 똑똑한 친구가 한 명 있지요. 저는 왜 그녀가 자신의 친구들의 행동들을 참는지 물었습니다. 사실 왜 그런 친구들을 곁에 두는지 이해할 수 없었어요. 그중 한 명은 무책임하게 행동했고, 또 다른 한 명은 뻔뻔하게도 제 친구의 남편에게 추파를 던지곤 했거든요. 그랬더니 그녀의 대답은, 누구나 장점과 단점이 있게 마련이고, 완벽한 사람만을 찾으려 하면 사회적 관계가 불가능하다는 것이었습니다. 하지만 그녀에게도 단 하나, 참을 수 없는 사람이 있었으니 바로 자기 자신에 대해 나쁜 감정을 품게 만드는 사람이었습니다.

여러분 모두 이런 유형의 사람들을 알고 있을 겁니다. 총명하고 매력적이고 유쾌한 사람일지도 모릅니다. 그러나 이런 사람을 만나고 나면, 우리는 왠지 작아지는 느낌이 들지요. 그들은 자신의 우월함과 당신의 열등함을 강조하여 자신을 더 뛰어난 사람처럼 보이게 만들고자 합니다. 드러내놓고 업신여기거나 함부로 대함으로써 자신의 목적을 이루려고 하죠. 어느 쪽이든 당신은 그들의 가치를 확인시키기 위한 수단에 불과합니다.

'진정 친구가 필요할 때 누가 진짜 친구인지 알게 된다'는 말이 있죠. 물론 이 오래된 지혜에서도 배울 점은 있습니다. 당신이 어려움을 겪을 때 과연 누가 당신의 곁을 지켜줄지 알 수 있죠. 하지만 때로는 다음의 질문에 답하기가 더 어려울 때도 있습니다. 좋은 일이 생겼을 때 당신은 누구에게 향할 겁니까? 멋진 파트너를 찾았을 때, 좋은 자리에 취직하거나 승진을 제안받았을 때, 자녀에게 좋은 일이 생겼을 때, 누가 당신의 소식을 듣고 함께 기뻐해줄까요?

당신의 실패와 불운은 타인의 자존심을 위협하지 않습니다. 에고가 발달한 사람에게는 도움이 필요한 사람에게 동정심을 표하는 건 쉬운 일이거든요. 남보다 우월하다는 것에서 자존심을 구하는 사람들에게 문제가 되는 건, 당신이 성공하고 잘됐을 경우인 겁니다.

부끄러움과 마인드셋

어떤 면에서 부끄러움은 우리가 지금껏 얘기해 온 현상들의 이면이라고 할 수 있지요. 지금까지는 자신의 기분을 좋게 하기 위해 타인을 이용하는 사람들에 대해 살펴봤지만, 이와 반대로 부끄럼을 잘 타는 사람들은 타인이 자신을 업신여길까봐 두려워하는 쪽입니다. 그들은 대개 사람들과의 관계에서 심판받거나 당황하게 될까봐 걱정하지요.

부끄러움은 친구를 사귀거나 인간관계를 발전시키기 어렵게 만듭니다. 새로운 사람과 함께 있을 때 부끄럼을 많이 타는 사람들은 불안해지고 심장박동이 빨라지고 얼굴이 달아오르며, 상대의 눈을 피하게 되고 가능하면 빨리 그 만남을 끝내려 하지요. 사실은 훌륭하고 재미있는 사람인데도 그런 모습을 낯선 이에게 드러내놓지 못합니다. 그리고 자신도 그 점을 알고 있지요.

그럼 마인드셋과 부끄러움은 어떤 관계가 있을까요? 사회신경과학자인 제니퍼 비어(Jennifer Beer)는 그 관계를 파악하기 위해 수백 명의 사람들을 연구했습니다. 사람들의 마인드셋과 부끄러움을 측정한 다음, 두 명씩 묶어서 친해지게 했습니다. 그리고 그 모든 과정을 영상으로 기록한 다음, 훈련받은 전문가들이 영상을 보면서 친밀도를 평가했습니다.

우선 비어는 고정 마인드셋을 가진 사람들이 부끄러워하는 경향이 더 강하다는 점을 발견했습니다. 이해가 되는 얘깁니다. 고정 마인드셋은 남들의 판단에 대해 걱정하게 만들고 따라서 자의식이 강하고 불안해하는 사람이 되기 쉽죠. 하지만 고정 마인드셋 외에 성장 마인드셋을 가진 사람들 중에도 부끄럼을 잘 타는 사람들이 많았고, 그들을 더 자세히 관찰한 끝에 비어는 더 재미있는 사실을 알게 됐습니다.

부끄러움은 고정 마인드셋을 가진 사람의 사회적 상호작용에 해를 끼치는 반면, 성장 마인드셋을 가진 사람에게는 그렇지 않다는 점이었습니다. 전문가들의 관찰에 따르면, 고정 마인드셋과 성장 마인드셋을 가진 사람들 모두 만난 지 첫 5분간은 매우 예민하게 굴었지만, 부끄러움이 많은 성장 마인드셋의 사람들은 더 뛰어난 사교성과 더 강한 호감을 보이고 더 즐거운 교류를 이끌어냈습니다. 말하자면, 그들은 마치 부끄러움이 전혀 없는 사람들처럼 보이기 시작했던 겁니다.

여기엔 그럴 만한 이유들이 있습니다. 첫째, 부끄러워하는 성장 마인드셋의 사람들은 사회적 교류를 일종의 과제로 여기기 때문입니다. 불안한 가운데에도 그들은 새로운 사람을 만나는 기회를 적극적으로 받아들이지요. 반면 부끄럼이 많은 고정 마인드셋의 사람들은 자신보다 사교성이 더 뛰어날지도 모르는 누군가를 만나는 일을 피하려 합니다. 그들은 실수를 할까 봐 걱정된다는 말을 자주 했지요. 즉, 고정 마인드셋을 가진 사람과 성장 마인드셋을 가진 사람은 각자 상이한 태도로 상황을 받아들이는 겁니다. 한쪽은 도전을 감수하는 반면, 다른 쪽은 위험을 두려워하는 것이지요.

이렇게 태도가 다르니, 부끄럼이 많은 성장 마인드셋의 사람들은 관계가 깊어질수록 부끄러움과 불안감이 줄어드는 반면, 부끄럼이 많은 고정 마인드셋의 사람들은 계속해서 불안해하고 눈을 맞추지 못하거나 말문을 열지 못하는 등 사교적으로 이상해 보이는 행동들을 하는 겁니다.

이런 상이한 패턴이 친구를 사귀는 데도 상당한 영향을 미칩니다. 부끄럼이 많은 성장 마인드셋의 사람들은 자신의 부끄러움을 통제할 수 있습니다. 기꺼이 새로운 사람들을 만나고, 불안감이 가신 후에는 다른 사람들처럼 관계를 이끌어가지요. 부끄러움이 더 이상 그들을 지배하지 않는 겁니다. 그러나 고정 마인드셋을 가진 사람들은 부끄러움에 의해 통제당합니다. 새로운 사람들과의 교류를 꺼리고, 경계를 풀면서 두려움을 이겨내지 못하지요.

심리치료사이자 정신과 교수인 스콧 웨츨러(Scott Wetzler)는 부끄럼을 타는 고정 마인드셋의 전형인 자신의 환자 조지에 대해 이야기합니다. 조지는 특히 여성에게 부끄러움을 심하게 타는 사람이었습니다. 그는 멋지고 위트와 자신감이 넘치는 사람처럼 보이길 간절히 바랐지만, 너무 극성맞거나 관계에 서투른 사람처럼 보일까봐 걱정하기도 했습니다. 그래서 일부러 차갑게 굴었죠. 매력적인 동료 진이 자신에게 관심을 보이기 시작하자 그는 허둥대며 그녀를 피하기 시작했습니다. 그러다 어느 날 커피숍에서 우연히 만난 그에게 진은 같이 앉아도 되냐고 귀엽게 물었죠. 어떻게 해야 그녀에게 좋은 인상을 남길지 몰랐던 그는 그만 "당신이 앉든 말든 나완 상관

없어요"라고 퉁명스럽게 말해 버렸습니다.

이런 조지, 대체 뭐하는 짓이죠? 그는 거절당할 위험으로부터 자신을 보호하려 했던 겁니다. 상대에게 별 관심이 없는 척 보이려고 애쓰면서 그 어색한 상황에서 도망치려 한 것이죠. 어쨌든 그 의도는 성공했습니다. 그가 별 관심이 없는 것처럼 보이자 관계는 곧 끝이 났고, 진은 결국 후다닥 커피숍을 떠나버렸죠. 그는 딱 제니퍼 비어의 연구에 참여했던 사람들처럼 사회적 판단을 두려워한 나머지 관계를 맺지 못하는 유형이었던 겁니다.

웨츨러는 남들의 판단에만 과도하게 집착하는 조지를 차근차근 도왔습니다. 그는 마침내 진이 자신을 판단하고 창피를 주려는 것이 아니라 그와 친해지려 노력했다는 점을 이해하게 됐지요. 남들로부터의 심판이 아닌 관계의 발전으로 시선을 돌리면서 조지는 결국 적절히 응답하는 법을 익힐 수 있었습니다. 그는 불안함을 이겨내고 진에게 다가가 자신의 무례한 행동에 대해 사과했습니다. 그러면서 함께 점심식사를 하자고 청했고, 진은 승낙했지요. 더 좋았던 점은, 진은 조지가 두려워한 것처럼 조지의 행동에 대해 그리 화가 나지 않았다는 것이었고요!

가해자, 희생양 그리고 보복

다시 남들에게 거절당하는 문제로 돌아가 볼까요. 사랑하는 연인 관계 외에도 사람들은 끔찍한 거절의 순간을 많이 경험하니까요. 특히 학교에서는 매일 일어나는 일입니다. 초등학교 때부터 일부 아이들은 희생양이 됩니다. 아무런 잘못도 저지르지 않았지만, 조롱당하고, 괴롭힘을 당하고, 얻어맞지요. 소심한 성격이나 외모, 배경, 심지어 남들보다 더 똑똑하다는 이유로, 반대로 덜 똑똑하다는 이유로 그런 대우를 받습니다. 마치 일상처럼 이런 괴롭힘을 받는 아이들의 삶은 악몽으로 변해버리고 수년간 우울과 분노에서 빠져나오지 못합니다.

더 심각한 것은, 학교가 이 문제에 대해 별 대처를 하지 않는 경우가 많다는 겁니다. 교사들이 이런 괴롭힘을 보지 못하기 때문인 경우도 있고, 운동선수처럼 학교에서 인기가 많은 학생들에 의해 자행되기 때문인 경우도 있습니다. 이런 경우, 가해자가 아니라 피해자 쪽이 오히려 문제 학생이나 부적응자로 낙인찍히게 되지요.

최근까지 우리 사회는 이런 문제에 대해 별 관심을 기울이지 않았습니다. 그러다가 컬럼바인 총기 난사 사건이 터진 겁니다. 이 악명 높은 사건의 두 소년들은 수년 동안 무자비한 괴롭힘을 당한 희생자였습니다. 함께 괴롭힘을 당했던 학생이 고등학교 시절 그들이 감내해야 했던 참상을 증언했지요.

운동선수들은 학교 복도에서 아이들을 라커로 밀어넣고는 모두가 비웃는 가운데 모욕적인 말을 퍼부었습니다. 점심시간이면 희생자들의 식판을 일부러 쳐서 떨어뜨렸고, 발을 걸거나 음식을 던졌습니다. 식사 도중에는 뒤에서 머리를 식탁에 처박기도 했고요. 체육 수업 전에 라커룸에서 교사들이 주변에 없을 때는 두들겨 팼습니다.

어떤 사람이 가해자가 되는가

남을 괴롭힌다는 건 심판과 연관돼 있지요. 누가 더 가치 있거나 중요한 사람인지 결정하는 겁니다. 더 힘이 센 아이가 힘이 약한 아이를 심판하는 것이죠. '너는 가치 없는 사람이야'라고 매일 심판을 내립니다. 그럼으로써 가해자가 원하는 바는 명확합니다. 셰릴 레비의 연구에 등장한 소년들처럼, 그들은 자신의 자존심을 높이려 하는 것이죠. 가해자가 자존심이 낮기 때문이 아닙니다. 타인을 심판하고 비하함으로써 자신의 자존심을 한층 북

돋우려는 거죠. 가해자는 또한 자신의 행동을 통해 사회적 지위를 획득하기도 합니다. 다른 아이들이 가해자를 우러러보고, 멋지고 힘세고 재미있다고 평가하게 되는 거죠. 혹은 두려워하게 되고요. 어느 쪽이든, 가해자의 지위는 더 높아지는 셈입니다.

가해자들에게는 고정 마인드셋의 사고방식이 깊숙이 박혀 있습니다. 즉 '누군가는 더 우월하고 누군가는 더 열등하다'는 것이죠. 그리고 가해자 자신이 그 여부를 판단하는 심판자가 되는 겁니다. 컬럼바인에서 총기를 난사한 학생 중 한 명인 에릭 해리스는 그들의 눈에 완벽한 먹잇감이었습니다. 해리스는 흉부에 기형이 있었고, 키가 작았으며, 컴퓨터광이었고, 전형적인 아웃사이더였으며, 콜로라도 출신이 아니었죠. 그래서 그토록 무자비하게 심판했던 겁니다.

복수를 다짐하는 피해자들

고정 마인드셋은 또한 희생자가 괴롭힘에 반응하는 방식에서도 역할을 담당합니다. 거절당한 사람들이 그걸 심판으로 받아들이게 되면 자신에 대한 감정이 나빠지고 괴로움 속에서 욕을 퍼붓지요. 자신이 잔인하게 버림받았으니 반대로 복수하고 싶어집니다. 우리 연구진은 어른, 아이를 가리지 않고 완벽히 정상인 사람들조차, 거절에 대해 폭력적인 복수를 꿈꾸는 모습을 지켜봐 왔습니다. 교육 수준이 높고 멀쩡한 성인들도 심각한 배신이나 거절의 경험을 털어놓은 뒤에 "그 녀석을 죽여버릴 겁니다"라거나 "그 여자를 목 졸라 죽이는 건 어렵지 않을 거요"라고 얘기했지요.

학교 폭력에 관한 뉴스를 접하면 우리는 보통 그건 나쁜 가정에서 자란 나쁜 아이들에게나 벌어지는 일이라고 여기기 쉽지요. 하지만 고정 마인드셋을 가진 평범한 아이들이 얼마나 쉽게 폭력적인 복수를 떠올리게 되는지 안다면 아마 놀랄 겁니다.

우리 연구진은 어느 일류 중학교의 2학년 학생들에게 학교 폭력에 관한 가상의 시나리오를 나눠주고 읽게 했습니다. 그리고 그 일이 자신에게 일어나는 모습을 상상해 보라고 요청했지요.

> 새 학년이 시작됐고 모든 일이 잘 되고 있는 듯 보인다. 그런데 갑자기 인기 있는 친구들 몇 명이 너를 괴롭히면서 욕을 하기 시작한다. 처음에는 그럴 수도 있는 일이라며 그냥 무시했지만, 계속 그런 일이 반복된다. 매일 그 애들이 너를 따라다니고, 비웃고, 옷차림을 놀리고, 외모를 조롱하고, 네가 패배자라고 말한다. 모든 아이들이 지켜보는 가운데. 매일매일.

그런 다음 연구진은 아이들에게 만약 자신이 당사자라면 어떤 생각이 들 것인지, 어떻게 할 것인지, 또는 어떻게 하고 싶은지 적어보라고 했습니다.

고정 마인드셋을 가진 학생들은 그 일을 보다 심각하게 받아들였습니다. "나는 내가 하찮은 존재라는 생각이 들고 누구도 날 좋아하지 않는다고 생각할 것 같아요"라거나 "나는 내가 멍청하고 괴짜에 부적응자라고 생각할 거예요"라는 답변이 나왔지요.

그리고 폭력을 이용한 복수를 원했습니다. 가해자들을 향해 분노를 폭발시켜 두들겨 팰 것이라고요. "내 최우선 목표는 복수가 될 거예요"라는 말에 강력히 동의했지요.

그들은 심판을 받았다고 여겼기에 자신도 심판을 내리길 원한 겁니다. 컬럼바인의 에릭 해리스와 딜런 클레볼드도 그랬지요. 자신을 괴롭힌 가해자들을 심판한 겁니다. 그 끔찍했던 몇 시간 동안, 그 아이들은 누굴 죽이고 살릴지 결정했지요. 우리의 연구에서 성장 마인드셋을 가진 학생들은 가해자들을 보고도 괴롭힘이 그 아이의 인격을 대변한다고 쉽게 여기지 않았습니다. 그보다는 가해자들이 가진 심리적 문제로 여겼지요. 그들이 지위를 확보하려 하거나 자신의 자존심을 채우려는 목적으로 아이들을 괴롭힌 것으로 봤습니다. "나는 그 애가 나를 괴롭힌 이유가 집이나 학교 성적에서 문제가 있었기 때문일 것 같아요"라거나 "그 아이들은 내 기분을 상하게 해서 자기 기분을 좋게 할 게 아니라, 정신을 차려야 해요"라고 답했죠.

가해자들을 교육시키겠다는 계획도 종종 내비쳤지요. "난 정말 심각하게 그 애들과 얘기해 볼 거예요. 왜 그런 말을 했는지, 왜 그런 짓을 하는지 물어볼 겁니다"라거나 "사람과 맞서 문제를 해결해야죠. 그 아이들이 저지른 짓이 절대 재미있지 않다는 걸 이해하게 도와줄 거예요"라는 답변이 나왔습니다.

성장 마인드셋을 가진 학생들은 또한, "결국에는 걔들을 용서하게 될 거예요", "내 최우선 목표는 걔들이 더 나은 사람이 되도록 돕는 일입니다"라는 데 강력하게 동의했지요.

과연 이 아이들이 가해자들의 마음을 돌리거나 교육시키는 데 성공할지는 알 수 없습니다. 그렇지만 대놓고 덤벼드는 것보다는 분명 한층 더 건설적인 첫걸음임에 분명하지요.

희생자들이 처음부터 고정 마인드셋을 가지지는 않더라도, 계속되는 괴롭힘 때문에 자연스럽게 고정 마인드셋이 생겨날 수 있습니다. 특히 주변에서 지켜만 볼 뿐 아무 조치를 취하지 않거나 심지어 합세하여 괴롭히게 된다면 더욱 심해지겠죠. 자신이 놀림과 괴롭힘을 받는데도 누구도 도와주지 않으면, 점차 자신은 그런 대접을 받아도 마땅한 사람이라고 생각하게 된다고 희생자들은 증언합니다. 스스로를 심판하면서 자신을 열등한 존재라고 여기게 되는 것이죠.

가해자가 심판을 하고, 희생자들은 그 심판을 받아들입니다. 그것이 내부로 향하면 우울증과 자살로 이어지고, 외부로 향하면 폭력으로 드러나는 것이지요.

가르침에 대한 마인드셋을 바꿔라

아이들 개개인이 괴롭힘을 그만두기란 어렵습니다. 특히 그 괴롭힘을 따르고 동조하는 그룹이 생겼을 경우에는 더욱 그렇죠. 하지만 학교는 할 수 있습니다. 학교의 마인드셋을 바꾸면 가능한 일이지요.

학교의 문화는 대개 고정 마인드셋을 조장하거나, 적어도 수용하는 쪽입니다. 어떤 아이가 더 우월하다거나 따로 선발될 자격이 있다는 생각을 받아들이고, 또한 어떤 아이는 부적응자라서 학교가 도울 일이 별로 없다고 여기지요.

하지만 이런 심판의 분위기와 맞서 싸우고 협력과 자기발전의 문화를 창조하여 괴롭힘을 현저하게 줄인 학교도 있습니다. 심리치료사이자 학교 상담가인 스탠 데이비스(Stan Davis)는 이런 효과를 내는 학교 폭력 방지 프로그램을 내놓았지요. 노르웨이 학자인 댄 올베우스(Dan Olweus)의 연구에 기초한 데이비스의 프로그램은 가해자를 변화시키고, 희생자를 지원하고, 주변 학생들이 희생자를 도와주도록 합니다. 몇 년 만에 데이비스의 학교에서 신체적 괴롭힘은 93%가 줄었고, 짓궂은 놀림도 53%나 없어졌습니다.

데이비스는 첫째, 일관성 있게 아이들을 훈육하면서도 절대 가해자를 '사람'으로 심판하려 하지 않았습니다. 아이의 어떤 성격이나 자질을 직접적으로 비판하지 않았지요. 대신 그는 가해학생들이 학교에서 환영받는다는 느낌을 갖게 했습니다.

그리고 그들의 올바른 행동에 대해 일일이 칭찬했지요. 하지만 절대 '사람'에 대해서는 칭찬하지 않았습니다. 단지 노력을 칭찬한 겁니다. "나는 요즘 네가 싸우지 않는 걸 보고 있어. 그건 네가 아이들과 잘 지내려고 노력한다는 뜻이지." 데이비스가 아이들을 성장 마인드셋으로 이끌고 있다는 걸 알 수 있지요. 그는 아이들이 나아지려고 노력하면서 자신들의 행동을 똑바로 바라보도록 도울 뿐입니다. 가해학생들이 그런 변화를 의식적으로 추구한 게 아니라고 해도, 이제는 마치 그랬던 것처럼 보이게 됐지요.

스탠 데이비스는 칭찬과 비판, 마인드셋에 대한 우리 연구진의 성과를 자신의 프로그램에 적용했고, 그 결과는 성공적이었습니다. 다음은 그에게서 받은 편지입니다.

> 드웩 박사님께,
>
> 당신의 연구는 내가 학생들을 대하는 방법을 완전히 바꿔놓았습니다. 나는 이미 아이들에게 다른 방식으로 피드백을 줌으로써 긍정적인 효과를 체험하고 있는 중입니다. 내년에는 우리 학교 전체가 이 성장 피드백에 기초하여 학생들의 동기를 자극하는 프로그램을 실시할 예정이랍니다.
>
> 스탠 데이비스 드림.

유명한 아동심리학자인 하임 지노트(Haim Ginott)도 교사들이 가해학생들로 하여금 심판에서 벗어나 자신을 개선하고 동정심을 키우게 하는 방법을 보여줍니다. 아래는 한 교사가 자신이 가르치는 8살짜리 가해학생에게 보낸 편지입니다. 이 편지를 보면, 교사는 학생에게 나쁜 사람이라는 언급은 전혀 하지 않지요. 그 대신 아이의 리더십에 대해 얘기하고, 약간은 과장된 표현으로 오히려 조언을 구하면서 아이를 존중하는 마음을 전합니다.

제이에게,

앤디 어머니의 말씀을 들으니 앤디가 올해 아주 불행했다고 하더구나. 학교에서 놀림받고 따돌림당한 일 때문에 상심하고 괴로워했다고 하셨어. 선생님은 이런 상황이 걱정스럽다. 학급의 리더인 네가 선생님에게 조언을 해줄 가장 적합한 학생이라고 생각됐지. 고통받는 아이들을 위로해주는 네 능력을 선생님은 높이 평가한단다. 어떻게 우리가 앤디를 도울 수 있을지 네 제안을 알려주렴.

너의 선생님으로부터.

〈뉴욕타임스〉가 학교의 괴롭힘에 대해 쓴 기사를 보면 에릭 해리스와 딜런 클레볼드를 가리켜 "두 십대 부적응자들"이라는 표현을 썼습니다. 그건 사실입니다. 이 아이들은 적응에 실패했지요. 하지만 가해자들에 대해서는 '부적응자'라는 표현을 쓰지 않지요. 실제로 그렇지 않거든요. 오히려 너무 적응을 잘한 것이죠. 사실 그들이 학교의 문화를 정의하고 만든 거니까요.

'누군가는 남을 괴롭혀도 된다'는 건 결코 건강한 표현이 아닙니다. 스탠 데이비스는 우리 사회가 '누군가는 흑인이나 여성을 괴롭혀도 된다'는 주장은 배격하면서, 왜 우리의 아이들을 괴롭혀도 된다는 생각은 받아들이는지 지적합니다.

그런 생각은 가해학생들까지 모욕하는 겁니다. 아이들에게 '우리는 너희들이 더 나은 존재가 될 거라고 생각하지 않아'라고 말하는 건, 아이들이 더 나은 존재가 되도록 도울 기회를 내팽개치는 일인 것이지요.

마인드셋 단련법

◎ 당신은 거절을 당한 이후에 심판받은 것 같고, 괴롭고, 복수를 하겠다는 마음이 들었나요? 아니면 비록 상처를 받았지만, 용서하고, 배우고, 새롭게 시작할 용기를 얻었나요? 당신의 인간관계에서 있었던 최악의 거절이 어떤 것이었는지 생각해 봅시다. 당시의 모든 감정들을 떠올리면서 성장 마인드셋의 관점에서 그 감정들을 바라보도록 노력해 보세요. 당신은 그 경험으로부터 무엇을 배웠나요? 혹시 그로부터 당신이 인생에서 무엇을 바라고 무엇을 바라지 않는지 알게 되지는 않았나요? 이후의 인간관계에서 유익한 내용을 배울 수 있었나요? 이제는 그 사람을 용서하고 잘 되길 빌어줄 수 있나요? 거절당해서 입었던 아픔을 이제 묻어둘 수 있나요?

◎ 당신이 가장 이상적이라고 생각하는 연인 관계를 떠올려 보세요. 둘이 완벽하게 어울리나요? 의견 불일치도 없고, 타협도 없고, 노력도 필요 없나요? 그렇다면 다시 한 번 생각해 보길 바랍니다. 모든 인간관계에서는 문제가 생기기 마련이기 때문이지요. 성장 마인드셋을 통해 그 문제들을 바라보도록 하세요. 인간관계에서 발생하는 문제는 상호간의 이해와 친밀감을 높이는 계기가 될 수 있습니다. 당신의 파트너가 다른 의견을 얘기할 수 있게 하고, 주의 깊게 들어주며, 배려와 인내를 가지고 함께 논의하세요. 아마 당신은 이로써 더 가까워진 둘의 사이를 발견하고 놀라게 될 겁니다.

◎ 당신은 남을 잘 탓하는 사람인가요? 모든 것을 다 파트너의 탓으로만 돌리는 건 관계를 유지하는 데 결코 좋은 일이 아닙니다. 차라리 저처럼 가상의 대상을 만들어 대신 그를 탓하세요. 물론 그보다 더 좋은 건 스스로에게서 비난의 원인을 찾아 치유하는 것이지요. 남의 실수와 비난에 대해서는 아예 생각하지 않는 겁니다. 저도 그러려고 계속 노력 중입니다.

◎ 당신은 남들 앞에서 부끄러워하고 수줍어하는 편인가요? 그렇다면 성장 마인드셋이 반드시 필요합니다. 당신의 부끄러움을 없애주지는 않지만, 성장 마인드셋은 당신의 사회적 교류를 망치지 않게 도와줄 겁니다. 다음에 사람들 사이에 뛰어들어야 할 일이 생긴다면, 이걸 꼭 기억하세요. 당신이 더 발전시킬 수 있는 사교적 기술이 무엇일지, 또 어떤 교류가 심판이 아닌 배움과 즐거움을 선사할 것인지 생각해 봐야 합니다. 그리고 계속 자신에게 맞는 기술을 발전시키고 관계를 형성해 가면 됩니다.

7장

마인드셋을 교육시키는 방법

'어떻게 하면 내 아이를 깎아내리고, 아이의 노력을 망치고, 배우지 못하게 하고, 성장을 가로막을 수 있을까?' 어떤 부모도 이렇게 생각하지는 않지요. 부모들은 '내 아이를 성공하게 만드는 일이라면 무엇이든 다 하겠어'라고 생각합니다. 하지만 실제로는 부모가 행하는 많은 일들이 오히려 해로운 결과를 낳습니다. 자녀를 도우려는 판단, 가르침, 동기부여 기술이 자녀에게 그릇된 메시지를 전하는 경우가 자주 발생하기 때문이지요.

실제로 말 한마디 행동 하나하나가 모두 메시지를 담고 있습니다. 자신의 자녀, 학생, 혹은 가르치는 선수들에게 '자신에 대해 어떻게 생각할 것인지'를 전하는 겁니다. 그건 '네게는 영구적인 자질이 있고 내가 그걸 심판할 거야'라는 고정 마인드셋의 메시지일 수도, 혹은 '너는 성장하고 있고 내가 너의 발전을 도와줄게'라는 성장 마인드셋의 메시지일 수도 있지요.

아이들은 이런 메시지에 놀라울 정도로 예민하게 반응하고 걱정합니다. 1950~1970년대에 양육 권위자로 명성을 떨친 하임 지노트는 이런 이야기를 들려주지요. 5살 난 브루스는 엄마와 함께 새 유치원에 갔습니다. 유치원에 들어선 브루스는 벽에 걸린 그림을 보고 "저 못난 그림들은 누가 그린 거야?"라고 말했지요. 이 말을 들은 엄마는 황급히 아들의 말을 고쳐줬습니다. "저런 예쁜 그림을 보고 못났다고 하면 안 돼."

하지만 유치원 선생님은 브루스의 말뜻을 정확히 이해했지요. "여기서는 꼭 예쁜 그림을 그릴 필요는 없단다. 네가 그리고 싶다면 '나쁜 그림'을 그려도 돼." 브루스는 선생님에게 활짝 웃어보였지요. 선생님은 브루스의 진짜 질문, '그림을 잘 못 그리는 아이는 어떻게 해야 하나요?'를 간파하고 그에 맞는 대답을 해준 겁니다.

다음으로 브루스는 망가진 소방차 장난감을 집어 들고는 못마땅한 듯 물었지요. "이거 누가 망가뜨렸어?" 엄마는 이번에도 서둘러 아들을 막아섭니다. "그걸 누가 부쉈든 네가 무슨 상관이니? 너 여기서 누구 아는 애도 없잖니." 하지만 선생님은 알아들었지요. "장난감은 갖고 노는 거야. 그래서 때로 부서지기도 하지. 원래 그런 거란다." 이번에도 '장난감을 부순 아이는 어떻게 되나요?'라는 브루스의 진짜 질문이 답을 얻은 것이죠.

이렇게 해서 브루스는 엄마를 기쁘게 돌려보내고 새 유치원에서의 첫날을 시작했습니다. 자신이 심판받고 꼬리표가 붙는 장소가 아니란 걸 알았으니까요.

우선은 부모들이 자녀들에게 어떤 메시지를 보내는지 살펴보기로 하지요. 그런데 교사가 학생들에게 보내는 메시지, 또 코치가 선수들에게 보내는 메시지도 이와 다를 게 없습니다.

성공에 관한 메시지

다음의 말들 속에 어떤 메시지가 들어 있는지 살펴보세요.

"너 정말 빨리 배우는구나! 넌 참 똑똑해!"

"저 그림 좀 봐. 마사, 저걸 그린 애는 나중에 피카소처럼 될 것 같지 않니?"

"너 참 대단하구나, 공부도 안 했는데 A를 받다니!"

대부분의 부모들은 이것이 아이를 격려하고 응원하는 메시지라고 여길 겁니다. 하지만 좀 더 깊게 들여다보세요. 그 속에 숨겨진 다른 메시지가 들리지 않나요? 아이들의 귀에는 이렇게 들릴 겁니다.

'내가 뭔가를 빨리 배우지 못한다면, 나는 똑똑하지 않은 거구나.'

'그림을 열심히 그리지 말아야겠어. 그림을 힘들여 그리면 사람들이 나를 피카소처럼 뛰어난 화가가 되지 못할 거라고 생각할 거야.'

'공부를 하면 안 되겠어. 그렇지 않으면 사람들이 나를 대단하다고 생각하지 않을 테니까.'

제가 어떻게 아냐고요? 앞의 3장에서, 자녀에게 자신감을 주기 위해 부모들이 퍼붓는 칭찬에 대해 제가 어떻게 얘기했는지 떠올려 보세요. "넌 참 똑똑해." "넌 참 재능 있어." "너는 타고난 운동선수야." 이런 칭찬들 말이죠. 그리고 저는 생각했어요. '잠깐만, 이런 칭찬에 집착하는 건 고정 마인드셋을 가진, 연약한 아이들이 아닐까? 지능이나 재능을 자꾸 들먹이면 아이들이 점점 더 그것에 집착하게 되는 게 아닐까?' 하고요.

이 질문에 답하고자 우리는 연구에 착수했습니다. 수백 명의 아이들을 대상으로 7차례의 실험을 진행한 끝에 우리는 아주 명확한 결론을 얻어냈죠. '아이들의 재능을 칭찬하면 동기와 성과를 망치는 결과가 나온다.'

어떻게 이럴 수 있을까요? 아이들이 칭찬받는 걸 좋아하지 않는 걸까요?

아닙니다. 아이들은 칭찬을 좋아하지요. 그리고 자신의 지능과 재능에 대해 칭찬받는 걸 더욱 좋아합니다. 아이들의 자신감을 북돋아주고 특별히 빛나게 해주거든요. 하지만 그건 순간적인 효과일 뿐이죠. 생각지 못한 장애물에 부딪히는 순간, 아이들의 자신감은 사라져버리고 동기는 바닥을 치게 됩니다. 만약 성공이란 것이 똑똑하다는 의미라면, 실패한다는 건 멍청하다는 뜻이 되는 거지요. 이게 바로 고정 마인드셋입니다.

좋은 의도로 자녀의 지능을 칭찬했다가 부작용을 경험한 한 엄마의 얘기를 한번 들어볼까요.

> 내가 실제 경험한 일을 나누고 싶군요. 나는 아주 똑똑한 5학년 아들을 둔 엄마입니다. 우리 아들은 수학, 언어, 과학 시험을 칠 때마다 항상 상위 1%에 들었지만, '자아 존중감'에서 아주 심각한 문제를 겪어 왔어요. 내 남편 역시 아주 똑똑한 사람인데 자기 부모님으로부터 별로 칭찬을 듣지 못하고 자라왔다고 생각한 나머지, 자기 아들에게 과할 정도로 똑똑하다고 칭찬하는 경향이 있지요. 그렇게 몇 년이 지난 지금 혹시 그것 때문에 문제가 생긴 게 아닌가 의심이 들어요. 왜냐하면 우리 아들이 학교 성적은 쉽게 잘 받지만, 뭔가 더 어려운 일에는 나서길 꺼려하거든요(바로 박사님의 연구에서처럼요). 자기가 똑똑하지 않다고 생각하게 될까봐 그러는 것 같아요. 아들은 자기 능력을 굉장히 높이 평가하고 다른 누구보다 공부든 운동이든 더 잘할 수 있다고 얘기하지만, 정작 그런 활동을 시도하지는 않아요. 분명히 실패하면 자존심이 무너질까봐 두려운 거겠죠.

그리고 제가 가르쳤던 컬럼비아대학교 학생은 다음과 같이 자신의 어린 시절을 회상합니다.

> 제 기억엔 노력보다는 지능에 대해 더 자주 칭찬받았던 것 같아요. 그렇게 점차, 하지만 확연하게 저는 어려운 과제들을 기피하게 됐고요. 가장 놀랐던 건, 그런 경향이 공부를 넘어 운동에까지, 나아가 정서적인 측면까지 확대됐

다는 점이에요. 성적이 내 인성을 반영하고, 뭔가를 당장 성취하지 못한다면 피하거나 무시해 버려야 한다는 생각이 제게는 배움을 가로막는 가장 큰 장애물입니다.

이런 종류의 칭찬을 억누르기란 거의 불가능하게 느껴진다는 것을 저도 잘 압니다. 우리는 사랑하는 자녀에게 우리가 그들을 소중히 여기고 그들의 성공을 진정 바란다는 점을 꼭 알려주고 싶으니까요. 저 역시 이런 함정에 빠진 적이 있었지요.

하루는 집에 돌아와 보니 남편 데이비드가 아주 어려운 문제를 풀어놨더군요. 둘이 한동안 끙끙거려도 풀지 못했던 문제를요. 너무 기쁜 나머지 무의식중에 그만 "당신은 천재야!"라는 말이 튀어나왔어요. 물론 저는 제가 한 말에 깜짝 놀랐고, 얼굴에 공포가 서리는 걸 본 남편이 급히 절 안심시키려 했지요. "당신이 '성장 마인드셋'으로 그렇게 말했다는 걸 알아. 내가 문제 해결 전략을 찾고, 노력하고, 여러 해결책을 시도해 본 후, 마침내 해냈다는 말을 하려던 거잖아."

"맞아." 덕분에 전 상냥하게 웃을 수 있었지요. "바로 그게 내가 하려던 말이었지."

부모들은 자녀의 두뇌와 재능을 칭찬함으로써 자녀에게 영원한 자신감을, 마치 선물처럼 건네줄 수 있다고 생각하지요. 하지만 실제로는 역효과를 냅니다. 상황이 어려워지거나 잘못되면 아이는 오히려 자기 스스로를 의심하게 되지요. 부모가 진심으로 자녀에게 선물을 주고자 한다면, 최선의 방법은 실수를 통해 흥미를 구하고, 새로운 전략을 찾고, 지속적인 배움을 사랑하는 법을 아이에게 가르치는 것입니다. 그럼 아이들은 더 이상 칭찬의 노예가 될 필요가 없고, 평생 자신감을 기르고 회복할 수 있는 자신만의 길을 갖게 되지요.

아이를 성장시키는 말

재능이나 지능을 칭찬하지 않는다면, 다른 대안은 그럼 뭘까요? 데이비드가 절 안심시키려 했던 말에서 힌트를 얻을 수 있습니다. 제 학생 중 한 명의 이야기를 들어보지요.

> 주말에 집에 갔더니 12살짜리 여동생이 학교생활이 즐겁다고 하더군요. 뭐가 그리 좋냐고 물었더니 "사회 시험에서 102점을 받았거든!" 하는 거예요. 주말 동안 그 자랑을 5번이나 더 들어야 했어요. 저는 수업에서 배운 내용을 실제 상황에 적용해 보기로 결심했죠. 동생의 지능이나 성적을 칭찬하는 대신 동생에게 공부에 쏟은 노력과 작년에 비해 나아진 점을 생각해 보게 하는 질문을 던졌어요. 작년에는 동생의 성적이 점점 떨어지기만 해서 올해는 처음부터 제가 동생을 옳은 방향으로 이끌어주려고 해요.

그럼 아이들이 뭔가 대단한 일을 해도 아이들을 칭찬해서는 안 된다는 뜻일까요? 아이들의 성공에 감탄하고 싶은 마음을 억눌러야 하는 걸까요? 절대 그렇지 않습니다. 단지 특정한 유형의 칭찬, 즉 아이의 지능이나 재능을 판단하는 칭찬을 멀리해야 한다는 뜻일 뿐입니다. 또한 아이들이 들인 노력보다 지능이나 재능을 자랑스러워한다는 암시를 담은 칭찬도 멀리해야 한다는 것이죠. 성장에 기반을 둔 과정, 즉 노력, 인내, 훌륭한 전략을 통해 성취한 결과에 대해서는 우리가 원하는 만큼 얼마든지 칭찬해도 좋습니다. 그리고 아이들에게 문제를 어떻게 해결하는지 질문함으로써, 우리가 아이들의 노력과 선택을 인정하고 관심을 가지고 있다는 점을 보여줄 수 있습니다.

"시험 성적이 오른 건 네가 정말 열심히 공부했다는 걸 증명해주는 거야. 과제를 밑줄 그어 가면서 몇 번씩 읽었지. 그게 효과가 있었구나!"

"네가 이해할 수 있을 때까지 수학 문제를 여러 가지 방법으로 풀어봤다는 점이 좋았어. 갖가지 다른 방법들을 고민해서 마침내 답을 찾아내다니!"

"과학 수업에서 어려운 과제에 도전했다는 게 훌륭해. 연구하고, 구상하고, 부품을 사서 만들기까지 많이 노력이 필요한데 말이야. 그걸 통해 넌 많은 걸 배우게 될 거야."

"지금까지는 학교공부가 쉬웠고 네가 스스로를 똑똑하다고 여겨왔다는 걸 알아. 하지만 사실 넌 아직 머리를 최대한으로 사용하지는 않은 거란다. 지금 네가 최선을 다하면서 어려운 것들을 배우려고 노력하는 모습이 참 뿌듯하구나."

"이 숙제는 양도 참 많고 복잡하구나. 그런데도 네가 집중해서 끝마쳤다는 게 참 자랑스럽다."

"이 그림에는 아름다운 색들을 많이 썼네. 엄마에게 어떻게 그린 건지 설명해주렴."

"이 글에 참 많은 생각이 담겨 있구나. 덕분에 아빠도 셰익스피어를 새롭게 이해하게 됐어."

"피아노에 네가 쏟는 열정을 보면 엄마는 참 즐거워. 너는 피아노를 칠 때 어떤 기분이 드니?"

그럼 열심히 노력했지만 결과가 좋지 않은 학생에게는 어떻게 얘기해야 할까요?

"네가 열심히 노력해서 참 좋구나. 하지만 네가 뭘 이해 못했는지 함께 알아 보면 어떨까."

"사람마다 배우는 속도는 다 다른 거란다. 이 문제를 네가 이해하고 편하게 여기려면 시간이 좀 더 필요한 듯해."

"저마다 배우는 방식은 다른 법이지. 네게 맞는 방식이 어떤 건지 계속 찾아 보자꾸나."

(특히 학습장애를 가진 아이의 경우, 이런 접근방법은 중요합니다. 이런 경우 대개는 노력 여부가 아니라 올바른 전략을 찾는 게 더 효과적이지요.)

저는 최근에 아이들을 연구하는 데 평생을 바친 하임 지노트도 저와 같은 결론에 이르렀다는 것을 알고는 참 기뻤습니다. "부모의 칭찬은 아이의 개인적 자질이 아니라 노력과 성취에 대해 주어져야 한다"고 그는 얘기했지요.

자녀에게 주의 깊게 성장 지향적인 칭찬을 하지만, 다른 사람에 대해 말하는 방식이 잘못되어 일을 그르치는 부모들도 가끔 있습니다. 저는 자기 아이 앞에서 부모들이 "그 녀석은 천생 패배자야", "그녀는 타고난 천재야"라거나 "쟤는 얼간이야"라고 말하는 모습을 지켜봐왔죠. 부모가 타인에 대해 이런 고정적 판단을 내리는 말을 들은 아이들의 마음속에는 고정 마인드셋이 자라나는 겁니다. 그리고 이렇게 고민하게 되지요. '부모님은 나도 저런 식으로 생각하지 않을까?'

이런 위험은 교사들에게도 마찬가지입니다. 한 연구에서 우리 연구진은 학생들에게 수학을 가르치면서 수학의 역사, 즉 위대한 수학자들에 관한 얘기를 함께 전했습니다. 학생들 중 절반에게는 쉽게 수학적 발견에 이른 이른바 천재 수학자들 얘기를 다뤘죠. 이것만으로도 학생들의 고정 마인드셋은 강화됐습니다. 그 이야기는 '수학에 재능을 타고난 사람들이 있고, 그들에게는 모든 문제가 수월했다'는 메시지를 전합니다. 그리고 '너희들은 그런 천재가 아니야'라는 메시지도 함께 전하지요. 반면 나머지 절반의 학생들에게는 평범한 사람이었지만 수학에 열정을 갖고 마침내 위대한 발견에 이른 수학자들의 얘기를 들려줬습니다. 이를 통해 학생들은 성장 마인드셋에 연결됐지요. '기술과 성과는 헌신과 노력을 통해서 얻어진다'는 메시지가 전달된 겁니다. 별 것 아닌 듯한 우리의 말에서 아이들이 이런 메시지를 포착해 낸다는 건 참 놀라운 일입니다.

칭찬에 관한 이야기를 하나만 더 하겠습니다. 우리가 아이들에게 "와, 너 참 빨리 했구나!"라거나 "봐, 너 아무 실수도 하지 않았네!"라고 말하면 어떤 메시지가 전달될까요? 아이들에게 '속도'와 '완벽'이 중요하다고 말하는 겁니다. 속도와 완벽은 어려운 배움의 '적'입니다. 즉 아이들은 '부모님이 내가 빠르고 완벽할 때 똑똑하다고 칭찬해주니, 어려운 건 아예 도전하지 않는 편이 낫겠어'라고 생각하게 되지요. 그럼 아이들이 어려운 과제, 예컨대 수학 문제를 빠르고 완벽하게 풀었을 때는 뭐라고 해줘야 할까요? 이럴 때는 칭찬을 하지 말아야 할까요? 그렇습니다. 저는 이럴 때 "이런, 문제가 너무 쉬웠나봐. 이런 쉬운 문제를 풀게 해서 미안하구나. 네가 정말 뭔가 배울 수 있는 문제를 풀어보자!"라고 얘기해줍니다.

긴장을 풀어줄 때도 조심!

여러분은 시험이나 공연을 앞둔 아이의 긴장을 어떻게 풀어주나요? 여기에도 같은 원칙을 적용할 수 있습니다. 아이들에게 지능이나 재능에 대한 언급을 하면 역효과가 나지요. 오히려 실수를 하게 될까봐 더 긴장감만 높아질 뿐입니다.

크리스티나는 아주 똑똑한 고등학생이었지만, 창피하게도 매번 시험을 망쳤지요. 매일 열심히 공부하고 숙제하지만, 시험만 봤다 하면 너무 긴장한 나머지 눈앞이 캄캄해지는 겁니다. 성적은 형편없었고, 선생님과 부모를 실망시켰죠. 특히 크리스티나가 입학하고 싶어 하는 대학에서 중요하게 여기는 시험을 앞두고 상황은 더 심각해졌습니다.

매 시험 전날 밤마다 심란해하는 딸을 보고 부모는 자신감을 불어넣어주려고 했죠. "얘야, 네가 얼마나 똑똑한지는 너도 알고 우리도 알잖니. 넌 잘 해낼 거야. 걱정하지 마."

물론 그들은 자신들이 아는 한 최대한의 응원을 해주려고 한 것이지만, 오히려 위험을 더 키운 셈입니다. 그럼 그들은 뭐라고 했어야 할까요?

"모두가 너를 평가하려고 하는데 너는 네가 아는 것조차 제대로 보여주지 못하는 것 같으니 분명 끔찍한 기분일 테지. 하지만 우리는 너를 평가하려는 게 아니라는 점을 알아줬으면 한다. 우리가 신경 쓰는 건 네가 얼마나 배우고 있느냐 하는 거야. 그리고 네가 충분히 배우고 있다는 걸 안단다. 네가 지금까지 노력하면서 계속 공부해 왔다는 점이 참 자랑스럽구나."

실패에 관한 메시지

성공했을 때의 칭찬은, 실패했을 때의 그것에 비하면 상대적으로 별 것 아닐 수 있습니다. 아이가 실패했을 때 어떻게 해야 하느냐가 훨씬 더 미묘한 문제처럼 보이지요. 아마 아이들은 이미 낙담하고 위태로운 상태일 겁니다. 이번에는 실패했을 때 자녀에게 보내는 메시지에 대해 살펴봅시다.

9살 엘리자베스는 첫 체조경기 출전을 준비 중이었습니다. 키가 크고 유연하며 활기가 넘치는 이 아이는 체조와 잘 어울렸고, 엘리자베스도 체조를 즐겼지요. 물론 경쟁해야 한다는 데 약간 긴장했지만 잘할 수 있다는 자신감이 강했습니다. 심지어 우승 리본을 방 어디에 매달아야 좋을지까지 미리 생각해두고 있었으니까요.

첫 종목인 마루운동에 엘리자베스가 가장 먼저 나섰습니다. 나름 연기를 잘했지만, 다른 아이들에 순위가 밀려 패하고 말았죠. 다른 종목에서도 좋은 성적을 냈으나 우승하기에는 모자랐습니다. 모든 종목이 끝난 뒤 엘리자베스는 아무 리본도 받지 못했고 절망에 빠졌지요.

만약 당신이 엘리자베스의 부모라면 어떻게 하겠습니까

1. "내 생각엔 네가 최고야"라고 말한다.
2. "네가 받아야 마땅한 우승 리본을 도둑맞았어"라고 말한다.
3. "체조는 그리 중요한 게 아니야"라고 위로한다.
4. "너는 재능이 있으니 다음엔 반드시 우승할 거야"라고 말한다.
5. "넌 우승할 자격이 없었어"라고 말한다.

'어떻게 자녀의 자존심을 세워줄 것인가'에 대해 우리 사회에 널리 퍼진 메시지가 하나 있는 것 같아 보입니다. 그 메시지의 골자는 '아이를 실패로부터 보호하라!'는 것이죠. 하지만 그러면 당장의 실망감을 치유해주는 효과는 있을지 몰라도, 장기적으로는 아이에게 해가 될 수 있습니다. 그 이유는 뭘까요?

위의 5가지 반응이 어떤 마인드셋을 담고 있는지 살펴보고 그 안에 담긴 메시지를 들어봅시다.

첫 번째("내 생각엔 네가 최고야")는 우선 진실이 아니지요. 엘리자베스는 최고가 아닙니다. 그건 당신도, 아이도 알고 있는 사실이죠. 이래서는 어떻게 극복하고 개선할지 아무런 도움도 주지 못합니다.

두 번째("네 우승 리본을 도둑맞았어")는 타인에게 탓을 돌리는 겁니다. 사실 문제는 심판이 아니라 아이의 연기인 건데 말이죠. 당신은 엘리자베스가 자신의 약점에 대해 다른 사람들을 비난하는 사람으로 크길 바라나요?

세 번째("체조는 그리 중요한 게 아니야")는 아이에게, 당장 잘하지 못하는 일에 대한 가치를 폄하하도록 가르칩니다. 당신이 진정으로 전하고자 하는 메시지는 이게 아니지 않나요?

네 번째("너는 재능이 있어")가 가장 위험한 메시지일 수 있습니다. 능력만 있다면 무엇이든 원하는 바를 자동적으로 이룰 수 있나요? 또 엘리자베스가 이번 경기에서 우승하지 못했다고 해서 다음 경기에 우승하리란 법은 어디 있나요?

마지막 선택지("넌 우승할 자격이 없었어")는 너무 냉정하고 가혹한 말처럼 보입니다. 물론 아이에게 정말 이렇게 말하기는 쉽지 않겠죠. 하지만 성장 마인드셋을 가진 아빠라면 이런 선택을 내려야 합니다.

실제 엘리자베스의 아빠는 이렇게 말했지요. "엘리자베스, 네 기분이 어떨지 안다. 기대가 컸고 최선을 다했는데 우승하지 못했으니 참 실망스러울 거야. 하지만 너도 알 듯이 넌 아직 부족한 부분이 있어. 이 대회에는 너보다 더 오래, 더 열심히 체조를 해온 아이들이 많이 참가했단다. 만약 정말 체조가 좋다면, 앞으로 정말 열심히 노력해야 하는 거야."

또한 아빠는 엘리자베스에게, 그냥 취미로 체조를 하려는 거라면 이 정도로 충분하다고도 얘기해줬습니다. 그러나 남과의 경쟁에서 이기려는 거라면 더 많은 노력이 필요하다고 했지요. 엘리자베스는 이 말을 가슴에 새기고, 훈련시간을 많이 늘리고, 특히 약했던 종목들을 반복해서 연습했습니다. 그리고 각 지역으로부터 총 80명의 소녀들이 참가한 다음 대회에서, 엘리자베스는 개인 종목에서 5개의 리본을 획득하면서 종합 우승의 영예를 안았고, 거대한 트로피를 들고 집으로 돌아올 수 있었습니다. 이후로 지금까지, 엘리자베스의 방은 벽이 안 보일 정도로 온통 트로피로 가득 찼답니다.

결국 엘리자베스의 아빠는 진실을 얘기해줬을 뿐 아니라 실패로부터 배우는 법과 앞으로 성공하기 위해 할 일을 가르쳐준 겁니다. 딸의 실망에 아빠도 가슴이 아팠지만, 이후로 계속 실망만 안겨줄 게 뻔한 거짓 응원의 메시지를 전하지 않은 것이죠.

저는 지금까지 수많은 학교 운동코치들을 만났고 그들은 제게 이렇게 물었습니다. "왜 가르칠 만한 선수들이 보이지 않을까요? 다 어디로 가버린 걸까요?" 선수들에게 충고를 하면 그들은 자신감이 깎인다며 불평한다고 많은 코치들이 한탄합니다. 자기 집에 전화를 해서 부모에게 일러바치는 선수들도 있으며, 그저 자기들이 얼마나 재능 있는지 칭찬해 주고 내버려 두기만 바라는 것 같다고요.

예전에는 유소년 리그나 아이들의 축구경기가 끝난 뒤에, 집으로 가면서 부모들이 경기를 분석하고 아이들에게 유용한 전술 팁을 충고하고는 했다는군요. 하지만 코치들 말로는, 이제 집으로 가는 길에 부모들은 아이의 실수나 팀의 패배를 코치나 심판의 탓으로 돌리면서 욕한답니다. 아이 탓을 해서 자녀의 자신감을 해치고 싶지 않은 것이겠죠.

하지만 앞서 살펴본 엘리자베스의 사례에서 보듯이, 아이들에게는 정직하고 건설적인 피드백이 필요합니다. 아이를 그로부터 '보호'하려고 할수록 '배움'으로부터 멀어지는 겁니다. 아이들은 조언, 코칭, 피드백을 부정적으로 생각하게 될 것이고요. 건설적인 비판을 미루는 건 아이의 자신감에도 도움이 되지 않습니다. 오히려 아이의 미래를 망칠 뿐이죠.

건설적으로 비판하는 법

'건설적 비판'이라는 말을 우리는 자주 듣지요. 하지만 아이들에게 주는 비판은 다 건설적인 게 아닐까요? 아이에게 도움이 되지 않는다고 생각하면 굳이 비판할 필요도 없을 테니까요. 하지만 전혀 도움이 되지 않는 비판들도 상당히 많습니다. 그런 비판들은 주로 아이들에 대한 심판으로 가득하지요. 하지만 '건설적'이란 말은 아이들이 뭔가를 고치고, 더 나은 결과물을 만들고, 더 잘할 수 있도록 돕는다는 의미입니다.

빌리는 서둘러서 숙제를 하려다가 문제 몇 개는 건너뛰고 또 몇 개에는 대충 답을 적었습니다. 빌리의 아빠는 노발대발했습니다. "이건 네 숙제잖아? 제대로 할 수 없어? 멍청한 거니, 책임감이 없는 거니? 어느 쪽이야?" 아들의 지능과 인성을 모두 비난하는 이런 피드백은 '결점은 영원하다'는 의미까지 담고 있지요.

아이의 자질을 훼손하지 않으면서 아빠가 실망감을 제대로 표현할 수는 없을까요? 몇 가지 방법이 있습니다.

"네가 제대로 숙제를 하지 않으니 화가 나는구나. 언제 숙제를 완전히 마칠 수 있겠니?"

"숙제에서 이해가 안 되는 부분이 있니? 아빠와 같이 풀어볼까?"

"이거 정말 지루한 숙제구나. 참 안 됐네. 숙제를 좀 더 재밌게 할 수 있는 방법은 없을까?"

"전에 아빠가 지루한 일일수록 집중력을 기르는 데 도움이 된다고 말했던 거 기억나지? 이 숙제가 딱 그런 것 같아. 네 집중력을 다 발휘해보렴. 숙제를 다 할 때까지 네가 잘 집중할 수 있는지 한번 보자!"

때로는 아이들 스스로 자신을 심판하고 꼬리표를 붙이기도 하지요. 하임 지노트는 14살 소년 필립의 예를 듭니다. 필립은 아빠와 함께 과제를 하다가 그만 실수로 온 바닥에 못을 흘리고 말았어요. 아이는 죄 지은 듯이 아빠를 쳐다보며 말합니다.

필립 이런, 난 너무 칠칠맞지 못해요.

아빠 못을 쏟았을 때 할 말은 아닌 것 같은데.

필립 뭐라고요?

아빠 음, '못을 쏟았으니 주울게요!'라고 하면 돼.

필립 그게 다예요?

아빠 그게 다지.

필립 고마워요, 아빠.

아이들 입장에서 보다

고정 마인드셋을 지닌 아이들은 우리 연구진에게 자신이 부모로부터 항상 심판의 메시지를 받는다고 얘기합니다. 그 아이들은 자신의 자질이 항상 평가받는 중이라고 느낀다고 말하죠.

Q 부모님이 네 숙제를 도와주겠다고 한다면, 왜 그러는 거라고 생각하니?

A 진짜 이유는 내가 숙제하는 모습을 보면서 내가 얼마나 똑똑한지 알아보려고 하는 거예요.

Q 네가 좋은 성적을 받아서 부모님이 기뻐한다면, 그 이유는 뭘까?

A 내가 똑똑한 아이란 걸 확인해서 기쁜 거죠.

Q 네가 학교에서 안 좋은 성적을 받았는데 부모님이 얘기를 좀 하자고 한다면, 그건 왜 그러는 걸까?

A 내가 그리 똑똑한 애가 아닐까봐 걱정하는 거죠. 나쁜 성적은 내가 똑똑하지 않다는 증거가 되는 거니까요.

이렇게 매번 뭔가 일이 생길 때마다, 이 아이들은 오직 심판의 메시지만 듣게 되는 겁니다.

아마도 모든 아이들이 '부모님은 나를 심판하고 있어'라고 생각할지도 모르겠네요. 부모의 일이란 게 참견하고 심판하는 것 아닌가요? 하지만 성장 마인드셋을 가진 학생들은 이렇게 생각하지 않습니다. 그 아이들은 부모가 단지 배움을 독려하고 좋은 학습 습관을 길러주려는 거라고 생각하죠. 부모의 행동 이유에 대해 성장 마인드셋을 가진 아이들은 뭐라고 얘기했는지 들어보시죠.

Q 부모님이 네 숙제를 도와주겠다고 한다면, 왜 그러는 거라고 생각하니?

A 내가 학교숙제로부터 충분히 배웠는지 확인하려는 거예요.

Q 네가 좋은 성적을 받아서 부모님이 기뻐한다면?

A 성적이 좋다는 건 제가 그만큼 열심히 했다는 거니까 기쁜 거죠.

Q 네가 학교에서 예전에 비해 나쁜 성적을 받았는데 부모님이 얘기를 좀 하자고 한다면?

A 앞으로 더 잘 공부할 수 있는 방법을 가르쳐주시려는 거겠죠.

자신의 행동이나 인간관계에 관한 일에서도, 고정 마인드셋을 가진 아이들은 심판으로 받아들이는 반면, 성장 마인드셋을 가진 아이들은 '도움'으로 받아들였습니다.

Q 부모님이 뭔가를 부탁했는데 네가 하지 않았을 때 부모님이 화가 났다고 해보자. 정확히 왜 화가 난 걸까?

고정 마인드셋 아이 내가 나쁜 아이일까봐 걱정하시는 거예요.

성장 마인드셋 아이 내가 다음에는 더 잘 할 수 있는 방법을 배울 수 있게 도와주시려는 거예요.

모든 아이들은 잘못을 하게 마련이죠. 통계에 의하면 일반적인 어린아이들은 3분마다 한 번씩 '나쁜 짓'을 한다고 합니다. 그 나쁜 짓이 아이들의 인성에 대한 심판으로 이어질까요, 아니면 배우는 기회가 될까요?

Q 네가 다른 아이들과 뭔가를 함께 나누지 않았는데 부모님이 불편해하신다면, 그 이유는 뭘까?

고정 마인드셋 아이 그 일로 내가 어떤 아이인지 보여줬다고 생각하니까요.

성장 마인드셋 아이 다른 아이들과 잘 지내는 방법을 배우게 도와주시려는 거예요.

아이들은 이런 교훈들을 일찍부터 배웁니다. 걸음마를 뗄 정도만 되도 아이들은 부모로부터 이런 메시지를 들으면서 자신의 실수가 심판과 벌을 받을 만한 일이라는 걸 배우죠. 반대로 실수가 조언과 가르침을 듣는 계기가 된다고 배우는 아이들도 있고요.

우리 연구진이 절대 잊지 못할 한 유치원생이 있었습니다. 이 유치원생의 이야기를 통해 부모가 가진 마인드셋의 차이에 따라 각기 다른 메시지를 듣는 아이의 모습을 보게 되실 겁니다. 상황은 이랬습니다. 아이가 학교에서 숫자를 썼는데, 그중에 실수가 있었지요. 그리고 부모님이 각각 어떻게 반응했는지 아이는 우리에게 얘기해줬습니다.

엄마 안녕, 왜 기분이 안 좋아 보이지?

아이 선생님한테 숫자를 써서 냈는데 중간에 8을 빼먹고 안 썼어요. 그래서 슬퍼요.

엄마 흠, 네가 기운을 다시 차릴 수 있는 방법이 있는데.

아이 뭔데요?

엄마 네가 정말 최선을 다했다고 말씀드리면, 선생님도 화를 내지 않으실 거야. (아빠를 쳐다보며) 우리는 화가 나지 않았죠, 여보?

아빠 아니, 화가 안 나긴 왜 안 나! 이 녀석, 당장 네 방으로 가지 못해!

마음 같아서는 여러분에게 이 아이가 엄마의 성장 지향적 메시지에 귀를 기울였다는 결과를 전하고 싶지만, 우리의 연구결과는 그렇지 않았습니다. 아이를 깎아내리기만 하고 실수에 대해 해결책도 없는 아빠의 메시지가 아이에게 더 강한 효력을 발휘했지요. 하지만 노력에 대한 엄마의 메시지를 받았으니 언젠가는 그걸 활용하게 될 것이라고 기대해 봅니다.

부모들은 심지어 갓난아기일 때부터 자녀의 행동을 해석하고 반응하지요. 막 출산한 엄마가 아기에게 젖을 물리려 합니다. 아기는 울기만 하고 젖을 물지 않지요. 또는 몇 번 젖을 빨다가 포기하고, 다시 울기 시작합니다. 그럼 엄마는 생각하죠. '우리 애가 고집이 센가? 아기들은 원래 자동적으로 젖을 빨아야 하는 게 아닌가? 애한테 무슨 문제가 있나?'

이런 상황을 겪었던 한 엄마가 제게 이렇게 말했습니다. "처음에는 정말 당황했어요. 그러다가 교수님의 말씀이 떠올랐어요. 아기에게 계속 '우리는 지금 수유하는 법을 함께 배우는 중이야. 너도 배고프고 힘들지? 하지만 우리는 배우는 중이란다'라고 말했지요. 이렇게 생각하니 침착해지고 아기가 젖을 먹을 때까지 참을 수 있었어요. 또 아기를 더 잘 이해하고 다른 것들을 가르치는 데도 도움이 됐답니다."

판단하지 마세요. 가르치세요. 그게 배움의 과정이니까요.

아이들도 메시지를 전한다

아이들이 이런 메시지를 배운다는 점을 알 수 있는 또 하나의 방법은, 아이들 스스로가 어떻게 메시지를 전하는지 살펴보는 것입니다. 아주 어린 아이들도 자신이 배운 지혜를 전할 준비가 되어 있으니까요. 우리는 2학년 아이들에게 "수학을 어려워하는 반 친구에게 뭐라고 조언해주고 싶니?"라고 물었습니다. 그러자 성장 마인드셋을 가진 아이들은 다음과 같은 조언을 내놨지요.

> 너 그만두고 싶니? 그렇게 잠깐 고민해보고 그만두는 거야? 그럼 좀 길게, 한 2분 정도만 더 생각해 볼래? 그래도 모르겠으면 문제를 다시 읽어보는 건 어때. 그렇게 했는데도 이해가 안 되면, 손을 들고 선생님에게 물어봐.

참 대단하지 않나요? 반대로 고정 마인드셋을 가진 아이들의 조언은 그리 유익하지 않았습니다. 고정 마인드셋에는 성공의 비결이란 게 존재하지 않기에, 거기서 나오는 조언은 그저 짧고 다정할 뿐이기 때문입니다. 고정 마인드셋을 가진 한 아이는 위로조로 "참 안됐구나"라고 하더군요.

심지어 아기들도 자신이 받은 메시지를 전달할 줄 압니다. 메리 메인

(Mary Main)과 캐럴 조지(Carol George)는 울거나 말썽을 피운다는 이유로 부모들에게 학대받는 아이들을 연구했습니다. 학대하는 부모들은 대개 아기의 울음이 뭔가 필요하다는 신호라는 점과, 명령한다고 아기들이 울음을 그칠 수 있는 게 아니라는 점을 이해하지 못하고 있었지요. 단지 아기의 울음을 불복, 고집, 악의라고만 판단할 뿐이었습니다.

메인과 조지는 1~3세의 학대받는 아이들의 일상을 관찰하면서, 다른 아이들이 괴로워하거나 울 때 어떻게 반응하는지 살펴봤습니다. 그랬더니 학대를 경험한 아이들은 괴로워하는 아이들에게 자주 화를 냈고, 심지어 때리려 하기까지 했던 겁니다. 그 아이들은 '우는 아이는 심판받고 벌 받아야 해'라는 메시지가 이미 몸에 밴 것이지요.

우리는 보통 학대받은 아이가 어른이 되고 난 후에야 어린 시절 학대받은 상처를 타인에게 전가한다고 생각합니다. 하지만 이 충격적인 연구는 어렸을 때 이미 아이들이 자신이 받은 상처를 남들에게 전한다는 점을 보여주지요.

그럼 학대를 받지 않은 아이들은 고통을 겪는 친구를 어떻게 대했을까요? 이 아이들은 동정심을 표했습니다. 대부분 우는 아이들에게 다가가 뭐가 잘못됐는지, 뭘 도와줄 수 있는지 살펴봤지요.

"너를 (맘에 들 때만) 사랑한단다"

'나는 너를 심판한다'는 부모의 말은, 실제로는 이런 뜻입니다. '나는 너를 심판해서, 내 기준으로 네가 성공할 경우에만 널 사랑할 거야.'

우리 연구진은 6살부터 대학생에 이르기까지 이르는 다양한 연령대의 아이와 청소년을 연구했습니다. 이중에서 고정 마인드셋을 가진 이들은, 부모의 기대를 충족시키지 못하면 부모가 자신을 사랑하고 존중하지 않을 것이란 생각을 갖고 있었지요. 어느 대학생은 이렇게 말하더군요. "내가 부모님 기대만큼 성공하지 못하면 내 부모님은 날 인정해 주지 않을 거란 느낌이 자주 들어요." 또 "부모님은 말로는 내가 원하는 무엇이든 될 수 있다고 하시지만, 사실은 그들이 원하는 직업을 구하지 못하면 절 인정해주지 않을 거라고 생각합니다"라고 한 학생도 있었습니다.

존 매켄로의 아버지가 이런 유형이었습니다. 그는 모든 일을 흑백논리로 판단하려 했고 아들을 강하게 압박했지요. "내 부모님은 날 밀어붙였어요. 주로 아버지가 그랬죠. 내가 테니스 선수로 성장하는 모습만 바라보며 사는 것 같았어요. 아버지에게 테니스가 즐겁지 않다고 얘기했을 때가 기억납니다. 나는 '매 경기마다 오셔야 해요? 연습장까지 오셔야 하나요? 한번쯤 쉴 수도 있지 않아요?'라고 했죠."

아버지에게 그토록 원하던 성공을 안겨줬지만, 정작 매켄로 본인은 그 성공의 순간을 즐기지 못했습니다. 그는 자신이 성공의 결과, 즉 최고의 자리, 주변의 칭찬과 돈을 즐겼다고 말했지만, 또한 "스포츠를 진정으로 즐기는 운동선수들을 많이 봤지만, 나는 테니스를 하면서 그렇게 느껴본 적이 없었습니다"라고 얘기했지요.

매켄로가 처음 발견한 새로운 타법에 매료되었다고 말하는 점을 보면, 그도 맨 처음 시작했을 때는 테니스를 사랑했으리라고 저는 생각합니다. 하지만 이후 다시는 그런 말을 그에게서 들을 수 없었죠. 매켄로의 부친은 테니스에 대한 아들의 재능을 확인한 후 압박과 심판을 가했고, 사랑을 주기도 했지만 그 사랑은 아들이 성공했을 때만 부여되는 것이었습니다.

타이거 우즈의 아버지는 이와는 반대였습니다. 물론 우즈의 부친도 만만치 않은 야망을 가졌고 신이 내린 재능을 아들이 타고났다고 여겼죠. 하지만 그는 우즈의 골프에 대한 사랑을 길러주었고 우즈의 성장과 학습에 중

점을 두었습니다. “만약 타이거가 배관공이 되길 원했다고 해도, 최고의 배관공이 될 수만 있다면 나는 개의치 않았을 겁니다. 중요한 건 아들이 위대한 사람이 되는 것이었으니까요.” 이에 대해 타이거 우즈 본인은 이렇게 얘기하죠. “부모님은 내 인생에 엄청난 영향을 끼쳤습니다. 나는 부모님으로부터 나 자신에게 시간, 재능, 무엇보다 사랑을 쏟는 법을 배웠죠.” 이는 부모가 자식의 삶에 깊숙이 개입하더라도 압박과 심판 대신 아이의 성장을 독려할 수 있다는 사실을 보여주는 사례입니다.

유명한 바이올린 코치인 도로시 딜레이는 마치 압력솥처럼 자녀들을 볶아대는 부모들에게 항상 시달렸습니다. 이런 부모들은 아이의 장기적인 학습보다 재능, 이미지, 꼬리표를 더 중시하는 사람들이었죠.

한번은 어느 부모가 8살 난 아들을 딜레이에게 데려왔습니다. 그들은 아들에게 베토벤 바이올린 협주곡을 통째로 외우게 시켰죠. 그래서 비록 정확히 외우기는 했지만, 아이는 마치 겁에 질린 로봇처럼 연주했습니다. 사실 그들은 “우리 8살 아들은 베토벤 바이올린 협주곡을 연주할 수 있어요. 당신네 아들은 어때요?”라며 아들의 재능을 과시하려는 욕심으로 아들의 연주를 망쳐버린 셈이었지요.

또한 딜레이는, 자신의 아들을 유명 기획사와 계약시키겠다고 주장하는 한 엄마와 한참 동안 상담한 적도 있었습니다. 과연 그 엄마가 딜레이의 조언을 따랐을까요? 아니었죠. 딜레이는 아직 아이가 충분한 레퍼토리를 갖추지 못했다고 경고했지만, 엄마는 전문가의 조언에 따라 아들을 성장시키는 선택을 내리지 못했습니다. 고작 그런 이유로 아들의 넘치는 재능을 거절할 리가 없다고 믿어버린 것이죠.

이제는 유명 바이올리니스트로 성장한 이유라의 어머니는 많이 달랐습니다. 그녀는 딸이 레슨을 받는 동안, 다른 엄마들처럼 요란하게 뭔가 적거나 긴장하지 않고 차분히 앉아 있었죠. 그저 미소 짓거나 음악에 맞춰 몸을 흔들며 딸의 연주를 즐겼습니다. 그 결과, 과하게 자식을 심판하려 드는 부모를 둔 아이들이 보이는 불안감을 이유라에게서는 찾아볼 수 없었지요. 유라는 이렇게 말합니다. "연주할 때마다 나는 항상 행복해요."

'이상적인 아이'의 위험성

부모로서 자식을 위해 목표를 정하거나 이상적인 모습을 그려보는 건 당연하지 않은가요? 물론 그렇습니다만, 모든 '이상형'이 다 도움이 되는 건 아닙니다. 우리 연구진은 대학생들에게 그들이 생각하는 '성공적인 학생'의 이상적 모습을 묘사해 달라고 요청했습니다. 또한 자신이 그 이상형에 얼마나 근접한 상태라고 생각하는지 얘기해 달라고 했죠.

고정 마인드셋을 가진 학생들은 이상형을, 노력을 통해 달성할 수 없는 것처럼 묘사했습니다. '가졌거나 못 가졌거나 둘 중 하나'라는 식이었죠.

"성공한 학생의 이상적인 모습은 타고난 재능을 가진 사람이에요."

"천재, 스포츠에 적합한 신체를 가진 사람들… 그들은 선천적 능력 덕분에 그렇게 된 거죠."

그럼 자신이 그 이상형에 다가갔다고 생각했을까요? 대부분은 아니었습니다. 오히려 그 이상형 때문에 더 꾸물거리고 포기하며 스트레스를 받게 된다고 말했죠. 자신은 절대로 되지 못할 이상형 때문에 기가 죽은 겁니다.

반면 성장 마인드셋을 가진 학생들은 자신의 이상형을 다음과 같이 그렸습니다.

"성공적인 학생이란 세상에 대한 탐구와 지식을 확장하는 것을 우선적인 목표로 가진 사람이에요. 그런 사람들은 성적을 자신에 대한 최종적인 평가가 아니라 성장할 수 있는 수단으로 여기지요."

"이상적인 학생은 지식을 도구적인 수단 그 자체로만 평가합니다. 그리고 사회에 공헌하기를 바라는 사람이죠."

그럼 자신들을 이런 이상형과 비슷하다고 여길까요? 그들은 그런 존재가 되기 위해 노력 중이었습니다. "최대한 그렇게 되려고 해요. 자, 그러려면 노력해야 한다고요"라거나 "오랫동안 성적이나 시험이 가장 중요하다고 생각했었지만 이제는 그런 시각을 넘어서려고 해요"라는 대답이 나왔지요. 그들에게 이상형은 자신을 자극시키는 존재였던 겁니다.

부모가 자녀에게 고정 마인드셋의 이상형을 주입시킨다는 건, 똑똑하고 재능 있는 아이의 규격에 맞출 것을 요구하는 것이고, 그렇지 않으면 가치 없는 아이가 된다고 얘기하는 것이나 마찬가지입니다. 실수 따위는 결코 있어선 안 된다고 압박하는 것이죠. 그리고 아이의 개성, 관심사, 독특함 그리고 아이의 욕구나 가치가 고려될 여유도 없습니다. 저는 고정 마인드셋을 가진 부모들이 한숨을 내쉬며 자녀의 반항이나 중퇴에 관해 한탄하는 모습을 수없이 많이 봐왔습니다.

하임 지노트는 17살 니콜라스의 얘기를 들려줍니다.

> 내 아버지의 마음에는 이상적인 아들의 상(象)이 정해져 있었죠. 거기에 실제의 저를 비교해 볼 때면 심하게 낙담하셨고요. 제 삶은 아버지의 이상에 맞지 않았던 거죠. 아주 어릴 적부터 나는 아버지의 실망을 눈치 챌 수 있었습니다. 비록 아버지는 그 실망감을 감추려 하셨지만, 말투, 단어, 침묵 등으로 표출되어 나왔죠. 나를 당신 이상형의 판박이로 만들려고 무던히 애를 쓰셨지만, 실패하게 되자 나를 포기하셨죠. 그러나 제게는 깊은 상처, 패배감이 영원히 남게 됐습니다.

부모가 자녀로 하여금 성장 마인드셋의 이상형을 직접 만들어보도록 도와준다는 것은 자녀가 평생 추구할 뭔가를 제공하는 것과 마찬가지입니다. 또한 자기 자신을 만족시키는 동시에 사회에 공헌할 수 있는 온전한 인간으로 성장할 수 있는 공간을 부여하는 것이기도 합니다. 성장 마인드셋을 가진 부모가 자녀에 대해 "나는 내 아이에게 실망했어요"라고 하는 말을 저는 거의 들어본 적이 없습니다. 그보다 함박웃음을 지으며 이렇게 말합니다. "내 아이가 이렇게 훌륭하게 성장했다는 게 참 놀라워요."

지금까지 제가 부모에 관해 한 모든 얘기는 교사에게도 적용됩니다. 하지만 교사들은 추가적으로 고려해야 할 사항들이 더 있지요. 교사들은 각기 다른 능력과 과거의 학습 경험을 가진 수많은 아이들을 상대해야 한다는 점입니다.

이런 학생들을 올바르게 교육시킬 최선의 방법은 무엇일까요?

위대한 가르침의 비밀

많은 교육자들이, 성취에 대한 자신들의 기준을 낮춰서 적용하면 학생들이 성공을 더 많이 경험하고, 자존심을 키우고, 성과를 올리게 된다고 생각합니다. 이런 생각은 학생들의 재능을 과하게 칭찬하는 것과 맥락이 같습니다. 당연히 효과를 내기 어렵지요. 기준을 낮추는 것은 단지 쉬운 일만 좋아하고 자신이 풍부한 칭찬을 받을 자격이 있다고 여기는 학습 부진아를 만들어낼 뿐입니다.

35년 동안 쉴라 슈워츠는 열성적인 영어 교사들을 가르치는 일을 해왔습니다. 교사란 학생에게 지식을 전달하는 직업임을 고려하여 슈워츠는 높은 기준을 적용했지요. 하지만 교사들의 반응은 '분노'였습니다. "온통 문법과 철자 오류로 가득한 작문 숙제를 낸 한 학생이 제 사무실로 쳐들어왔어요. 육군사관학교 출신인, 가슴에 온갖 장식이 달린 군복을 입은 남편과 함께 말이죠. 내가 하도 철자를 교정하는 바람에 자신이 마음의 상처를 입었다고 항의하러 온 거였어요."

또 다른 학생은 하퍼 리의 소설《앵무새 죽이기》의 주제를 요약하라는 숙제를 받았습니다.《앵무새 죽이기》는 인종차별에 맞서 살인 혐의를 받은 흑인을 변호하려는 한 남부 변호사의 이야기를 그리고 있지요. 그 학생은 소설의 주제가 '모든 사람은 기본적으로 선하다'라고 주장했습니다. 슈워츠가 그 결론에 의문을 제기하자, 학생은 교실을 나가서 학장에게 이 사실을 일러바쳤지요. 결국 슈워츠는 학생들에게 너무 높은 기준을 적용했다는 이유로 질책을 받았습니다. 슈워츠는 이렇게 묻습니다. "언젠가는 아이들을 가르쳐야 할 미래의 교사들이 낮은 기준을 적용받는 게 왜 장려돼야 하는 것인가요?"

반면에 학교에서 아이들에게 그 수준에 도달할 수 있는 수단을 제공하지 않은 채 기준을 높이기만 하는 것 또한 재앙을 불러올 수 있습니다. 이런 방식은 준비가 아직 안 됐거나 충분히 동기부여가 되지 않은 학생들을 실패로 내몰고 학교 밖으로 몰아내는 것에 불과하지요.

기준을 높게 잡으면서 동시에 아이들이 그 기준에 도달하도록 만드는 방법은 없을까요?

앞선 3장에서 우리는 팔코 라인버그의 연구를 통해 성장 마인드셋을 가진 교사들이 학습이 부진한 학생들의 학업 성취도를 끌어올리는 모습을 살펴봤지요. 또한 하이메 에스칼렌테 선생님의 성장 마인드셋 덕분에 빈민 지역 고등학생들이 대학교 수준의 미적분을 배울 수 있었다는 점도 지켜봤습니다. 또 마바 콜린스의 성장 마인드셋은 빈민 지역 학생들이 셰익스피어의 희곡을 읽을 수 있게 했죠. 이번 장에서는 이런 모습들을 더 보게 될 겁니다. 성장 지향적인 가르침이 아이들의 잠재력을 어떻게 해방시키는지도 보게 될 것이고요.

저는 3명의 위대한 교사들을 중점적으로 다루고자 합니다. 이중 둘은 심한 약점을 가졌다고 평가받는 학생들을 가르쳤고, 한 명은 아주 재능이 뛰어나다고 여겨진 학생들을 가르쳤습니다. 각기 다른 환경에 처한 이 위대한 교사들의 공통점은 과연 무엇이었을까요?

위대한 교사들은 무엇이 다른가

우리의 위대한 교사들은 지능과 재능이 성장할 수 있다는 점을 믿고, 그 학습의 과정에 매료되었습니다.

마바 콜린스는 부모로부터 버림받은 시카고 지역의 아이들을 가르쳤죠. 그런 아이들에게 콜린스의 교실은 마지막 종착역인 경우가 많았습니다. 한 소년은 4년 동안 13곳의 학교를 들락날락했고, 친구들을 연필로 찌른 한 아이는 이미 정신병원에서도 쫓겨난 상태였죠. 어느 8살짜리 아이는 연필깎이의 칼날을 뽑아 반 친구들의 코트, 모자, 장갑과 스카프를 자르곤 했으며, 모든 문장에 자살하겠다는 암시를 적는 아이도 있었죠. 입학 첫날에 다른 학생을 망치로 내려친 아이도 있었고요. 이 아이들은 학교에서 별로 배운 건 없었지만, 그런 일들이 모두 자신의 잘못이라고 생각했죠. 콜린스만 제외하고요.

미국 CBS의 시사 프로그램 〈60분〉에서 콜린스의 교실을 다뤘을 때, 방송기자 몰리 세이퍼는 학교가 싫다고 말하는 학생을 찾기 위해 최선을 다했습니다. "학교가 참 다니기 어렵겠다. 쉴 곳도 없고, 체육관도 없고, 종일 공부만 시키잖니. 점심시간도 40분밖에 안 되는데, 학교가 왜 좋니? 너무 힘들 것 같은데." 하지만 되돌아온 답은 이랬습니다. "그래서 학교가 좋은 거예요. 덕분에 내 두뇌가 더 성장하거든요."

〈시카고 선타임스〉의 기자 제이 스미스가 인터뷰한 어느 아이는 "우리는 여기서 열심히 공부해요. 그게 머리를 채워주거든요"라고 말했지요.

자신의 출발을 회상하면서 콜린스는 말합니다. "나는 배운다는 행위, 뭔가 새로운 것을 발견하는 그 과정에 항상 깊게 이끌렸어요. 그리고 내 학생들과 그 발견을 나눈다는 게 너무 즐거웠지요." 개학 첫날마다 그녀는 항상 모든 학생들에게, '너희는 배우게 될 거야'라고 약속했습니다. 일종의 계약을 맺은 셈이죠.

"나는 너희들 대부분이 이름조차 쓰지 못한다는 걸 알아. 너희는 알파벳을 모르고, 읽을 줄 모르고, 동음이의어나 음절 단위로 끊어 쓰는 법도 모르지. 하지만 앞으로 배우게 될 거라고 약속한다. 너희들 중 아직 실패한 사람은 하나도 없어. 학교가 너희를 가르치는 데 실패했을 뿐이었지. 하지만 이제 실패는 안녕이다, 얘들아. 성공을 맞이해야지. 이제 여기서 책도 열심히 읽고 읽은 내용을 이해하게 될 거야. 매일 글도 쓰게 될 거고…. 하지만 내가 너희를 돕도록 너희도 도와줘야 해. 아무것도 투자하지 않으면, 아무것도 기대할 수 없는 거란다. 성공이 너희에게 다가가는 게 아니라 너희가 성공을 향해 다가가야 하는 거야."

학생들이 배우는 모습을 지켜보는 그녀의 기쁨은 실로 거대했습니다. 굳은 얼굴과 의심이 가득한 눈을 가졌던 아이들이 배움의 열정이 넘치는 아이들로 변해가는 모습을 보면서 콜린스는 아이들에게 말했죠. "하느님이 나에게 무슨 계획을 가지셨는지는 몰라도, 너희들이 내게 진짜 천국을 선사해 주고 있다는 것만은 분명하구나."

레이프 에스퀴스(Rafe Esquith)는 범죄가 만연한 LA의 빈민가에서 초등학교 2학년 학생들을 가르쳤습니다. 이중 많은 아이들이 마약, 알코올 또는 정서적 문제를 가진 부모나 친지들과 함께 살고 있었죠. 매일 그는 학생들에게 자신이 그들보다 더 똑똑한 게 아니라, 그저 경험이 좀 더 많을 뿐이라고 얘기했습니다. 또 계속해서 학생들이 지적으로 성장해가는 모습을 스스로 인지하도록 만들었지요. 한때 어렵게 느껴졌던 숙제가 연습과 훈련을 통해 점점 더 쉬워지듯이 말이죠.

콜린스와 에스퀴스의 학교와는 달리, 줄리어드 음대는 세계에서 가장 재능이 뛰어난 학생들만을 받아들이는 곳입니다. 그러므로 '너희는 모두 재능이 있으니, 이제 열심히 배워보자'는 분위기가 있을 것이라고 생각하기 쉽지요. 그러나 재능과 천재에 대한 고정관념은 오히려 이곳에서 더 심합니다. 실제로 많은 교사들이 자신이 구태여 가르치고 싶지 않은 학생들을 마음속으로 솎아내는 일이 빈번하지요. 하지만 유명 바이올리니스트 이츠하크 펄먼, 미도리, 사라 장을 길러낸 도로시 딜레이는 달랐습니다.

딜레이의 남편은 그녀의 '중서부'식 사고, 즉 세상에 불가능한 건 없다는 믿음을 놀리곤 했죠. '여기 광활한 초원이 있으니, 도시를 건설하자'는 식이라면서요. 바로 그 믿음 때문에 그녀는 가르치는 일을 사랑하게 됐습니다. 그녀에게 가르침이란 눈앞에서 뭔가가 자라는 모습을 지켜보는 일이었던 거죠. 그리고 그 성장의 방법을 파악하는 일이 그녀의 과제였습니다. 학생들이 연주를 잘하지 못하는 건 그들이 아직 그 방법을 배우지 못했기 때문이라고 보는 겁니다.

그녀의 멘토이자 줄리어드의 동료 교사인 이반 갤러미언(Ivan Galamian)은 "아, 저 애는 듣는 귀가 없어요. 당신의 시간을 '낭비'하지 마세요."라고 얘기하곤 했지만, 그녀는 그 상황을 개선할 다른 방법들을 실험해 봐야 한다고 주장했죠. 그리고 대개는 그 방법을 찾아냈습니다. 그녀의 이런 교습 방식을 원하는 학생들이 늘고 그녀가 점점 더 많은 시간을 이런 노력에 '낭비'

하게 되자 갤러미언은 학장에게 그녀를 해고하라고 설득했습니다.

재미있는 일입니다. 딜레이와 갤러미언 모두 재능을 중시했지만, 갤러미언은 재능이 타고나는 것이라고 믿었고 딜레이는 자질은 습득 가능한 것이라고 믿었죠. 딜레이는 이렇게 말했습니다. "나는 교사가 '이 학생은 재능을 타고나지 않았으니 내 시간을 낭비하지 않겠어'라고 말하는 건 너무 쉬운 선택이라고 생각합니다. 너무 많은 교사들이 이렇게 말하면서 자신의 능력 부족을 감추려 하지요."

딜레이는 학생 한 명 한 명에게 자신의 모든 것을 쏟아부었습니다. 이츠하크 펄먼뿐 아니라 그의 아내인 토비 역시 딜레이의 학생이었는데, 그녀는 평생 펄먼을 아주 조금이라도 성장시킨 선생은 딜레이 외에는 보지 못했다고 말합니다. "딜레이는 모든 것을 가졌지만, 그렇다고 그녀가 나에게 준 것보다 더 많은 걸 펄먼에게 줬다고 생각하지는 않아요. 나는 단지 그런 많고 많은 사람들 중 하나였을 뿐이죠."

딜레이는 장래성이 적은 다른 학생에 대해, '왜 그렇게 많은 시간을 들이느냐'는 질문을 받자 이렇게 답했습니다. "나는 그녀가 뭔가 특별하다고 생각해요. 그건 그녀라는 사람 안에 있지요. 일종의 품격이라고 할 수 있어요." 딜레이로부터 연주에 그 품격을 더하는 방법을 배우게 된다면, 그 학생은 특별한 바이올리니스트가 될 수 있을 겁니다.

'평가기준'이 중요한 이유

위대한 교사들은 이미 성취가 뛰어난 학생들뿐 아니라 자신의 모든 학생들에게 높은 기준을 적용합니다. 마바 콜린스는 아주 처음부터 매우 높은 기준을 적용했지요. 그녀는 처음에 학생들의 이해를 넘어선 단어들과 개념들을 소개합니다. 하지만 학생들에게 다음과 같이 약속하면서 진정한 애정과 관심의 분위기를 조성하지요. 배우려 하지 않는 소년에게 그녀는 "나는 너를 사랑할 거다. 실은 이미 너를 사랑하고 있어. 그리고 네가 네 자신을 사랑하지 않을 때도 나는 너를 사랑할 거란다"라고 말했습니다.

교사라면 당연히 자신의 학생들을 사랑해야 하는 걸까요? 그렇지는 않죠. 하지만 모든 학생들에게 관심을 쏟아야 하는 건 맞습니다.

고정 마인드셋을 가진 교사들은 심판하는 분위기를 연출합니다. 이런 교사들은 아이의 초기 성적으로 누가 똑똑하고 누가 멍청한지 결정하지요. 그리고 '멍청한' 아이는 포기해 버립니다. '저 아이는 내 책임이 아니야'라면서요.

이런 교사들은 발전을 믿지 않기에 아이의 발전을 만들어내려는 시도조차 하지 않지요. 3장에서 "내 경험상 학생들의 성취도는 1년 내내 변하지 않아요"라거나 "교사로서 나는 아이들의 지적 능력에 영향력이 없어요"라고 말하던 고정 마인드셋의 교사들을 떠올려 보세요.

이렇게 고정관념이 작동하게 되는 겁니다. 교사들은 고정관념을 갖고 뛰어난 그룹과 그렇지 못한 그룹을 나누게 되지요. 그래서 고정 마인드셋을 가진 교사들은 심지어 직접 만나보기 전에 이미 어떤 학생을 포기할 것인지 정해버리기까지 합니다.

벤저민 블룸이 120명의 세계적인 피아니스트, 조각가, 수영선수, 테니스선수, 수학자와 신경과학자들을 연구한 결과, 아주 놀라운 사실이 밝혀졌지요. 이 120명 중 대부분은 첫 선생님이 아주 따스하고 포용력 있는 사람들이었다는 점입니다. 그렇다고 그 교사들이 낮은 기준을 적용한 것은 아니었습니다. 다만 그들은 심판이 아닌, 신뢰의 분위기를 조성해 주었습니다. 즉 '내가 너의 재능을 심판할 거야'가 아니라 '내가 너를 가르쳐 줄게'였던 거지요.

콜린스와 에스퀴스가 학생들에게 무엇을 요구했는지 살펴보면 충격적이기까지 합니다. 콜린스는 자신의 교육방식을 어린아이들에게까지 확장하여, 9월에 처음 배우기 시작한 4살짜리 아이들에게 크리스마스까지는 글을 읽을 수 있도록 주문했습니다. 그리고 실제 그렇게 되었죠. 서너 살 아이들은 '고등학생용 단어집'을 사용했고 7살 아이는 〈월스트리트저널〉을 읽었습니다. 그보다 더 나이 많은 아이들은 플라톤의 《국가》와 토크빌의 《미국 민주주의》, 조지 오웰의 《동물 농장》, 마키아벨리, 심지어 시카고 시의회의 발표문까지 읽고 토론했지요. 초등학교 고학년을 위한 콜린스의 독서 목록에는 안톤 체호프의 희곡들, 《실험 물리학》과 《캔터베리 이야기》 등이 포함돼 있었습니다. 아, 그리고 셰익스피어도 빠지지 않았죠. 그녀의 말로는 주머니칼로 이를 쑤시던 불량 소년들조차 셰익스피어를 너무 사랑해서 책을 더 달라고 항상 졸랐다고 합니다.

하지만 이런 가운데에도 콜린스는 아주 양육적인 분위기를 유지했습니다. 엄격하고 철저하면서도 사랑스럽고 온화한 환경이었던 거죠. 자신의 아이들이 학생들의 단점만을 지적하던 교사들로부터 배워왔다는 점을 알게 되자 그녀는 곧바로 아이들 한 명 한 명을 학생이자 한 인간으로서 대하는 것이 자신의 사명임을 인식했던 겁니다.

에스퀴스는 기준을 낮추는 데 비판적입니다. 최근 그녀가 우리에게 말하기로는 에스퀴스의 학교가 전국 평균보다 20점이나 낮은 읽기 점수를 받았는데도 자축했다는군요. 왜였을까요? 전년도에 비해 2점 정도 더 높은 점수를 받았다는 이유였습니다. "장점과 긍정적인 면을 찾는 게 중요할지도 모르지요. 하지만 망상은 답이 될 수 없어요. 그런 실패를 축하하는 교사들은 햄버거를 뒤집는 일만 성공해도 만족하는 요즘 학생들을 절대 도울 수 없습니다. 누군가는 아이들에게 뒤처져 있다고 솔직히 얘기하고 아이들이 따라잡을 수 있도록 돕는 계획을 세워줘야 해요."

그가 가르치는 5학년 학생들은 《생쥐와 인간》, 《미국의 아들(Native Son)》, 《나를 운디드니에 묻어주오》, 《조이럭 클럽》, 《안네 프랑크의 일기》, 《앵무새 죽이기》, 《분리된 평화(A Separate Peace)》가 포함된 독서 목록의 책들을 모두 읽어야 합니다. 또 모든 6학년 학생들은 중학생들도 어려워하는 대수학 시험에 통과하지요.

하지만 이런 성취들은 각 학생들에 대한 애정과 깊은 개인적 관심의 분위기 속에서 이뤄진다는 점을 상기해야 합니다.

어려운 과제와 양육의 분위기는 딜레이의 교수법에서도 같습니다. 과거 그의 학생이었던 한 사람은 이렇게 표현하지요. "딜레이 선생님의 천재성은 학생들로 하여금 최선을 다할 수 있는 마음의 상태로 만들어준다는 데 있습니다. 이런 잠재력을 실제 발휘할 수 있게 해주는 교사는 찾아보기 어렵죠. 딜레이 선생님은 그런 능력이 있어요. 내가 보살핌을 받고 있다는 생각이 들게 하는 동시에 어려운 과제를 해결하게 하는 거죠."

어려운 과제는 어떻게 달성되는가

하지만 과제와 사랑, 그것만으로 충분한 걸까요? 그게 전부는 아닙니다. 모든 위대한 교사들은 학생들에게 높은 기준을 충족시키는 법을 알려주지요. 콜린스와 에스퀴스가 학생들에게 독서 목록을 넘겨주고 '잘해 봐라'는 식으로 놔둔 것은 아닙니다. 콜린스의 학생들은 수업시간에 《맥베스》를 한 줄 한 줄 읽고 토론했지요. 에스퀴스는 수업시간에 어떤 구절을 읽을지 계획을 짜는 데만 몇 시간을 소비했습니다. "나는 어떤 아이가 가장 어려운 구절들을 해독할 수 있을지 알고 있었고, 이제 막 독서가의 여정을 시작한 수줍은 아이에게는 어떤 구절을 맡길지 조심스럽게 계획을 짰습니다. 무엇도

운에 맡긴 채 내버려두지 않았어요. 그러자면 막대한 에너지가 필요했지만, 고전의 단어 하나하나에 집중하고 수업이 끝나기를 바라지 않는 아이들과 같은 교실에 있다 보면 그런 계획들의 가치는 더없이 소중해지죠."

그럼 이들이 학생들에게 궁극적으로 가르치는 건 무엇일까요? 바로 배움을 사랑하는 방법입니다. 최종적으로는 자신 스스로 배우고 사고하도록 가르칩니다. 그리고 기본에 충실하라고 가르치지요. 에스퀴스의 학급은 학기 전후, 또 방학 중에도 만나 영어와 수학의 기초를 배울 때가 많습니다. 학습내용이 어려워질수록 더 자주 만나죠. 그의 교육 모토는 '지름길은 없다'입니다. 마찬가지로 콜린스도 자신의 학생들에게 이렇게 말하지요. "배움에 마법 따위는 없어. 나는 기적을 일으키는 사람이 아니다. 물 위를 걷거나 바다를 가르지 못하지. 단지 너희들을 사랑하고 다른 사람들보다 열심히 노력할 뿐이야. 너희들도 그렇게 될 거란다."

딜레이는 학생들에게 기대가 컸지만, 그녀 역시 학생들을 잘 안내하려고 노력했습니다. 재능에 대한 생각만으로도 위협을 받고 고정 마인드셋에 빠지게 되는 많은 학생들에게, 딜레이는 재능의 정체를 밝혀줬지요. 자신이 이츠하크 펄먼처럼 빠르게 연주하지 못할까봐 걱정하는 학생이 있었습니다. 그러자 딜레이는 그렇게 될 때까지 메트로놈을 아예 보지도 못하게 했지요. "나는 그 학생이 메트로놈을 만지작거리다가는 '나는 펄먼만큼 빨리 칠 수 없을 거야'라는 생각이 들어 포기하게 될 거라고 확신했습니다."

또 다른 학생은 재능이 뛰어난 바이올리니스트들이 내는 아름다운 소리에 겁을 먹었습니다. "우리는 함께 내가 내는 소리에 집중하는 중이었는데, 내가 한 음을 연주하자 딜레이 선생님이 연주를 멈추고는 '지금 그게 바로 아름다운 소리라는 거야'라고 말씀해 주셨어요." 그리고 딜레이는 그 학생에게 모든 음은 아름다운 시작, 중간, 끝과 다음 음으로 이어지는 부분을 가져야 한다고 설명했답니다. 그러자 학생은 '와! 내가 이 음을 가지고 할 수 있다면, 다른 음에서도 아름다운 소리를 낼 수 있겠다'라고 생각했지요. 갑자기 펄먼이 내는 아름다운 소리가 이해되면서 어렵게 느껴지지 않았다는 것이죠.

어떤 일을 해내는 방법을 아는 학생과 모르는 학생의 차이는 쉽게 메울 수 없는 것처럼 보이죠. 어떤 교육자들은 자신의 학생들에게 현재 상태 그대로도 괜찮다고 안심시키기도 합니다. 하지만 성장 마인드셋을 가진 교사들은 학생들에게 진실을 얘기해 주고 그 차이를 메울 수 있는 도구를 전해주지요. 마바 콜린스는 장난에 여념이 없는 한 소년에게 이렇게 얘기했습니다. "너는 지금 6학년인데 읽기 점수는 형편없구나. 나는 네 성적을 숨기지 않을 거야. 네게 이걸 얘기해주는 이유는 네가 뭘 해야 할지 알아야 하기 때문이다. 이제 광대짓은 그만하도록 하자꾸나." 그런 다음 콜린스와 아이는 공부하기 시작했습니다.

공부에 관심이 없는 학생들

노력하지 않고 배우려 하지 않는 학생들은 그럼 어떻게 가르쳐야 할까요? 다음은 공부를 하지 않겠다면서 숙제를 찢어버리고 수업에 참여하지 않았던 게리라는 학생과 콜린스 사이에 오간 대화를 축약한 내용입니다. 콜린스는 이 아이에게 칠판 앞으로 가서 문제를 풀어보라고 설득하는 중이지요.

콜린스 얘야, 너는 앞으로 어떻게 할 거니? 인생을 잘 사용해 볼래, 아니면 그냥 내팽개칠래?

게리 나는 공부는 아무것도 하지 않을 거예요.

콜린스 나는 널 포기하지 않을 거다. 나는 네가 너를 포기하게 놔두지도 않을 거야. 네가 그렇게 종일 벽에 기대앉아 있으면, 너는 결국 평생을 누군가에게 기대어 살게 될 거야. 그리고 네가 가진 소중한 능력도 낭비되고 말 테고.

이제 게리는 칠판 앞으로 갔지만, 여전히 문제풀이는 거부했습니다. 잠시 후 콜린스는 이렇게 말했죠. "네가 수업에 참여하지 않겠다면, 엄마에게 전화를 드리려무나. '엄마, 콜린스 선생님이 이 학교에서는 모두가 배워야 하고 그냥 놀면 안 된대. 그러니 날 좀 데리러 오세요'라고 말씀드리렴."

그러자 게리는 마지못해 칠판의 문제를 풀기 시작했습니다. 그리고 결국 게리는 열성적으로 수업에 참여하고 활발히 글을 쓰는 학생이 되었지요. 그해의 후반기, 《맥베스》를 읽고 맥베스의 잘못된 생각이 어떻게 살인으로 몰고 갔는지에 대해 토론하고 있던 중이었습니다. 게리가 "이건 마치 소크라테스가 한 말 같은데요, 선생님?"라고 목소리를 높였지요. "맥베스는 '솔직한 생각이 솔직한 삶을 이끈다'는 점을 알았어야 했어요." 그리고 수업 과제물에 이렇게 적었습니다. "잠의 신 솜누스(Somnus)여, 부디 우리를 깨워주시오. 우리가 잠들어 있는 동안 무지가 세상을 지배할지니, 부디 마법을 거둬주시오. 무지가 세상을 접수하기까지 시간이 많이 남지 않았습니다."

교사들이 심판하려고 들면, 학생들은 노력하지 않음으로써 교사들을 방해하려 하지요. 하지만 학교가 자신들의 성장을 위한다는 점을 이해한다면 학생들은 그런 방해 행위를 더 이상 고집하지 않을 겁니다.

연구를 진행하면서 저는, 겉으로는 강인해 보이는 아이들이 자신도 더 똑똑해질 수 있다는 점을 깨닫고는 눈물을 뚝뚝 흘리는 광경을 봐 왔습니다. 학생들이 학교에 등을 돌리고 무관심하려는 모습은 흔히 볼 수 있는 일이지만, 그렇다고 그런 학생들이 공부에 관심이 없다고 생각한다면 그건 커다란 실수를 저지르는 일입니다.

성장 마인드셋 교사들의 특징

어떻게 성장 마인드셋의 교사들은 그렇게 이타적으로, 성적이 나쁜 학생들에게 수많은 시간을 헌신할 수 있는 걸까요? 그저 '성자'라서 그런 걸까요? 그럼 누구나 그런 성자가 될 수 있다고 생각해도 되는 걸까요? 여기에 대한 답은, 그들이 그렇게 완전히 이타적인 사람들은 아니라는 겁니다. 그들은 단지 배움을 사랑하는 사람들입니다. 그리고 가르침은, 가장 훌륭한 배움의 방식이죠. 사람에 대해, 사람의 행동에 대해 배웁니다. 또 무엇을 가르칠지에 대해 배우고, 자기 자신과 인생에 대해 배울 수 있죠.

고정 마인드셋의 교사들은 대개 자기 자신을 '완성품'이라고 여깁니다. 자신의 역할은 단지 지식을 전하는 것뿐이라고 생각하지요. 하지만 그걸 매년 반복하다 보면 지루해지지 않을까요? 아직 배우지 않은 또 다른 수많은 사람들 앞에 서서 지식을 전하고, 또 전한다는 게 쉬운 일은 아닐 겁니다.

저의 대학원 시절 은사였던 시모어 새러슨(Seymour Sarason)은 뛰어난 교육자였습니다. 그는 항상 제게 가정(假定)을 의심하라고 가르쳤죠. "학교가 학생들의 배움을 위한 곳이라는 가정이 있지. 자, 그럼 학교가 교사들의 배움을 위한 장소가 아닐 이유는 뭔가?"

저는 그 질문을 결코 잊지 못합니다. 저도 학생들을 가르치면서 어떤 것에 이끌렸는지, 무엇을 더 배우고 싶은지 생각하게 되지요. 저는 제 가르침을 통해 성장할 수 있었고, 또한 이렇게 오랜 세월이 지난 후에도 여전히 새롭고 열정적인 교사로 남아있을 수 있었습니다.

마바 콜린스의 첫 멘토였던 어느 교사도 그녀에게 같은 교훈을 주었습니다다. '훌륭한 교사란 무엇보다도 학생들과 함께 배우기를 계속하는 사람'이라는 것이었죠. 그리고 그녀는 학생들에게 솔직하게 말합니다. "나는 모든 걸 다 알고 있다는 듯 생각하는 다른 어른들이 마음에 안 들 때가 있어. 나는 모든 걸 알지는 못하지만, 언제나 배울 수 있지."

도로시 딜레이가 뛰어난 교사로 칭송받는 이유는 그녀가 '가르침'에 큰 관심이 없기 때문입니다. 그녀가 관심을 가진 것은 '배움'이죠.

자 그럼, 위대한 교사는 타고나는 것일까요, 만들어지는 것일까요? 누구나 콜린스, 에스퀴스나 딜레이 같은 위대한 교사가 될 수 있는 걸까요? 우선 자신과 학생들에 대한 성장 마인드셋이 있어야 합니다. 그냥 '모든 아이들은 배울 수 있다'는 립서비스에 그치는 게 아니라 모든 아이들의 마음에 다가서서 불을 붙이려는 깊은 욕구를 가져야 하지요. 마이클 루이스는 〈뉴욕타임스〉에 기고한 글에서 자신에게 그런 도움을 줬던 한 코치의 얘기를 전했습니다. "덕분에 나는 더 훈련하겠다는 마음이 샘솟았습니다. 그리고 야구에서 얻은 이 새로운 열정을 다른 분야에 적용하면 내 삶이 얼마나 나아질지 파악하는 데는 오랜 시간이 걸리지 않았지요. 마치 그 야구 코치가 나의 내면에 들어와 녹슨 스위치를 발견하고 그 스위치를 켜준 것 같았습니다."

'가짜' 성장 마인드셋의 출현

저는 이제까지 수많은 부모, 교사, 코치 들이 성장 마인드셋의 개념을 극적으로 적용하여 훌륭한 결과를 만들어내는 모습을 지켜봐 왔습니다. 또 마인드셋의 원칙을 이용한 많은 학교와 스포츠팀 들이 최고의 자리에 오르는 모습도 볼 수 있었지요. 그들의 뛰어난 학습문화와 팀워크, 놀라운 성취는 널리 알려졌습니다. 마인드셋의 연구자로서 정말 감사한 일이 아닐 수 없습니다.

그러던 중 몇 년 전, 호주에 있는 제 동료 연구자인 수전 맥키(Susan Mackie)가 제게 소위 '가짜 성장 마인드셋'의 출현을 목격했다고 말해줬습니다. 처음에는 대체 그녀가 무슨 말을 하는 건지 알 수 없었지요. 사실은 약간 언짢기도 했습니다. 성장 마인드셋은 참으로 단순하고 간단한 개념인데, 누가 굳이 진짜가 아닌 '가짜' 성장 마인드셋을 가지려 한다는 걸까요?

하지만 진상을 파악하기 위한 연구에 착수하고 얼마 지나지 않아 저는 맥키의 말뜻을 곧 이해할 수 있었습니다. 일부 부모, 교사, 코치 들이 정말 마인드셋의 개념을 잘못 이해하고 있었던 겁니다. 그리고 저는 즉시 그 오해의 근원과 해결법을 찾아보기로 결심했지요. 즉 무엇이 진짜 성장 마인드셋이고 무엇이 아닌지, 또 성장 마인드셋을 어떻게 얻을 수 있으며, 어떻게 타인에게 전할 수 있는지에 대해 보다 자세히 살펴보도록 합시다.

성장 마인드셋에 대한 오해들

성장 마인드셋이란 '누구나 자신의 능력을 발전시킬 수 있다'는 믿음입니다. 아주 단순하지요. 그 효과는 다양할 수 있지만, 핵심은 이것입니다. 그럼에도 많은 사람들이 여기에 각자 다른 의미를 투영하려 합니다.

• **오해 #1** : 그저 자신이 되고자 하는 상태를 가리켜 성장 마인드셋이라고 여기는 사람들이 많습니다. 열린 사고나 유연한 사고를 곧 성장 마인드셋이라고 하는 것이죠. 흔히 이를 두고 사람들이 '열린 마인드셋'이라고 하는 걸 자주 보게 됩니다. 하지만 '사고의 유연성'과 '재능을 성장시키는 것'은 다릅니다. 그리고 성장 마인드셋의 실질적 의미에서 벗어나게 되면, 성장 마인드셋이 가져다주는 이점에서도 멀어지게 되지요. 자신이 가진 뛰어난 자질 덕분에 이익을 볼 수는 있겠지만, 그것이 곧 자기 자신이나 자녀 또

는 학생의 능력을 기르기 위한 노력으로 이어지지는 않는 겁니다.

• **오해 #2** : 성장 마인드셋이 오로지 노력만을 강조한다고, 특히 노력에 대한 칭찬만을 강조한다고 믿는 사람들도 많지요. 앞에서 저는 아이들의 노력, 전략, 집중력이나 인내심 등 과정을 칭찬하면 성장 마인드셋을 길러 줄 수 있다고 얘기했습니다. 이렇게 하면 아이들은 노력의 과정이 성장과 배움으로 이어진다는 점을 깨닫게 되고, 배움이란 어떤 타고난 능력에 의해 마술처럼 얻어지는 게 아니라는 점도 알게 되지요.

여기서 기억해야 할 첫 번째 중요한 점은, 그 '과정'이란 단순한 '노력' 그 이상의 의미라는 것입니다. 우리는 분명 아이들이 노력의 결실에 감사하기를 원합니다. 하지만 또한 아이들이 새로운 전략을 시도하는 일의 중요성도 이해하기를 바라지요. 즉, 더 이상 효과가 없는 것 같은 전략을 고집하면서 애쓰는 건 바라지 않는 겁니다. 그리고 필요할 때는 적절한 도움이나 조언을 구할 수 있어야 하지요. 우리가 아이들에게 바라는 과정이란 이렇듯 충분히 노력하고, 새로운 전략을 구사하며, 타인에게 도움을 요청하는 단계로 이뤄지는 겁니다.

한편, 실제로 이뤄지지 않은 노력을 칭찬하는 것도 위험할 수 있습니다. 저는 부모들로부터 "우리 아이의 노력을 칭찬했지만 효과가 없어요"라는 말을 들어본 적이 있습니다. 그때 제가 곧바로 "아이가 정말 열심히 노력했나요?"라고 물으면 부모들은 멋쩍어하며 "글쎄요, 그건 잘 모르겠군요"라고 답합니다. 실제로는 이뤄지지 않은 과정을 칭찬해서는 결코 좋은 결과로 이어질 수 없다는 점은 다들 이해하시겠지요.

하지만 제가 훨씬 우려하는 문제는, 일부 교사나 코치들이 학습이 부진한 아이에게 위안을 주기 위한 방편으로 '노력에 대한 칭찬'을 남용하는 현상입니다. 어떤 학생이 열심히 노력했지만 별 성과가 없었다고 한다면, 물론 그 노력은 칭찬해줘야겠지요. 하지만 특별한 성과를 내지 못한 노력에 그저 만족하기만 해서는 절대 안 됩니다. 왜 그 노력이 효과를 발휘하지 못했는지 파악하고, 아이들이 배움을 이어갈 수 있도록 다른 전략이나 자원을 활용하도록 안내해 줘야 하지요.

최근에 누군가 제게 "무엇 때문에 밤에 잠을 잘 못 이루나요?"라고 물었습니다. 저는 "마인드셋의 개념이 오용되어서, 배우지 못한 아이들의 기분을 좋게 해주는 용도로 잘못 사용될까 두려워서 그래요. 마치 예전에 아이들의 자존심을 세워준다는 운동이 실패했던 것처럼 될까 봐서요."라고 답해줬습니다. 성장 마인드셋은 아이들의 배움을 돕기 위한 개념이지, 배우지 않는 현상을 호도하기 위한 도구는 아닌 겁니다.

저를 알아본 사람들은 이렇게 말하곤 하지요. "오, 마인드셋! 저도 알아요. 결과가 아닌 과정을 칭찬해라, 맞죠?" 음, 정확히 맞는 건 아닙니다. 아주 흔한 오해라고 할 수 있죠. 분명 칭찬에 관한 연구에서 우리는 과정에 대해 칭찬했습니다만, 그건 아이들의 배움, 성장, 성취라는 결과에 연결될 때 의미가 있는 겁니다. 아이들은 과정에 주력하는 것이 자신의 배움에 도움이 된다는 걸 이해해야 하지요.

얼마 전에는 한 어머니가 제게 이렇게 불만을 토로한 적이 있었습니다. 딸이 아주 훌륭한 일을 해냈는데도 칭찬을 하지 못했다고, 오직 아이가 어려움을 겪을 때만 칭찬을 해야 하는 것이 마음에 들지 않는다고요. 아닙니다! 절대 아니에요! 당연히 아이가 뛰어난 성취를 이뤘다면 칭찬해 줄 수 있는 것이죠. 다만 그 성취를 아이가 노력한 과정과 연결시켜서 칭찬해 줘야 한다는 겁니다.

그리고 기억하세요. 반드시 '항상' 칭찬할 필요는 없다는 것을. 아이가 어떻게 그 일을 했는지 묻고 관심을 표현하기만 해도 아주 그 효과는 아주 오래 지속됩니다.

• **오해#3** : 아이에게 '너는 뭐든지 할 수 있어'라고 말해주는 것이 곧 성장 마인드셋을 심어주는 것이라는 생각이 대표적인 마지막 오해입니다. 저는 교육자들이 흔히 "나는 항상 성장 마인드셋을 가져 왔어요. 학생들에게 언제나 '너는 무엇이든 할 수 있어!'라고 말해준답니다"라고 말하는 모습을 봅니다. 저만큼 아이들의 잠재력을 믿고, 모든 아이들이 엄청난 능력을 발휘하기를 바라는 사람은 아마 드물 겁니다. 그러나 단지 아이들에게 '넌 뭐든지 할 수 있어'라고 말해준다고 해서 그게 실현되지는 않습니다. 아이들이 목표를 이뤄낼 수 있는 능력을 얻고 자원을 찾을 수 있도록 도와줘야 하지요. 그렇지 않으면 그저 헛된 보장에 지나지 않을 뿐입니다. 또한 자칫 모든 책임을 아이에게 전가하여 목표를 이루지 못했을 때 그걸 실패라고 여기게 할 위험도 있지요.

아이들에게 책임을 전가하는 문제에 대해 마지막으로 한마디만 더 하겠습니다. 일부 교육자나 코치들이 아이가 고정 마인드셋을 가졌다는 이유로 비난하는 모습을 보고 제 가슴은 찢어질 듯 아팠습니다. 성장 마인드셋의 자질을 보여주지 못했다는 이유로 아이를 혼내거나 비판하는 것이었죠. 이런 어른들은 성장 마인드셋을 가르쳐야 하는 의무뿐 아니라 아이들의 성장을 책임져야 하는 의무를 회피하려는 겁니다. '나는 이 아이를 가르칠 수 없어. 얘는 고정 마인드셋을 가졌으니까'라는 식으로요. 여기서 확실히 하고 넘어가도록 하죠. 교육자로서 우리는 성장 마인드셋을 기를 수 있는 환경을 만들어야 하는 우리의 의무를 매우 중시해야만 합니다. 즉 아이들이 심판의 두려움을 느끼지 않고, 아이들의 성장 잠재력을 우리가 믿는다는 점을 이해하며, 아이들이 배울 수 있도록 우리가 협력한다는 점을 알 수 있는 환경을 조성해줘야 합니다.

우리가 할 일은, 아이들이 성장할 수 있도록 돕는 것이지, 아이들이 성장할 수 없는 이유를 찾아내는 것이 아닌 겁니다.

진정한 성장 마인드셋을 갖추는 법

'나는 성장 마인드셋을 가졌어'라고 선언한다고 해서 성장 마인드셋을 얻을 수는 없습니다. 거기에 이르기 위해선 상당한 여정을 거쳐야 하죠.

'성장 마인드셋'이란 용어가 통용되고 올바른 사고방식으로 인정받기 시작하면서, 자신이 성장 마인드셋의 소유자라고 주장하는 사람들도 늘어나고 있습니다. 충분히 이해되는 부분입니다. 우리 모두가 자기 자신에게서 아이들이 잠재력을 발휘하도록 돕고자 하는 모습을 발견하길 원하지요. 한 저명한 교육가는 제게, 이제는 교육자가 어떤 부분에서든 고정 마인드셋을 가졌다고 말하기만 해도 정치적으로 올바르지 않다는 비판을 받기에 이르렀다고 얘기하더군요. 그리고 어느 학교의 교장은 제게, 최근 자신에게 어느 교사가 "지금 제가 고정 마인드셋을 가졌다고 말씀하시는 거예요?"라며 따졌다는 일화를 들려주었고요.

제가 편의상 '성장 마인드셋을 가진 사람'과 '고정 마인드셋을 가진 사람'으로 구분해서 얘기하고 있지만, 사실 우리 안에는 이 두 가지 마인드셋이 혼합되어 있습니다. 부정할 수 없는 사실입니다. 어떤 때는 성장 마인드셋의 상태였다가 또 다른 때에는 고정 마인드셋에 빠지기도 하는 거죠. 그렇다면 우리가 해야 할 일은, '무엇이 우리의 고정 마인드셋을 자극하는가'를 이해하는 것입니다. 우리로 하여금 자신(또는 타인)의 능력이 고정돼 있다고 믿도록 하는 사건이나 상황이 무엇인가? 발전이 아닌 심판의 영역으로 우리를 이끄는 사건이나 상황은 무엇인가? 이것을 알아내야 하는 것이죠.

우리의 고정 마인드셋 '페르소나(persona)', 즉 도전을 멀리하라고 경고

하고 무언가에 실패했을 때 우리를 괴롭히는 내부의 또 다른 인격이 모습을 드러냈을 때 무슨 일이 벌어지는가? 그 페르소나가 우리에게 어떤 느낌을 주는가? 그 때문에 우리는 어떻게 생각하고 어떻게 행동하게 되는가? 이런 생각, 느낌, 행동은 우리에게, 또 우리 주변의 사람들에게 어떤 영향을 끼치는가? 그리고 무엇보다도, 이 고정 마인드셋의 페르소나가 우리와 우리 아이들의 성장을 방해하지 못하도록 하기 위해 우리는 무엇을 할 수 있는가? 이 페르소나를 어떻게 설득시켜 성장 마인드셋과 함께 목표를 이뤄낼 수 있는가?

저는 이런 질문들을 개인의 변화과정을 다루는 마지막 8장에서 다시 살펴볼 겁니다. 여기서 제가 강조하고자 하는 것은, 이것이 헌신이 요구되고 저항이 예상되는, 상당히 긴 여정이라는 점입니다. 하지만 이제 누구나 고정 마인드셋을 가졌다는 점을 알았으니, 앞으로는 터놓고 얘기할 수 있을 겁니다. 자신의 고정 마인드셋 페르소나가 언제 나타나고 어떤 영향을 미치며, 어떻게 그에 대처하고 있는지에 대해서 말이지요. 그리고 그렇게 얘기하다 보면, 여정을 함께하고 있는 동료 여행자들이 많다는 점도 곧 깨닫게 될 겁니다.

성장 마인드셋을 올바로 심어주는 법

아마도 여러분은 어른이 성장 마인드셋을 갖추면 자연스럽게 아이에게도 성장 마인드셋을 심어줄 수 있으리라고 여길 겁니다. 말과 행동에서 배어나와서 아이에게 전해질 것이라고 말이죠. 우리 연구진도 처음에는 그렇게 생각했지만, 이내 그렇지 않다는 점을 발견하게 됐습니다. 실제로는 많은 어른들이 자신의 성장 마인드셋을 전하지 못하고 있었죠. 그 이유가 뭘까요?

우선, 우리가 무엇을 발견했는지 살펴보시죠. 여러 연구를 통해 우리는 부모들과 그 자녀들의 마인드셋을 살폈습니다. 각 케이스마다 성장 마인드셋을 가진 부모들이 많았지만, 그 성장 마인드셋이 반드시 자녀들에게 전해지는 것은 아니었지요. 다른 연구에서는 교사들과 그 학생들의 마인드셋을 살펴봤는데, 마찬가지로 교사들의 성장 마인드셋이 반드시 학생들에게 전달되지는 않았습니다. 보이지 않는 다른 요인이 있었던 겁니다.

물론 이들 부모나 교사 들이 가짜 성장 마인드셋을 가졌기 때문일 수도 있습니다. 하지만 그 외에도 우리 연구진은 다른 흥미로운 사실을 발견할 수 있었지요. 어른의 마인드셋이 그들의 머릿속에만 존재하고 아이들에게 직접적으로 보이지는 않는다는 것이었습니다. 보통 아이들은 어른의 명시적 행동을 보고 따라하게 됩니다. 하지만 안타깝게도 이런 행동들이 정작 어른들의 머릿속에 있는 성장 마인드셋과 일치하지 않는 경우가 많았지요. 그렇다면 의도와는 다른 마인드셋을 실어나르는 행동들은 무엇일까요?

그리 놀랍지 않게도, 그 첫 번째는 '칭찬'입니다. 부모의 칭찬은 아이의 마인드셋을 형성하지요. 그런데 이 칭찬이 부모의 마인드셋과 반드시 일치하지는 않는다는 점이 흥미롭습니다. 성장 마인드셋을 가진 부모들도 자녀를 칭찬할 때는 아이의 학습과정을 중시해야 한다는 점을 무시하고 그저 자녀의 능력을 칭찬하는 경우가 있습니다. 아이들에게 똑똑하다고 말해주면 아이의 자신감이 높아진다는 생각을 떨쳐버리기가 힘든 것이죠.

두 번째는 아이의 실수나 실패에 대해 어른이 대응하는 방식입니다. 아이가 어려움을 겪는데 부모가 자녀의 능력에 대해 불안이나 우려를 표하게 되면, 아이의 고정 마인드셋이 강화되는 결과를 낳을 수 있습니다. 부모로서는 아이의 실패를 보듬으려는 행동이겠지만, 바로 그것이 결국 실패를 부각시키게 되는 겁니다. 이렇듯 성장 마인드셋을 가진 부모라도 아이가 비틀거릴 때는 자녀의 자신감이나 사기를 걱정하는 모습을 보이기 쉽습니다.

부모는 자녀의 좌절을 관심 있게 지켜보면서, 그 좌절을 자녀에게 성장 마인드셋을 길러줄 배움의 기회로 다뤄야 합니다. 이런 부모들은 자녀의 좌절을 포용해야 할 대상으로 여기지요. 그들은 좌절에 정면으로 맞서고 자녀에게 배움을 위해 취해야 할 다음 단계를 일러줍니다.

달리 말하면, 부모들은 매순간 자녀에게 실수, 장애, 역경이 좋은 것인지 나쁜 것인지 가르쳐주고 있다는 겁니다. 역경을 좋은 것으로 대하는 부모들은 자녀에게 성장 마인드셋을 심어줄 가능성이 훨씬 높은 것이지요.

세 번째, 성장 마인드셋을 전한다는 건, 단순히 사실과 법칙, 절차를 암기하게 하는 것이 아니라 그 원리를 이해시키는 것과 같습니다. 연구결과는 보여줍니다. 교사가 학생의 이해도에 더 신경 쓰고 학생과 함께 노력할 때, 학생이 자신의 능력이 발전할 수 있다고 믿을 가능성이 더 높아진다는 점을 말이죠. 한 연구에서는 수학 교사가 개념을 이해하도록 가르치고, 아이들의 이해를 위해 피드백을 준 후 수정하게 했을 때 학생들이 수학에 대해 성장 마인드셋을 갖게 된다는 점을 발견했습니다. 이 학생들은 자신의 기본적인 수학 실력을 발전시킬 수 있다고 믿게 된 겁니다.

반대로 교사가 수학법칙과 문제풀이 절차를 암기하도록 시키기만 했을 때는, 아무리 노력과 인내의 중요성을 강조하더라도 학생들은 자신의 능력이 성장한다는 느낌을 갖지 못했고 성장 마인드셋으로 나아가지 못했습니다. 이런 교사들 중에는 '성장 마인드셋'이란 용어를 교실에서 사용하는 사람들이 많았지만, 정작 그들의 교수법, 즉 그들의 행동은 학생들의 마음속에 성장 마인드셋을 길러주지 못하고 있었던 것이죠.

다른 연구들도 비슷한 결과를 보여줍니다. 한 연구에서 고등학생들이 수학교사와 이야기를 나눴습니다. 아이들이 문제를 푸는 데 막막한 느낌이

든다고 말하자 수학교사는 마주앉아 이렇게 얘기했죠. "네가 어떻게 풀었는지 보여주렴. 그리고 네가 어떻게 그렇게 생각했는지 함께 이해하도록 해보자. 그런 후 다음에는 어떻게 풀어야 할지 알아보자꾸나." 교사로부터 이런 말을 들은 학생들은, 이해가 무엇보다 중요하며 교사의 도움으로 문제를 이해할 수 있다는 생각을 가질 수 있었고, 결국 수학에 대해 성장 마인드셋으로 나아갈 수 있었습니다.

하지만 지금처럼 시험의 부담이 커진 시대에, 대부분의 교실은 암기의 중요성을 강조하는 추세지요. 사실, 법칙, 절차를 암기시켜야 학생들이 중요한 시험에서 좋은 성적을 거둘 수 있다고 생각하는 겁니다. 하지만 우리가 봐왔듯이, 이런 생각은 자칫 고정 마인드셋을 강화할 수 있을 뿐 아니라, 역설적으로 바로 그 중요한 시험에서 아이들의 성적을 저하시킬 수 있습니다. 문제에 대한 깊은 이해만큼 좋은 결과를 보증해주는 건 없는 겁니다.

그러나 안타깝게도 '배움'을 곧 '암기'와 동일시하는 학생들이 점점 늘어나는 듯 보입니다. 저는 많은 연구자들과 교육자들에게서, 암기와 진정한 이해의 차이를 제대로 구분하지 못하는 학생들이 증가하는 추세라는 얘기를 듣고 있습니다. 이건 비단 성장 마인드셋의 측면에서 나쁜 소식일 뿐 아니라, 국가적 차원에서도 불안한 소식입니다. 호기심과 진정한 이해는 사회에 엄청난 공헌을 하지요. 만약 학생들이 더 이상 진정한 배움의 가치를 중시하지 않는다면 우리의 미래는 암울할 수밖에 없습니다.

맨 처음, 우리는 성장 마인드셋을 전하지 않는 어른들이 많다는 점에 놀랐지요. 하지만 이 이야기의 진정한 교훈은, 부모와 교사 들이 성장 마인드셋을 그저 자신의 머릿속에 담아두기만 할 것이 아니라 몸소 행동으로 실천해야 한다는 것입니다. 어떻게 칭찬하고(배움의 과정), 어떻게 역경을 대하며(배움의 기회), 어떻게 깊이 있는 이해에 집중하는지(배움의 목표) 보여줌으로써 말입니다.

부모로서, 교사로서, 코치로서 우리는 다른 사람들의 인생을 위임받았다고 할 수 있지요. 그들은 우리가 책임져야 할 대상이자 우리가 유산을 전해줄 대상입니다. 성장 마인드셋은 이런 우리의 사명을 실현하고 다른 사람들의 잠재력을 발휘하는 데 핵심적인 역할을 하는, 우리가 전해야 할 유산이기도 한 것입니다.

마인드셋 단련법

◎ 부모가 자식에게 하는 모든 말과 행동은 일종의 메시지입니다. 내일은 자녀에게 여러분이 뭐라고 말하는지 들어보고 어떤 메시지를 보내고 있는지 귀 기울여 보세요. 그 메시지들이 "너는 절대로 변하지 않는 자질을 가졌고, 나는 그걸 심판하고 있어"라고 말하고 있나요, 아니면 "너는 발전하고 있고 나는 네 발전에 관심이 많아"라고 얘기하고 있나요?

◎ 여러분은 칭찬을 어떻게 활용하고 있나요? 아이의 지능이나 재능에 대한 칭찬은, 그것이 아무리 달콤하다고 해도 고정 마인드셋의 메시지를 보내는 겁니다. 아이의 자신감과 동기를 오히려 약화시킬 뿐이죠. 그 대신 아이들의 전략, 노력, 선택 같은 과정에 집중하도록 해보세요. 여러분의 자녀에게 이런 과정에 대한 칭찬을 활용해 보도록 하세요.

◎ 아이가 주변을 어지를 때 당신이 어떻게 하는지 주의 깊게 관찰해 보세요. 건설적인 비판은 아이들이 어떻게 고쳐나가야 할지 이해하도록 돕는 피드백이어야 합니다. 아이에게 어떤 낙인을 찍거나 그냥 용서하는 건 건설적인 비판이라 할 수 없지요. 매일 밤마다 오늘 자신이 내 아이에게 어떤 건설적 비판과 과정에 대한 칭찬을 줬는지 적어보세요.

◎ 부모들은 아이가 지향할 수 있는 목표를 설정해 줘야 합니다. 선천적인 재능을 얻는다는 건 목표가 될 수 없습니다. 능력을 익히고 지식을 확장하는 것이 목표가 되어야 하지요. 자녀를 위해 목표를 정할 때는 매우 조심해야 합니다.

8장

마인드셋을 변화시키는 방법

MINDSET

성장 마인드셋은 변화에 대한 믿음에 바탕을 두고 있습니다. 또 제가 이 연구를 하면서 가장 즐거웠던 부분은 사람들이 변하는 모습을 지켜볼 수 있다는 것이었죠. 자신이 소중하게 여기는 것을 실현하는 사람들을 지켜보는 일만큼 기쁜 건 없을 겁니다. 이번 장에서는 능력을 활용하는 자신만의 방식을 찾아낸 아이들과 어른들의 이야기를 하려 합니다. 또한 그 이야기들을 통해 우리 모두가 어떻게 그렇게 할 수 있을지 알게 될 겁니다.

변화의 본질을 살피다

제가 초등학교 1학년 중반을 보내고 있을 때 온 가족이 이사하는 바람에 갑자기 새로운 학교로 전학을 가야 했지요. 선생님, 친구들, 수업, 모든 게 낯설었습니다. 특히 공부하는 데 애를 먹었지요. 전학 온 학교는 예전 학교보다 수업 진도가 빨랐습니다. 제가 아직 배우지 못한 철자들을 사용하고 있었고, 저만 빼고 모든 아이들이 수업내용을 이해하는 듯 보였지요. 그래서 선생님이 "시험지에 자기 이름을 똑바로 적으세요"라고 말했을 때 저는 무슨 뜻인지 이해하지 못했습니다.

그래서 전 울었습니다. 매일 제가 모르는 문제들이 나타났거든요. 그럴 때마다 저는 당황스럽고 어쩔 줄을 몰랐지요. 왜 그때 선생님에게 "전 아직

이걸 배우지 못했어요. 어떻게 하는지 알려주시겠어요?"라고 말하지 못했을까요.

또 제가 어렸을 때 부모님은 인솔하는 어른과 한 무리의 아이들이 영화를 보러 가는 모임을 따라가라고 돈을 주셨어요. 모임 장소에 도착해보니 이미 아이들이 떠나고 있더군요. 하지만 전 "잠깐 기다려!" 하고 소리치며 쫓아가지 못하고, 그 자리에 얼어붙은 채 동전만 조물딱거리며 아이들이 멀어져 가는 모습을 지켜만 보고 있었지요.

왜 저는 그때 아이들을 쫓아가지 못한 걸까요? 간단한 시도조차 해보지도 않고 패배를 받아들였던 걸까요? 꿈속에서 저는 종종 마법 같은 일들을 해내고 위험에 맞서 초인적인 힘을 발휘하기도 했습니다. 손수 만든 슈퍼맨 망토를 입고 사진을 찍은 적도 있었지요. 그런데 현실에서는 대체 왜 도움을 청하거나 사람들을 불러 세우는 단순한 일조차 하지 못했던 걸까요?

연구를 하면서 저는 저와 비슷한 어린아이들을 많이 볼 수 있었습니다. 똑똑하고 재주가 많은 아이들이 힘든 일을 만나면 마비라도 된 듯 굳어버리는 모습을 말이죠. 아주 간단한 행동만으로도 상황을 개선시킬 수 있지만 그 아이들은 그러지 않았습니다. 바로 고정 마인드셋을 가진 아이들이었죠. 일이 잘 풀리지 않으면 무력감에 빠져 버리는 겁니다.

심지어 지금도 일이 잘못되거나 기대한 대로 풀리지 않으면 저는 여전히 무력감을 느낍니다. 그럼 저는 변하지 않은 걸까요?

그렇지 않습니다. 단지 변화는 외과수술과는 다르다는 뜻일 뿐이지요. 이미 변화에 성공했다고 해도, 과거의 믿음을 수술 부위처럼 깨끗하게 도려내고 새 믿음으로 대체할 수는 없는 겁니다. 새로운 신념은 단지 과거의 신념과 공존하게 됩니다. 그리고 새 신념이 강해질수록 우리는 과거와는 다르게 생각하고 느끼고 행동하게 되는 것이죠.

믿음이 행복을 좌우한다

1960년대에 정신의학자 에런 벡은 환자들을 치료하는 도중 문득 믿음이 문제를 일으킨다는 점을 깨닫게 됐습니다. 불안감이나 우울증을 느끼기 직전에 무언가가 환자의 마음을 휙 스쳐지나간다는 겁니다. 그건 '벡 박사는 내가 무능하다고 생각해'라거나 '이 치료는 효과가 없을 거야. 나는 절대 낫지 않을 거야' 등의 생각이었죠. 이런 종류의 믿음은 치료 과정뿐 아니라 환자의 인생 전반에서 부정적인 감정들을 불러일으켰습니다. 사람들은 보통 의식하지 못하지만, 벡은 그런 믿음들에 집중하여 듣는 방법을 가르칠 수 있다는 점을 발견했던 겁니다. 또한 그런 믿음들을 어떻게 다루고 바꿀 수 있는지도 알아냈지요. 이렇게 하여 '인지치료(cognitive therapy)'가 탄생하였고, 현재까지도 가장 효과적인 정신치유법 중 하나로 남아 있습니다.

자각하든 자각하지 못하든, 모든 사람들은 자신에게 어떤 일이 일어나는지, 그 의미가 무엇인지, 또 어떻게 대처해야 하는지에 대한 일종의 은행계좌를 관리하고 있습니다. 즉 우리의 마음은 끊임없이 우리에게 일어나는 일을 관찰하고 해석하고 있다는 거죠. 그렇게 우리는 살아갑니다. 하지만 때로는 그 해석의 과정이 잘못되는 경우도 발생합니다. 그래서 때로는 사람들이 어떤 일을 극단적으로 해석하여 불안감이나 우울증, 분노나 우월감 등의 과도한 감정으로 반응하는 것이죠.

마인드셋이 마음에 끼치는 영향

마인드셋은 사람들의 머릿속에 자리 잡은 은행계좌를 구성하는 역할을 합니다. 말하자면 전체 해석 과정을 관리하는 거죠. 고정 마인드셋은 '심판'에 초점을 맞춘 내적 독백을 만들어냅니다. '이건 내가 패배자라는 뜻이야.' '이건 내가 그들보다 나은 사람이라는 의미야.' '이건 내가 나쁜 남편이라는

뜻이야.' '이건 내 파트너가 이기적이라는 의미야.'

여러 연구를 통해 우리는 고정 마인드셋을 가진 사람들이, 그들이 받아들인 정보를 어떻게 다루는지 탐구했습니다. 그리고 그 모든 정보 각각에 대해 강력한 의미를 부여한다는 점을 알게 됐지요. 어떤 좋은 일이 생기면 매우 긍정적으로, 나쁜 일이 생기면 매우 부정적으로 해석하는 겁니다.

성장 마인드셋을 가진 사람들 역시 주변 상황을 지속적으로 관찰했습니다. 그러나 그들의 내적 독백은 자신이나 타인을 판단하거나 심판하는 내용이 아니었죠. 분명 긍정적, 부정적 정보에 민감하게 반응했지만, 그들은 그 정보를 배움이나 건설적 행동으로 해석해 냈습니다. '이것으로부터 내가 무엇을 배울 수 있을까? 어떻게 개선할 수 있을까? 어떻게 내 파트너가 더 잘할 수 있도록 도울 수 있을까?'

이제는 인지치료를 통해 극단적인 심판을 자제하고 보다 합리적인 판단을 내리는 것이 가능해졌습니다. 예를 들어서 시험을 망치고 '나는 멍청해'라는 결론을 내린 한 아이가 있다고 가정해 보지요. 인지치료는 이 아이에게 '그런 결론을 뒷받침할 증거가 뭐지?'라는 질문을 던짐으로써 사실을 보다 면밀히 검토하게 해줍니다. 그럼 아이는 과거에 자신이 능력을 발휘했던 일들을 떠올려 본 뒤, 결국 '나는 생각한 것처럼 무능한 아이는 아니야'라고 생각하게 되는 것이죠.

또한 자신의 '멍청함'이 아닌, 시험을 망친 다른 이유들을 찾아보게 되고, 이를 통해 자신의 부정적 판단을 누그러뜨릴 수 있습니다. 이제 아이는 스스로 이런 치료를 하는 방법을 익혔으니, 앞으로 다시 자신을 부정적으로 심판하게 될 때면 그 심판에 맞설 수 있게 되는 거지요.

인지치료는 이와 같은 방식으로 사람들이 보다 현실적이고 낙관적인 판단을 내리도록 돕습니다. 하지만 인지치료가 고정 마인드셋과 그 심판의 세계에서 벗어나도록 해주지는 못하지요. 사람들이 자신을 끊임없이 평가하게끔 만드는 고정 마인드셋의 기본적인 가정, 즉 '사람의 자질은 고정돼 있다'는 생각에 맞서지 않기 때문입니다. 따라서 생각의 틀을 '심판'에서 '성장'으로 바꿔주지는 못하지요.

이번 장에서 제가 하고자 하는 이야기는 바로 심판에 매몰된 내적 독백을 성장 지향적인 목소리로 바꾸는 방법에 대한 것입니다.

마인드셋 강의를 들은 후

성장 마인드셋을 배우기만 해도 인생과 자신에 대한 사람들의 생각은 크게 바뀔 수 있습니다.

그렇기에 저는 매년 학부 강의 때마다 마인드셋에 대해 가르칩니다. 그것이 강의의 주제이기 때문만이 아니라, 제 강의를 듣는 학생들이 어떤 압박을 받고 있는지 알기 때문이지요. 매년 학생들은 제게 마인드셋이 자신의 삶을 어떻게 변화시켰는지 얘기해줍니다.

다음은 작가를 꿈꾸는 매기의 이야기입니다.

> 예술적이거나 창의적인 노력에 대해 제가 고정 마인드셋을 가졌다는 걸 깨달았어요. 저는 예술성이나 창의성을 타고난 사람들이 있다고 믿었고 노력을 통해 발전시킬 수 없다고 생각했죠. 제 꿈은 작가가 되는 것이어서 이런 믿음은 제 삶에 직접적인 영향을 미쳤어요. 글쓰기 수업을 듣거나 내 글을 남에게 보여주는 게 두려웠거든요. 남들에게서 부정적인 비판을 듣게 되면 저는 원래 작가가 될 수 없는 사람이라는 뜻이기 때문이죠. 내가 '타고난 작가'가 아닐 위험을 무릅쓰고 남들에게 제 자신을 드러내 보이기가 너무 무서웠어요.

교수님의 강의를 듣고 난 지금, 전 다음 학기에 창의적 글쓰기 수업에 등록하기로 마음먹었습니다. 그리고 제 오랜 꿈을 가로막은 게 무엇이었는지 정확히 이해하게 됐어요. 덕분에 힘이 불끈 솟는 기분이 들어요!

매기의 내적 독백은 그녀에게 이렇게 얘기했던 거지요. '하지 마. 글쓰기 수업을 듣지 마. 네 글을 남에게 보여주지 마. 위험을 무릅쓸 가치가 없어. 네 꿈이 무너질 수 있어.' 하지만 이제는 이렇게 바뀐 겁니다. '도전해. 실현시켜야지. 능력을 키우고 꿈을 좇는 거야.'

다음은 운동선수인 제이슨의 이야기를 들어보죠.

컬럼비아대학의 운동선수인 저는 고정 마인드셋에 지독하게 사로잡혀 있었어요. 승리가 전부라고 여겼고 배운다는 건 생각조차 하지 않았죠. 그러나 교수님 강의를 들은 후에는 이것이 올바른 마인드셋이 아니라는 걸 깨닫게 됐습니다. 경쟁을 통해 배우고, 경기를 치르면서도 계속 성장할 수 있다는 걸 알게 된 거죠. 저는 앞으로 훨씬 훌륭한 선수가 될 겁니다.

제이슨의 예전 내적 독백이 '이긴다, 이긴다, 이기는 것만이 중요해. 너 자신을 증명해. 모든 게 거기에 달렸어'였다면, 이제는 '지켜보고, 배우고, 성장하자. 더 좋은 선수가 되자'로 바뀐 겁니다.

그리고 마지막으로 회복 중인 천재, 토니의 이야기입니다.

고등학교 때는 특별히 공부를 많이 하지 않고 충분히 잠자지 않아도 최고의 성적을 낼 수 있었어요. 저는 제가 뛰어난 이해력과 암기력을 타고났기 때문에 언제나 그럴 것이라고 믿게 됐죠. 하지만 충분히 수면을 취하지 않고 1년

> 을 보내고 난 뒤 제 이해력과 암기력은 급격히 떨어졌어요. 제 자존감의 근원이었던 선천적 재능에 대해 의심하게 되자 전 위기에 빠졌죠. 그러다 몇 주 전 수업에서 두 가지 마인드셋에 대한 교수님의 강의를 들었어요. 저의 문제가 사실은 나 자신이 똑똑하다는 걸 증명하려 하고 실패를 피하려 한 결과였다는 점을 이해하고 나니, 예전의 자기파괴적 패턴에서 벗어나는 데 큰 도움이 됐습니다.

토니의 내적 독백은 '나는 재능을 타고났어. 공부할 필요가 없지. 잠잘 필요도 없고. 나는 천재니까'에서 '이런, 재능을 잃고 있어. 이젠 이해도 안 되고 기억도 안 나. 그럼 난 뭐지?'를 거쳐, '똑똑한지 아닌지에 너무 신경 쓰지 말자. 실패를 피하려고 너무 애쓰지 말자. 공부하면서 인생을 살아나가자'로 바뀐 것이죠.

물론 이들은 앞으로도 역경과 실망을 겪을 것이고, 그 와중에도 성장 마인드셋을 유지한다는 건 쉬운 일이 아닐 겁니다. 하지만 성장 마인드셋에 대해 이해하기만 해도 새로운 인생을 살 수 있지요. 성장 마인드셋은 위대한 작가, 위대한 선수, 위대한 천재에 대한 환상을 깨고 자신의 목표와 꿈을 향해 전진할 수 있는 용기를 준 겁니다. 그리고 보다 중요한 것은, 그 목표와 꿈을 실현할 수 있는 방법까지 알려줬다는 것이죠.

성장 마인드셋을 실천하는 법

자, 이제 이 책의 남은 부분은 바로 '당신'에 대한 내용들입니다. 몇 가지 딜레마들을 다루면서 마인드셋과 관련된 문제들을 해결해 봅시다. 각각의 딜레마에서 우선 고정 마인드셋의 반응을 살펴본 후 성장 마인드셋의 해결책을 찾아보는 겁니다.

딜레마 : 당신은 대학원 입학을 준비하고 있습니다. 입학하고 싶은 대학원 딱 한 군데에만 지원했지요. 그리고 많은 사람들이 당신의 연구를 독창적이고 흥미롭다고 판단했기에 당신은 입학 허가를 자신했습니다. 하지만 결과는 낙방이었습니다.

고정 마인드셋의 반응 : 처음에 당신은 경쟁이 너무 치열했다고 스스로에게 말하며 위안했지만, 사실 그건 별 위로가 되지 않았죠. 아마 그 학교에 당신보다 뛰어난 지원자들이 몰렸을 거라고 생각해 봅니다. 그리고 당신 머릿속에 이런 목소리가 들려오기 시작하죠. 그 목소리는 당신이 웃음거리가 됐다고, 입학위원회가 당신의 연구를 평범하게 여겼다고 말합니다. 그리고 시간이 좀 지나자 그게 진실일지도 모른다는 생각이 듭니다. 당신의 연구를 그저 그런 재미없는 것으로 판단했고, 그들은 전문가니까, 결국 결론은 '난 가치가 없어'라는 심판으로 이어지지요.

하지만 당신은 마음을 고쳐먹고, 맨 처음에 내렸던 보다 합리적이고 보다 위안이 되는 결론으로 되돌아옵니다. 경쟁이 너무 치열했기 때문일 거라고 생각한 덕분에 마음이 좀 편안해졌죠. 고정 마인드셋에서는(그리고 대부분의 인지치료에서는) 이것으로 끝입니다. 다시 자존감을 회복했으니 마무리된 거죠. 하지만 성장 마인드셋에서는, 여기까지가 첫걸음일 뿐입니다. 지금까지는 그저 스스로와 대화를 한 것에 불과하지요. 다음부터가 배우고 개선하는 단계입니다.

성장 마인드셋의 해결책 : 당신의 목표에 대해서, 그리고 당신이 그 목표를 달성하기 위해 해야 할 일에 대해서 생각해 보세요. 자신의 성공을 이루기 위해 당신이 밟아나가야 할 단계는 어떤 것들이 있습니까? 당신은 어떤 정보를 얻을 수 있었습니까?

자, 아마도 당신은 다음번엔 여러 곳의 학교에 지원하는 쪽을 택할 수 있겠지요. 또는 입학 허가를 받기 위한 추가적인 정보를 수집할 수도 있을 겁니다. 그 학교가 무엇을 원하고, 어떤 경험을 중시하는지에 대해서 말이죠. 다음번 지원 전에 그런 경험들을 쌓을 수 있는 것이죠.

이 이야기가 실제로 일어난 일이기에, 저는 입학을 거부당한 지원자가 어떤 단계를 밟았는지 알고 있습니다. 그녀는 아주 강력한 성장 마인드셋의 충고를 접한 후 며칠 뒤, 학교에 전화를 걸었습니다. 관계자와 통화하게 된 그녀는 자초지종을 설명한 후 이렇게 말했죠. "저는 학교의 결정을 따지려는 게 아닙니다. 단지 이후에 다시 지원하게 된다면 어떻게 제 지원 자격을 더 발전시킬 수 있을지 알고 싶은 뿐이에요. 제 지원서에 대해서 몇 가지 피드백을 주신다면 정말 고맙겠습니다."

이런 솔직한 간청을 비웃을 사람은 아무도 없을 겁니다. 그리고 며칠 뒤 그 관계자는 그녀에게 전화를 걸어 합격 통보를 전했습니다. 사실 그녀가 처음 냈던 지원서도 입학을 결정하기에 충분했지만 아주 간발의 차이로 불합격했는데, 학교 당국이 지원서를 재심사한 끝에 한 명을 추가로 합격시키기로 결정한 것이죠.

그녀는 경험을 통해 배우고 앞으로 자신을 발전시킬 수 있는 정보를 구하고자 노력했던 겁니다. 이 경우엔 사실 지원서를 더 보강할 필요는 없었던 것으로 드러났죠. 그녀는 새로운 대학원 프로그램에 곧장 등록하여 배움을 이어갔습니다.

실천을 부르는 계획의 기술

앞의 사례에서 가장 중요한 핵심은 추가 정보를 얻기 위해 학교로 전화를 건 부분입니다. 사실 쉬운 일이 아니죠. 매일 사람들은 어려운 일을 해내겠다고 계획하지만 실천에 옮기지 않습니다. '내일 해야지'라고, 다음 날에는 반드시 해내겠다고 맹세할 뿐이죠. 뉴욕대 심리학자인 피터 골비처(Peter Gollwitzer)와 동료들은 연구를 통해 이런 맹세가 대개 쓸모없다는 점을 밝혔습니다. 그 '다음 날'은 그저 왔다가 갈 뿐이라는 것을 말이죠.

효과를 발휘하는 건 아주 현실적이고 구체적인 계획입니다. '내일 휴식 시간에 커피 한 잔을 마시고, 사무실 문을 닫은 다음, 대학원에 전화를 걸겠어'처럼요. 다른 경우도 한번 생각해볼 수 있습니다. '수요일 아침에 일어나서 이를 닦자마자 책상에 앉아서 보고서를 쓰기 시작할 거야.' '오늘밤, 설거지를 끝내고 바로 아내와 응접실에 앉아서 '여보, 꼭 해야 할 얘기가 있어'라고 말을 걸어야지.'

당신이 해야 할 일, 배우고 싶은 것, 또는 해결해야 할 문제를 떠올려 보세요. 그리고 구체적인 계획을 짜는 겁니다. 언제 그 계획을 실행할 건지, 어디서 할 건지, 어떻게 할 건지, 구체적이고 생생하게 그려보는 것이죠.

시간, 장소, 방법까지 마음속으로 그릴 수 있을 정도로 구체적인 이런 계획들은 실행으로 마무리될 가능성이 아주 높고, 그에 따라서 성공할 확률도 높아집니다.

그러니 단지 성장 마인드셋에 기반한 계획을 짜는 데 그치지 말고 구체적으로 어떻게 실행할지 마음속에 그려보세요.

최고 유망주의 선택은?

방금 다룬 딜레마는 어렵게 보이지만, 사실 전화 한 통으로 해결됐지요. 이제 당신이 전도유망한 쿼터백이라고 가정합시다. 당신은 대학 미식축구리그 최고의 영예인 '하이즈먼 상'의 수상자고, 언제나 꿈꿔 오던 필라델피아 이글스에 1순위로 선발됐습니다. 그런데 어떤 딜레마가 존재할까요?

딜레마 : 압박감이 너무 과중합니다. 경기에 나서길 간절히 바라지만 막상 경기장에 들어서면 불안해지고 집중력을 잃게 되지요. 예전엔 어떤 압박에도 냉정함을 유지하던 당신이지만, 프로 무대에 들어서니 상황이 다릅니다. 육중한 체구의 거인들이 당신을 갈가리 찢어놓으려고 달려오는 모습이 보입니다. 게다가 상상할 수 없을 만큼 재빠르게 움직이는 거인들이죠. 당신은 무기력하게 코너에 몰린 듯한 기분이 듭니다.

고정 마인드셋의 반응 : 당신은 이런 생각으로 괴로워합니다. '쿼터백은 팀의 리더여야 하는데 나는 리더감이 아니야. 좋은 패스를 하지도 못하고 앞으로 나가지도 못하는데 어떻게 동료들에게 자신감을 불어넣을 수 있겠어?' 설상가상으로 장내 아나운서가 계속 외치는 소리가 들려옵니다. "아니, 저 천재 소년이 왜 저러는 거죠?"

너무나 창피한 나머지 경기가 끝나자마자 당신은 다른 사람들과 접촉을 피하고 장내 아나운서로부터 벗어나 라커룸으로 꼭꼭 숨어버립니다. 당신이 활용할 수 있는 자원과 그 활용법에 대해 생각해봅시다. 그러나 우선, 마인드셋부터 바꿔야겠군요.

성장 마인드셋의 해결책 : 성장 마인드셋을 가진 당신은 스스로에게 프로의 세계에 뛰어든 건 거대한 도약이고 배우고 도전해야 할 것이 많다고 얘기해줍니다. 아직 알 수 없는 것도, 앞으로 배워야 할 것도 너무 많다고.

그리고 당신은 베테랑 쿼터백들과 자주 어울리면서 질문을 던지고 함께 경기 영상을 분석하지요. 자신의 불안감을 숨기지 않고 대학 시절과 얼마나 다른지 털어놓습니다. 그러자 그들 역시 프로선수가 됐을 때 똑같은 기분을 느꼈다고 얘기해 줍니다. 자신의 치욕스런 경험을 당신과 공유하는 거지요.

당신은 그들에게 그런 초기의 난관을 어떻게 극복했는지 묻고 그들은 당신에게 정신적, 육체적 테크닉을 전수해 줍니다. 점점 팀과 하나가 되어 가는 자신을 느끼면서, 당신은 당신을 심판하거나 비하하려는 게 아니라 당신의 성장을 돕고자 하는 조직의 일원이 됐음을 깨닫습니다. 팀이 당신의 재능을 과대평가했을까봐 걱정하는 대신, 이제 당신은 놀라운 노력과 정신력으로 자신의 값어치를 해내려고 마음먹게 된 겁니다.

변화를 원하지 않는 사람들의 문제

"나는 자격이 충분해"

고정 마인드셋을 가진 사람 중 다수가 자신이 아닌 세상이 변해야 한다고 생각하지요. 그들은 자신이 더 나은 직장, 더 좋은 집, 더 멋진 배우자를 얻을 자격이 있다고 여깁니다. 자신의 특별함을 세상이 알아주고 그에 맞게 대접해줘야 한다고 생각하는 것이죠. 당신이 그런 상황에 놓였다고 상상하면서 다음 딜레마를 다뤄봅시다.

딜레마 : 당신은 생각합니다. '내가 고작 이런 수준 낮은 직장에 있다니, 이건 수치야. 내 재능을 가지고 이런 일을 해서는 안 되지. 난 큰물에서 놀면서 큰일을 할 사람이거든.' 당신의 상사는 당신의 근무 태도가 나쁘다고 생각합니다. 그리고 책임감이 필요한 자리에 당신을 고려하지 않지요. 또 승진대상자 명단에도 당신의 이름을 올려놓지 않습니다.

고정 마인드셋의 반응 : '상사가 나를 견제하나 보군.' 당신은 씁쓸한 기분으로 이렇게 중얼거립니다. 고정 마인드셋은 당신에게, 당신 정도의 사람이라면 당연히 좀 더 높은 위치에 자동적으로 올라야 한다고 속삭이지요. 사람들이 당신의 재능을 알아보고 그에 맞게 대접해야 마땅하다고, 그렇지 않으면 불공평한 처사라고. 그런데 굳이 자신을 바꿀 필요가 뭐가 있을까요? 당신은 그저 자연히 주어지는 걸 받아들이면 그만인데요.

하지만 성장 마인드셋으로 바라본다면, 어떤 새로운 관점을 적용할 수 있고 어떤 해결책을 얻을 수 있게 될까요? 예를 들어, 노력에 대해 어떤 새로운 생각들을 가질 수 있을까요? 또 배움에 대해서는 어떨까요? 이런 새로운 사고방식을 당신의 일에 어떻게 적용할 수 있을까요?

아마도 당신은 직장에서 더 열심히 일하고 다른 사람들에게 더 쓸모 있는 존재가 되겠다고 결심할 수 있을 겁니다. 자신의 낮은 위치에 불평하는 대신 자신의 일에 대해 더 배우는 데 시간을 쏟을 수도 있을 테지요. 이렇게 하면 어떻게 달라질지 살펴봅시다.

성장 마인드셋의 해결책 : 하지만 우선 분명히 해둬야 할 것이 있습니다. 오랫동안 당신에게 우월감을 내려놓는다는 건 생각만 해도 끔찍한 일이었습니다. '지극히 평범한 사람'은 절대 당신이 바라는 존재가 아니지요. 당신이 깔보는 사람들보다 더 가치 있는 존재가 아니라면 어떻게 자기 자신에게 만족할 수 있을까요?

이렇게 생각해 보는 데서 출발하도록 하지요. '어떤 사람들이 남들보다 돋보이는 이유는 그들의 노력과 헌신 때문'이라고 말입니다. 자 그럼, 조금씩 노력을 늘려가면서 당신이 바랐던 보상을 얻게 되는지 지켜보는 겁니다. 그리고 그렇게 될 겁니다.

노력이 필요하다는 생각을 점차 받아들이더라도 여전히 당신은 '노력이 성공을 이끈다는 보장은 없다'는 생각을 버리지 못합니다. 뭔가에 대해 노력한다는 사실만으로도 충분히 굴욕적인데, 그렇게 노력해도 성공을 얻지 못한다면, 이건 정말 불공평한 겁니다. 그건 재주는 당신이 부렸는데 승진은 다른 사람이 한다는 얘기죠. 터무니없는 일입니다.

당신이 진정 노력을 즐기기까지, 또 배움의 관점에서 생각하게 되기까지는 오랜 시간이 걸립니다. 회사의 맨 밑바닥에서 보내는 시간을 모욕으로 받아들이는 대신, 당신은 그 시간이 앞으로 정상에 올라서는 데 큰 도움이 되리라는 사실을 점차 인지하게 되지요. 회사의 대소사를 챙기는 것이 후에 큰 이점으로 작용하리라는 점을요. 최고의 성장 마인드셋을 가진 CEO들은 누구나 자신의 회사를 속속들이 파악하고 있습니다.

또한 당신은 동료와의 논의를 당신이 원하는 걸 얻기 위한 시간으로 보는 대신, 관계를 구축하거나 동료의 가치 실현을 돕는 시간으로 여기기 시작합니다. 이건 업무에 대한 새로운 만족을 제공해 줄 수 있습니다.

이렇게 점점 더 성장 지향적인 사람으로 변모해가면서 당신은 사람들이 당신을 도와주고 지원하기 시작하는 모습을 보고 놀라게 됩니다. 그들은 더 이상 당신의 가치를 부정하는 장애물이 아닌 거죠. 오히려 공통의 목표를 향해 함께 나아가는 조력자가 되어 갑니다. 재미있는 점은, 당신은 타인들의 행동을 변화시키길 원하는 데서 출발했지만 결국 변한 쪽은 당신 자신이라는 것이죠.

결론적으로, 고정 마인드셋을 가진 사람들은 자신의 특별함을 인정해야 정말 자신이 안전해지고, 강해지고, 가치 있어진다고 생각합니다.

하지만 그것이 비록 처음에는 갑옷처럼 자신을 보호해줄지 몰라도, 시간이 갈수록 성장을 제한하고, 패배가 예정된 전쟁으로 내몰며, 만족스러운 인간관계를 형성하지 못하게 하지요.

"내 인생은 이미 완벽해"

고정 마인드셋을 가진 사람들은 종종 자신의 문제로부터 달아나 버립니다. 자신의 인생에 흠이 발생한다면 곧 자신에게 흠이 있다는 뜻이라고 생각하는 거죠. 그러니 모든 게 잘 될 거라고 믿는 편이 훨씬 쉬운 겁니다. 이 딜레마를 다뤄보도록 하지요.

딜레마 : 당신은 모든 걸 다 가진 듯해 보입니다. 만족스러운 직장, 사랑하는 배우자, 멋진 자녀들, 당신에게 충실한 친구들. 하지만 사실 이중 한 가지는 진실이 아닙니다. 당신도 모르는 사이에 결혼생활은 파국을 향해 치닫고 있지요. 그간 징조가 없었던 건 아니지만 당신은 그냥 무시해 버리는 쪽을 택했습니다. 남자의 역할과 여자의 역할은 다르다고 생각하면서 더 많은 대화와 공유를 원하는 배우자의 요구를 묵살해 왔지요. 마침내 정신을 차리고 사태의 심각성을 깨달았을 때는 너무 늦은 뒤였습니다. 배우자는 이미 감정적으로는 당신과의 관계를 끝낸 상태였지요.

고정 마인드셋의 반응 : 당신은 이제껏 이혼한 사람들, 버림받은 사람들을 가엾게 여겨왔지요. 그런데 이제는 당신이 그중 한 명이 된 겁니다. 기존에 가졌던 가치관이 흔들립니다. 당신과 가장 가까웠던 배우자가 이제 당신을 더는 원하지 않거든요.

몇 달 동안 당신은 아무런 의욕도 생기지 않고 심지어 자녀들에게도 당신이 없는 편이 더 낫지 않을까 하는 생각까지 갖게 됩니다. 그리고 시간이 좀 지나 당신이 쓸모 있는 사람, 가치 있는 사람이라는 생각, 또는 희망을 약간이나마 갖게 되지요. 하지만 여기서부터 가장 힘든 시간이 시작됩니다. 왜냐하면 비록 스스로에게 대해 기분이 조금 나아지더라도 당신은 여전히 고정 마인드셋에서 벗어나지 못했기 때문이죠. 당신은 이제 평생 '심판'하는 삶을 살게 됩니다. 일이 잘 풀리면 당신 안의 목소리는 '아마도 난 괜찮을 거야'라고 속삭이지만, 나쁜 일이 일어나면 그 목소리는 '내 배우자가 옳았어'라고 얘기할 테니까요. 그리고 새로 만나는 모든 사람들 역시 잠재적인 배신자로 여기면서, 심판하게 될 겁니다.

당신의 결혼생활, 당신 자신과 당신의 인생을 어떻게 하면 성장 마인드셋의 관점에서 바라볼 수 있을까요? 왜 당신은 배우자의 이야기에 귀 기울이는 걸 두려워한 걸까요? 달리 어떻게 할 수 있었을까요? 그리고 이제 어떻게 해야 할까요?

성장 마인드셋의 해결책 : 우선, 당신이 예전에 좋게만 여겼던 결혼생활이 갑자기 나빠졌거나 원래 나빴던 게 아닙니다. 관계가 진전되지 않으면서 더 이상 발전하지 않게 된 것일 뿐이죠. 따라서 당신은 자신과 배우자가 이 결과에 각각 어떤 원인을 제공했는지 생각해봐야 합니다. 특히 당신이 왜 더 친밀해지고 더 많은 것을 공유하고자 한 배우자의 요청을 제대로 듣지 못했는지 따져봐야 하지요.

그러다가 당신은 마침내 고정 마인드셋 때문에 배우자의 요구를 당신이 듣고 싶어 하지 않는 비판으로 여겼다는 점을 깨닫게 됩니다. 또 한편으로는 배우자가 요구한 친밀감을 당신이 채워주지 못할까봐 두려워한 부분도 있었다는 점도 알게 되지요. 그래서 당신은 배우자와 이런 문제들을 다루지 않고 귀를 틀어막은 채 그 순간이 지나가기만을 바랐던 겁니다.

틀어진 관계를 바로잡으려면 그 원인을 깊이 있게 조사해야 합니다. 그 목적은 파국의 책임을 자신에게 묻기 위해서가 아니라, 미래에 더 나은 관계를 형성하고 유지하기 위해 필요한 소통의 기술을 익히고 두려움을 극복하기 위해서입니다. 궁극적으로 성장 마인드셋은 사람들에게 심판과 아픔이 아닌, 새로운 이해와 능력을 안겨주지요.

당신 주변의 누군가가 당신에게 무언가 얘기하려 하는데 당신은 듣기를 거부하고 있나요? 그렇다면 성장 마인드셋의 관점에서 생각하고 다시 그 사람의 이야기에 귀를 기울여 보세요.

자녀의 마인드셋을 바꾸는 방법

우리의 소중한 자녀들 중에도 고정 마인드셋에 사로잡힌 아이들이 많지요. 그런 아이들에게 어떻게 성장 마인드셋을 심어줄 수 있을지 살펴보도록 합시다.

고정 마인드셋에 빠진 아이

어린아이들은 대부분 고정 마인드셋을 그렇게 열정적으로 받아들이지는 않습니다. 그 시절을 보내고 난 다음에야 그렇게 되지만, 남들보다 훨씬 일찍 고정 마인드셋의 신봉자가 되는 아이들도 있지요.

딜레마 : 어느 날 당신의 어린 아들이 학교에서 돌아와 당신에게 이렇게 얘기합니다. "어떤 애들은 똑똑하고 어떤 애들은 멍청해요. 걔들은 남보다 머리가 더 나빠요." 당신은 깜짝 놀라 "누가 그렇게 얘기했어?"라고 물으며 학교에 항의할 준비를 하지요. 하지만 아이는 자랑스럽게 대답하죠. "나 혼자 알아낸 거예요."

아이는 학교에서 읽고 쓰고 더하기까지 할 줄 아는 애들과 그러지 못하는 애들을 살펴보고 결론을 낸 겁니다. 그리고 그 결론을 굳게 믿었고요.

고정 마인드셋 측면에서 보면 당신의 아들은 조숙한 것이고, 곧 그 고정 마인드셋은 만개하게 될 겁니다. 아이는 점차 노력을 혐오하게 되고, 자신의 똑똑한 두뇌를 이용해 일을 쉽게 처리하길 바랄 겁니다. 그리고 실제로 그런 일이 종종 일어나기도 할 테고요.

아이가 체스를 빨리 배우자 당신의 배우자는 아이를 응원하기 위해 어린 체스 챔피언을 다룬 영화 〈위대한 승부(Searching for Bobby Fischer)〉를 보여줍니다. 하지만 아이는 영화에서 질 수도 있다는 점, 그리고 지면 더는 챔피언이 아니게 된다는 점을 배우지요. 그리고 체스를 포기해 버립니다. 하지만 주변 사람들에게 여전히 "나는 체스 챔피언이에요"라고 으스대지요. 체스를 두지 않는 체스 챔피언인 셈입니다.

패배의 의미를 이해하게 된 아이는 패배를 피하기 위한 조치를 취합니다. 심지어 보드 게임에서도 이기기 위해 속임수를 쓰기 시작하지요. 또 다른 아이들은 못하지만 자신은 할 줄 아는 온갖 것들에 대해 자주 이야기합니다. 당신 부부가 다른 아이들이 멍청한 게 아니고 단지 충분히 연습하지 않았기 때문이라도 아무리 얘기해줘도 아이는 믿으려 하지 않지요. 아이는 학교에서 주변을 살폈다가 집에 와서는 당신에게 이렇게 얘기하죠. "선생님이 새로운 문제를 내줘도 난 다른 애들보다 더 잘 풀 수 있어요. 저한테는 연습이 필요 없어요."

이 아이는 자신의 뇌에 모든 걸 걸었습니다. 하지만 두뇌를 성장시키는 데 투자한 게 아니라 칭찬받는 데 이용하려는 거죠. 당신은 이미 아들에게 '똑똑한가, 멍청한가'가 아니라 연습과 학습이 중요하다고 설명했지만 아이는 믿지 않습니다. 그럼 당신은 달리 어떻게 해야 하나요? 아이에게 당신의 메시지를 이해시킬 다른 방법이 있을까요?

성장 마인드셋의 해결책 : 당신은 결심합니다. 아이에게 고정 마인드셋에서 벗어나라고 얘기하기보다는 당신 자신이 성장 마인드셋을 실천하며 살아야겠다고. 매일 저녁식사 시간마다 당신 부부는 성장 마인드셋과 관련된 주제를 정하고 아들에게, 또 서로에게 이렇게 물어봅니다. "오늘 뭘 배웠니?" "오늘 네가 한 실수를 통해 어떤 교훈을 얻었니?" "오늘 뭘 하려고 노력했니?" 그렇게 한차례 각자의 경험을 나눈 뒤, 당신은 그 각각의 노력, 전략, 역경과 배움에 대한 논의를 활발하게 이어가지요.

연습한 덕분에 어제는 못했지만 오늘은 갖출 수 있게 된 기술에 대해 이야기하고, 당신이 저지른 실수가 사실은 문제 해결의 열쇠가 된 얘기를 미스터리 소설처럼 흥미진진하게 각색하여 들려줍니다. 또 당신이 굉장히 좋아하지만 좀체 익숙해지지 못했던 일을 마침내 숙달하게 된 과정을 묘사하지요. 그럼 아이도 결국 매일 저녁 자신의 이야기를 들려주지 못해 안달하게 될 겁니다. 당신은 놀라움에 차서 "오 이런, 너 분명 오늘 더 똑똑해졌겠구나!"라고 소리치지요.

아들이 다른 애들보다 뭔가를 더 잘했다는 얘기를 하면 "와, 그런데 넌 그걸 통해서 뭘 배웠니?"라고 묻고, 학교에서 모든 게 쉬웠다고 얘기하면 "오, 그것참 안됐구나. 배운 게 없다는 얘기네. 더 열심히 노력해보면 뭔가 배울 수 있지 않을까?"라고 답해 줍니다. 자신이 챔피언이라고 으스대면 이렇게 말해주지요. "챔피언은 가장 열심히 노력한 사람을 뜻하는 거야. 너도 물론 챔피언이 될 수 있지. 내일은 챔피언이 되기 위해 네가 뭘 했는지 들려주렴."

아이가 숙제를 할 때 너무 쉽다거나 지루하다고 하면, 당신은 숙제를 더 재미있게 하는 방법을 찾아보라고 가르칩니다. 예를 들어 '오리'라는 단어를 써야 한다면, 아이에게 "오리처럼 '리'자로 끝나는 말을 얼마나 알고 있니? 아는 대로 그 단어들을 다 써보고, 나중에 그걸로 한 문장을 만들어보면 어떨까"라고 제안하는 것이죠. 그리고 아이가 숙제를 끝내고 난 후 약속한 게임을 시작합니다. '아침에 '오리'가 '개나리' 밑에서 '개구리'를 만났네' 처럼 문장을 만들지요. 그리고 아이는 마침내 숙제를 더욱 흥미진진하게 할 수 있는 자신만의 방법을 발견하기 시작합니다.

그리고 당신은 아이에게 학교생활이나 운동뿐 아니라 친구를 사귀는 일, 또는 남을 이해하거나 돕는 일에 대해서 배운 점에 대해서도 이야기하도록 독려합니다. 당신은 단지 아들의 지적, 신체적 능력만을 중요시하는 게 아니라는 점을 아이에게 전하고 싶은 것이죠.

하지만 이후로도 오랫동안 당신의 아들은 여전히 고정 마인드셋에서 벗어나지 못합니다. 자신이 원래 특별한 존재라는 게 너무 좋은 겁니다. 그걸로 끝인 거죠. 매일 노력해서 지식이나 능력을 조금씩 늘려야 한다는 생각은 아이의 마음에 들지 않습니다. 스타는 절대 그렇게 땀 흘리는 사람이 아니거든요. 하지만 가족 전체의 가치관이 점점 성장 마인드셋으로 기울어감에 따라 아이도 그 일원이 되길 원합니다. 그래서 처음에는 말만 앞세우다가 점차 행동에 나서게 되지요. 이런 과정을 거쳐 마침내 아이는 마인드셋의 감시인으로 변모합니다. 즉 가족 중 누군가가 고정 마인드셋 사고에 빠지면 아이가 기가 막히게 잡아내는 것이죠. 그래서 당신은 배우자에게 "당신도 조심해야겠어"라고 농담을 던지는 상황에까지 이르렀지요.

이처럼 고정 마인드셋의 유혹은 아주 강렬합니다. 단지 그렇게 마음먹기만 해도 평생의 가치, 성공, 존경을 약속해줄 것 같지요. 그래서 이미 고정 마인드셋이 한번 뿌리내린 곳에 다시 성장 마인드셋을 키우기가 그렇게 어려운 겁니다.

'노력 = 성장'이 아니다

때로는 아이가 너무 적게 노력하기 때문이 아니라 너무 많이 노력하기 때문에 문제가 발생하기도 하지요. 노력하는 이유가 잘못됐기 때문입니다. 공부하느라 밤을 꼬박 새우는 학생들의 이야기나 친구를 앞지르기 위해 과외를 받는 아이들의 얘기를 주변에서 쉽게 들을 수 있습니다. 이런 아이들도 열심히 노력하는 것이지만, 성장 마인드셋을 갖췄다고는 할 수 없지요. 바로 '배움에 대한 사랑'이 결여돼 있기 때문입니다. 이런 경우는 대개 부모나 다른 사람들에게 자신을 입증해 보이려는 겁니다. 그리고 성적과 상장, 명문대 입학 등 자녀가 이룬 노력의 결과물을 좋아하는 부모들도 많지요. 당신이라면 이런 상황을 어떻게 다룰지 살펴볼까요.

딜레마 : 당신은 딸에 대한 자부심이 대단합니다. 반에서 항상 1등을 차지하고 A가 가득한 성적표를 집에 가져옵니다. 최고의 선생님에게 플루트 연주를 배우고 있고요. 그리고 당신은 딸이 시내의 최고 사립 고등학교에 입학하리라고 확신하고 있지요. 하지만 매일 아침 등교하기 전마다 딸은 복통을 호소하고 때로는 토하기까지 합니다. 민감한 장을 달래기 위해 당신은 딸에게 계속 무자극성 음식을 먹이지만 별 도움이 되지 않죠. 당신은 딸이 신경쇠약에 걸렸을 가능성은 절대 염두에 두지 않습니다.

그러다가 딸이 위궤양 진단을 받았을 때 뭔가 잘못돼가고 있다는 걸 깨달았어야 하지만 당신 부부는 여전히 정신을 차리지 못하고 그저 위장의 문제로만 치부하죠. 하지만 의사는 가족 상담사를 찾아가라고 강하게 권고합니다. 딸의 치료에 그 상담이 꼭 필요하다며 당신에게 상담사의 명함을 건네지요.

고정 마인드셋의 반응 : 상담사는 당신에게 딸의 부담을 덜어주라고 얘기합니다. 그렇게 열심히 공부하지 않아도 괜찮다고 말하라는 것이죠. 그리고 딸은 충분한 수면을 취해야 한다고도 얘기합니다. 그래서 당신은 그 처방대로 딸에게 매일 밤 10시까지는 잠자리에 들라고 얘기하지만, 그 때문에 상황은 더욱 악화되지요. 이제 아이에게는 자신에게 쏟아지는 기대를 충족시킬 시간이 더 줄어든 셈이니까요.

상담사와의 면담에도 불구하고 여전히 당신은 딸아이가 다른 학생들에게 뒤처진다는 걸 상상조차 하지 못하지요. 또 플루트를 잘 연주하지 못한다든가, 일류 고등학교에 입학하지 못하는 일도 마찬가지입니다. 그게 딸에게 좋은 일일 리가 만무하니까요.

이제 상담사는 자신이 맡은 책무가 막중하다는 걸 깨닫습니다. 그녀의 첫 번째 목표는 당신이 문제의 심각성을 제대로 인지하게 만드는 일입니다. 그리고 두 번째로 그 문제에서 당신의 역할이 무엇인지 이해시켜야 하지요. 당신 부부는 딸에게 완벽한 모습을 요구하는 게 문제의 원인임을 인식해야 합니다. 만약 딸이 당신에게 인정받지 못하는 걸 두려워하지 않았다면, 아이는 그렇게 녹초가 될 때까지 자신을 혹사하지도 않았을 테니까요. 그리고 상담사의 세 번째 목표는 당신이 따를 수 있는 구체적인 계획을 제시하는 것입니다.

당신은 딸에게 성장 마인드셋을 길러주고 부담을 덜어주기 위해 구체적으로 어떤 일을 할 수 있다고 생각하나요?

성장 마인드셋의 해결책 : 상담사가 제시한 계획을 따른다면 당신의 딸은 자신이 하는 일을 즐길 수 있게 될 겁니다. 일단 플루트 교습은 보류합니다. 딸은 "오직 순수하게 음악을 즐길 목적이라면 언제든지 원하는 만큼 연습

해도 된다"는 얘기를 듣지요.

또 학교에서 공부하는 목적도 되는 대로 머릿속에 쑤셔 넣기 위함이 아니라 '배움'으로 바뀝니다. 상담사는 당신의 딸에게 '이해를 위한 공부'를 가르칠 개인교사를 소개해 주지요. 이 개인교사는 아이가 공부를 더 재미있고 즐거운 것으로 받아들이도록 가르칩니다. 이제 공부는 새로운 의미를 갖게 되지요. 자신의 지능을 증명하고 부모에게 자신의 가치를 보여주기 위해 높은 점수를 받는 것이 아니라, 새로운 것을 배우고 그에 대해 재미있게 생각해보는 것이 '공부'가 되는 겁니다.

딸의 학교 교사들 역시 아이가 성장 지향적으로 바뀌도록 돕는 일에 참여합니다. 아이에게 시험 성적보다 학습과정에 대해 얘기해주라는 부탁을 받지요. 그래서 "네가 쓴 글을 보니 비유를 제대로 이해한 것 같구나"라든지 "잉카제국을 다룬 네 프로젝트가 정말 좋았어. 그걸 읽으니 마치 정말 내가 고대 페루에 가 있는 느낌이던걸"이라고 말해줍니다. 그리고 당신도 딸에게 이런 식으로 얘기하는 법을 배우지요.

마지막으로 상담사는 당신이 바랐던 학교보다 압박이 덜한 고등학교에 지원할 것을 강력히 권고합니다. 학점이나 시험 성적보다 배움에 더 집중하는 다른 좋은 학교들도 많으니까요. 그래서 당신은 딸과 함께 각 학교를 순회하며 시간을 보냅니다. 그런 다음 딸은 당신 그리고 상담사와 함께 어느 학교가 가장 마음에 들고 가장 부담을 덜 느꼈는지 상의하지요.

이렇게 천천히 당신은 딸로부터 당신의 욕구와 필요를 거둬들이는 법을 배웁니다. 당신은 아마도 모든 것에 1등을 하는 딸을 필요로 했는지 모르지만, 딸이 필요로 한 건 부모로부터의 인정과 성장할 수 있는 자유였습니다. 당신이 놓아주자 딸은 자신의 일에 훨씬 더 진심을 갖고 집중할 수 있게 됐습니다. 관심과 배움을 위해 진정 그 일들을 즐기게 된 것이죠.

지금 혹시 당신의 자녀가 당신이 듣고 싶지 않은 어떤 말을 하려고 하나요? 만약 아이가 당신에게 전하려는 말이나 행동을 제대로 듣고 이해하지 못한다면 결국 당신은 아이가 정말 어디에 서 있는지 모르는 겁니다. 성장 마인드셋을 열고 그 얘기를 들을 수 있도록 노력해야 합니다.

마인드셋과 의지력

우리가 보통 바라는 건 그렇게 대단한 변화는 아닙니다. 살을 좀 빼고 몸무게를 유지하거나, 담배를 끊거나, 분노를 좀 조절하는 정도의 변화만 원하기도 하죠.

그런데 이런 일조차도 고정 마인드셋의 방식으로 사고하는 사람들이 있습니다. 만약 당신이 의지력이 충분한 사람이라면 그렇게 변할 수 있을 것이지만, 당신의 의지력이 충분치 않다면 변화도 불가능하다는 식으로 생각하는 것이죠.

이런 생각을 가진 사람들은 뭔가를 결심하는 데는 확고하지만, 정작 자신이 성공하기 위해 특별한 조치를 취하지는 않습니다. 그리고는 결국 '금연은 쉬워. 전에도 100번쯤 끊어 봤거든'이라며 포기하고 말지요.

앞서 다룬 화학 수업을 듣는 대학생들과 같습니다. 고정 마인드셋을 가진 사람들은 "내게 능력이 있다면 잘할 거고, 능력이 없다면 잘하지 못할 거야" 하고 생각하지요. 그 결과 그들은 자신을 돕기 위한 유용한 전략들을 활용하지 못합니다. 그저 겉핥기식으로 공부해 놓고는 최상의 결과를 기대할 뿐이죠.

고정 마인드셋을 가진 사람들은 화학, 다이어트, 금연, 분노 조절 등의 시험에 실패하게 되면 스스로를 자책합니다. 자신을 무능하고, 연약하고, 나쁜 사람이라고 여기는 거죠. 그런 마음으로 대체 뭘 이룰 수 있을까요?

제 친구인 네이선은 곧 다가올 25번째 고등학교 동창회에 헤어진 예전 여자친구가 나타날지도 모른다고 생각하고 뱃살을 빼기로 결심했습니다. 고등학교 때 멋지고 날렵했던 그였으니 뚱뚱한 중년 남성의 모습을 보이고 싶지 않았던 거죠.

네이선은 다이어트에 매달리는 여성들을 비웃곤 했죠. "뭐가 그리 호들갑이지? 그냥 약간의 식단 조절만 하면 되는데." 살을 빼기 위해 그는 자기 접시에 놓인 음식을 일부만 먹기로 각오를 다졌죠. 그러나 식사를 하고 나면 접시는 매번 깨끗이 비워져 있었습니다. 그는 "또 글러먹었군!" 하며 패배감에 빠져 디저트를 주문하곤 했습니다. 아마도 자신의 실패를 감추려 했거나 기분을 풀기 위해서였겠죠.

그래서 제가 충고했습니다. "네이선, 이래선 효과가 없어. 네겐 시스템이 필요해. 아예 처음부터 음식을 좀 치워버리든지, 아니면 일부를 포장해서 집에 가져가지 그래? 또는 채소 섭취를 늘려서 먹는 양을 채우든지 말이야. 살을 빼는 방법은 여러 가지가 있다고." 하지만 그는 "아니, 나는 강인해져야 해"라고 응수할 뿐이었습니다.

결국 네이선은 극단적인 식이조절 다이어트를 선택하여 동창회를 위해 살을 빼는 데는 성공했지만, 이후엔 오히려 예전보다 더 체중이 불어나게 됐습니다. 이게 과연 강인한 건지, 간단한 전략을 사용하는 게 정말 약한 짓인지 전 이해하지 못하겠더군요.

다음에 혹시 다이어트를 하게 될 일이 있거든, 네이선의 이야기를 떠올리고 의지력이란 당신의 마음대로 가졌다 말았다 할 수 있는 게 아니란 점을 기억하기 바랍니다. 의지력에도 도움이 필요하다는 점을요.

화를 참지 못하는 사람들

분노를 조절하는 것 역시 많은 사람들이 가진 문제 중 하나이지요. 어떤 일이 성질을 돋우면 험한 말을 내뱉거나 더 심한 짓을 하게 되는 사람들이 있습니다. 여기서도 사람들은 다음번엔 달라질 거라고 맹세하지요. 분노 조절은 특히 부부 사이나 부모와 자식 간에 중요한 문제입니다. 배우자나 자식이 우리를 화나게 만들기 때문이 아니라, 그들 때문에 화가 났을 때는 마음껏 그 분노를 표출해도 된다고 흔히 생각하기 때문이지요. 이번에는 이 문제를 다뤄 봅시다.

딜레마 : 당신이 평소에는 사려 깊고 친절한 사람이라고 가정해 보겠습니다. 당신은 배우자를 사랑하며 그런 상대를 만난 건 행운이라고 여깁니다. 하지만 배우자가 당신이 정한 규칙을 어기기라도 하면, 예를 들어 쓰레기가 넘칠 때까지 휴지통을 비우지 않고 내버려둔다면, 당신은 곧장 배신당한 느낌을 갖고 상대를 비난하기 시작합니다.

보통 "내가 수천 번은 얘기했잖아"로 시작해서 "당신은 뭐 하나 제대로 하는 게 없어!"로 이어집니다. 그래도 상대가 충분히 반성하는 기미가 보이지 않으면, 당신은 불같이 화를 내며 상대의 지성을 모독하거나("그것도 기억 못하는 멍청이인가 보지?") 인격을 공격하지요("얼마나 무책임한 사람이면 이것도 안 하겠어" "자기밖에 모르는 사람이니 이러는 거지"). 분노에 눈이 먼 당신은 이제 자신의 주장을 뒷받침할 수 있을 만한 얘기를 전부 끌어옵니다. "우리 아버지도 절대 당신을 믿지 않았어"라거나 "당신이 무능력하다는 당신 상사의 말이 맞았어"라고까지 하죠. 당신의 들끓는 분노에서 벗어나기 위해 배우자는 묵묵히 물러설 수밖에 없습니다.

고정 마인드셋의 반응 : 당신은 한동안 자신의 분노가 정당했다고 여기지만, 이내 곧 자신이 너무 과했다는 걸 깨닫게 됩니다. 이제까지 배우자가 얼마나 헌신적인 파트너였는지 떠올리고 심한 죄책감에 시달리죠. 그러다가 당신이 원래는 좋은 사람이지만, 단지 일시적으로 실수했을 뿐이라고 스스로에게 얘기합니다. '이번에는 정말 교훈을 얻었어. 다시는 이러지 말아야지'라고 생각하면서.

하지만 단순히 당신이 앞으로도 '좋은 사람'의 상태를 유지할 수 있다고 믿으면, 다음에 발생할 폭발을 방지하기 위한 전략을 생각조차 하지 않게 됩니다. 그래서 다음번에도 전과 똑같은 일이 되풀이되는 것이죠.

성장 마인드셋과 자제력

다이어트나 분노 조절에 대해서도 성장 마인드셋의 방식으로 사고하는 사람들이 있습니다. 그들은 성공하기 위해선 자신에게 맞는 전략을 배우고 실행할 필요가 있다는 점을 알고 있지요.

성장 마인드셋을 가진 학생들이 화학 수업을 들었을 때 그랬습니다. 그들은 더 나은 학습전략을 채택했고, 공부시간을 세심하게 계획했으며, 자신들의 동기를 잘 관리해 나갔습니다. 즉 자신의 성공을 위해 가능한 모든 전략을 활용했던 것이죠.

그들과 마찬가지로 성장 마인드셋을 가진 사람들은 새해를 맞아 헛된 결심을 하고 가만히 앉아 그 결심이 지켜지기를 바라지 않습니다. 다이어트를 위해서는 그에 맞는 계획이 필요하다는 걸 알고 있어요. 디저트는 가까이 하지 않고, 식당에 가기 전에 무슨 음식을 먹을지 미리 결정하며, 일주일에 한 번만 마음대로 먹거나 운동을 더 하겠다는 등의 계획 말입니다.

그리고 그 성과를 어떻게 지속적으로 유지해나갈 것인지에 대해서도 적극적으로 고민합니다. 한번 얻어낸 성과를 계속 유지하고 발전시키기 위해 어떤 습관을 들여야 할지 생각하는 거죠. 그러다가 고난의 시기가 찾아오기도 합니다. 하지만 그들은 이미 그런 고난이 발생할 것이라고 예측하고 있기에, 자책에 빠지는 대신 이렇게 묻습니다. "여기서 내가 어떤 걸 배울 수 있지? 이런 상황에서 내가 해야 할 일은 뭐지?" 이것이 바로 배움의 과정입니다. '나쁜 나'와 '좋은 나' 사이의 전쟁이 아닌 거죠.

방금 다룬 분노 조절에 관한 에피소드에서, 과연 그 분노를 어떻게 다뤘어야 했을까요? 먼저 왜 그렇게 화가 치밀었는지 생각해 봐야 합니다. 배우자가 자신의 일을 태만히 하고 당신의 규칙을 지키지 않았을 때 아마 무시당하고 업신여겨졌다는 느낌을 받았겠지요. 마치 "당신은 별로 중요하지 않아. 당신의 요구는 사소한 거야. 나는 신경 쓰지 않겠어"라는 말을 들은 것처럼요.

당신이 보인 반응은 배우자에게 화를 내며 의무를 상기시키는 거였죠. 하지만 그에 뒤따른 것은 당신에 대한 보복이었습니다. 이를테면 '좋아, 당신이 자기를 그렇게 대단하게 생각한다면, 어디 당해 보라고' 하는 식이었죠. 배우자는 당신의 중요성을 확인시켜 주는 대신, 그저 당신의 맹공격을 묵묵히 받아냈습니다. 하지만 그 침묵에 당신은 무시당했다고 여기고 더욱 화를 낼 뿐이었죠.

그럼 어떻게 했어야 하는 걸까요? 여러 가지 방법이 있습니다. 무엇보다 배우자는 당신의 마음을 읽을 수 없으니 이렇게 화가 치밀어 오르는 상황이 발생하면 당신은 자신의 감정이 어떤지 배우자에게 세세히 설명해줘야 합니다. "나도 솔직히 그 이유를 잘 모르겠지만, 당신이 그럴 때면 내가 당신에게 소중한 사람이 아니란 생각이 들어. 내게 중요한 일을 당신이 무시한 듯 느껴진다고."

그럼 배우자는 당신에게 자신이 당신의 감정을 중요하게 여긴다는 점을 확인시켜 주고 앞으로는 좀 더 주의할 겁니다. (혹시 당신은 "지금 장난해요? 내 배우자는 절대 그러지 않을 거요"라고 할지도 모르겠군요. 글쎄요, 그럼 제가 가끔 쓰는 방식처럼 차라리 직접적으로 "제발 나에게 당신이 내 기분에 신경 쓰고 앞으로 더 조심하겠다고 말해 줘요"라고 말해보는 건 어떨까요.) 분노가 폭발할 것 같다는 느낌이 들면 일단 그 자리를 떠나, 화를 냈으면 벌어졌을 상황을 글로 써 볼 수도 있습니다. ("그녀는 이게 나에게 중요하다는 점을 이해하지 못할 거야", "그는 내가 화를 내기 시작하면 어쩔 줄을 몰라 하지") 그리고 충분히 진정됐을 때 다시 돌아오면 됩니다.

또한 당신은 규칙을 좀 느슨하게 하는 법도 배우게 될 겁니다. 어쨌든 그 규칙이 당신에 대한 배우자의 존중을 시험하기 위한 건 아니니까요. 시간이 흐르면 일종의 유머감각을 좀 발휘할 수도 있을 테고요. 예를 들어 배우자가 양말을 거실에 벗어뒀거나 멀쩡한 물건을 쓰레기통에 버렸다면 화를 내는 대신 웃으며 "이게 지금 뭐 하자는 시추에이션이지?"라고 농담을 던질 수 있는 거죠.

고정 마인드셋으로부터 자라난 흑백논리를 버린다면 사람들은 자제력을 발휘할 유용한 전략들을 더 쉽게 배울 수 있습니다. 실수 한 번 했다고 해서 세상이 무너지는 건 아니니까요. 성장 마인드셋으로 보면 그렇습니다. 오히려 실수로 인해 당신은 자신이 불완전한 인간임을 깨닫고 다음번에 더 잘 할 수 있는 단서를 얻게 되는 겁니다.

변화를 유지하는 방법

사람들은 경력을 발전시키기 위해서, 상실감에서 벗어나기 위해서, 자녀의 성공을 돕기 위해서, 살을 빼기 위해서, 분노를 조절하기 위해서 등 다양한 이유로 자신의 마인드셋을 바꾸려 합니다. 그 이유가 무엇이든, 그 변화를 지속시키는 것이 중요하지요. 그런데 놀랍게도 문제가 일단 해결되면, 사람들은 그 해결책의 원인이 된 행위를 중단해 버리곤 합니다. 지속적인 섭취가 중요한 약인데도 기분이 좀 나아졌다는 이유로 끊어버리는 거죠.

하지만 진정한 변화는 그렇게 해서는 이뤄지지 않습니다. 살을 좀 뺐다고 해서 문제가 해결되는 건 아니지요. 자녀가 배움을 좋아하기 시작했다고 해서 문제가 영원히 해결되는 것도 아니고, 부부 간의 대화가 좀 원활해졌다고 해서 그걸로 끝이 아닌 겁니다. 이런 변화들을 지속적으로 관리해주지 않으면 나타난 속도보다도 더 빨리 사라져버리지요.

몇 가지 계책만으로 마인드셋의 변화가 이뤄지지 않는 이유도 여기에 있습니다. 실제로 여전히 고정 마인드셋에 사로잡혀 있으면서 성장 마인드셋의 전략을 사용하는 사람도 있는데, 그러다가는 오히려 역효과를 낳을 수 있지요.

고정 마인드셋을 가진 아빠 웨스는 어쩔 줄 몰랐습니다. 매일 저녁 직장에서 녹초가 되어 돌아왔지만 아들 미키가 문제였죠. 웨스는 집에서 조용히 쉬고 싶었지만 미키는 난리법석을 떨었고 웨스가 조용히 하라고 경고해도 막무가내였습니다. 웨스는 아들이 제멋대로인 고집쟁이에 아빠로서 자신을 존중하지 않는다고 생각했습니다. 그래서 결국 서로 소리 지르다가 미키가 벌을 받는 걸로 마무리되곤 했지요.

이런 상황에서, 더는 잃을 것이 없다고 여긴 웨스는 성장 지향적인 전략을 좀 사용해 보기로 했습니다. 미키가 고분고분하게 굴 때마다 미키를 칭찬해주고 그 노력에 존중감을 표시했죠. 그로 인해 미키의 행동은 극적으로 변했습니다.

하지만 그런 변화가 눈에 띄자마자 웨스는 더 이상 자신의 전략을 사용하지 않았습니다. 원했던 것을 얻었으니 계속해서 이어질 것이라 기대했죠. 하지만 그러지 않자 그는 예전보다 더 화가 났고 더 자주 미키를 혼내게 됐습니다. 미키는 아빠의 말을 잘 들을 수 있다는 점을 보여줬지만 더는 그렇게 행동하기를 거부하고요.

고정 마인드셋을 가진 부부가 서로 간의 소통이 원활해지기 시작했을 때도 같은 일이 종종 발생합니다. 마를린과 스콧 부부를 저와 남편은 '싸움꾼들'이라고 부릅니다. 그들은 항상 말다툼만 하죠. "왜 당신은 뒤처리를 안 해?" "당신이 그런 잔소리를 안 했으면 내가 치웠을 걸." "당신이 치울 것 같았으면 내가 잔소리를 안 했겠지." "내가 치울 생각이었는지 아닌지 당신이 어떻게 알아?"

상담을 받은 뒤 이 부부는 이런 부정적인 말다툼을 그쳤습니다. 점점 더 서로의 노력과 사려 깊은 행동에 대해 고마워하기 시작했고, 사라졌다고 여겼던 사랑과 애정이 되돌아왔지요. 하지만 분위기가 좋아지자 그들은 다시 원래대로 다투기 시작했습니다. 고정 마인드셋에서는 그런 노력을 해서는 안 된다고 여깁니다. 좋은 사람은 좋은 행동을 하게끔 돼 있고 좋은 관계는 계속 유지되게 마련이라고 생각하는 것이죠. 다시 시작된 말다툼은 서로에 대한 실망까지 겹쳐 예전보다도 더 맹렬해졌습니다.

마인드셋의 변화는 이런저런 조언들을 갖다 붙이는 것으로는 달성되지 않습니다. 새로운 방식으로 세상을 바라봐야 하죠. 남편과 아내, 코치와 선수, 관리자와 직원, 부모와 자식, 교사와 학생이 성장 마인드셋으로 변한다는 건 '심판하고 심판하는 관계'에서, '배우고 배움을 돕는 관계'로 전환하는 것을 의미합니다. 그들의 목적은 성장이며, 성장을 이루기 위해서는 시간, 노력 그리고 상호 간의 지원이 필수적이지요.

성장 마인드셋에 이르는 4단계

앞선 7장에서 다룬 '가짜 성장 마인드셋'을 기억하실 겁니다. 제 동료인 수전 맥키는, 자신이 성장 마인드셋을 가졌다고 주장하지만 잘 살펴보면 그렇지 않은 사람들에 대해 얘기해 줬지요. 그 얘기를 듣고 나니 곳곳에서 가짜 성장 마인드셋이 제 눈에 띄기 시작했고, 결국 왜 그런 일이 일어나는지 이해할 수 있었습니다. 모두가 자신이 이미 성장 마인드셋을 잘 알고 있는 것처럼 보이길 원했던 것이죠. 성장 마인드셋을 가진 부모, 교육자, 코치나 비즈니스 전문가가 더 존경받거나 더 좋은 대우를 받을 거라고 생각하기 때문인지도 모르겠습니다.

또는 그건 제 잘못일 수도 있습니다. 성장 마인드셋으로의 변화를 너무 쉬워 보이게 한 나머지, 사람들이 상당한 노력과 여정이 필요하다는 걸 깨닫지 못했기 때문일지도요. 혹은 단순히 성장 마인드셋으로의 여정을 어떻게 시작해야 하는지 사람들이 알지 못했기 때문일 수도 있겠죠. 자, 이제는 그 여정에 대해 좀 더 얘기해 보기로 할까요.

첫 번째 단계 : 인정

아마 제가 이런 얘기를 하면 놀라실지도 모르겠군요. 진정한 성장 마인드셋으로 가기 위한 첫 번째 단계는 당신의 고정 마인드셋을 받아들이는 것입니다. 잘 살펴보면, 우리 모두는 고정 마인드셋을 가지고 있지요. 우리 안에는 성장과 고정 마인드셋이 혼합돼 있다는 점을 알아야 합니다. 그건 부끄러운 일이 아닙니다. 오히려 그건 우리가 인간이라는 증거지요. 하지만 고정 마인드셋이 우리 안에 있다는 걸 인정하자는 것이지, 그것이 자주 모습을 드러내 대혼란을 일으키는 걸 용인하라는 뜻은 아닙니다.

두 번째 단계 : 파악

두 번째로 할 일은 무엇이 당신의 고정 마인드셋을 자극하는지 알아내는 겁니다. 당신의 고정 마인드셋 '페르소나'가 언제 등장하는지 말이죠.

- 당신이 새롭고 커다란 도전을 앞두고 있을 때 그럴 수 있습니다. 고정 마인드셋의 페르소나가 나타나 이렇게 속삭이는 거죠. "너는 이 일을 할 능력이 안 돼. 모두가 그걸 알아볼 거야."
- 당신이 어떤 일로 끙끙대다가 막다른 길에 몰렸을 때 고정 마인드셋의 페르소나가 조언합니다. "포기해. 그래 봤자 절망하게 될 뿐이야. 더 쉬운 일을 찾아."
- 실패했다는 기분이 들 때는 어떨까요? 일자리를 잃었거나, 소중한 사람을 잃었을 때, 또는 아주 큰일을 망쳤을 때 말입니다. 이럴 때 고정 마인드셋에 휘둘리지 않는 사람은 매우 드물죠. 그리고 잘 아시겠지만, 고정 마인드셋이 이렇게 말합니다. "너는 네가 생각했던 그런 사람이 아냐. 그리고 절대 그렇게 되지도 못할 거야."
- 당신이 강점을 보였던 바로 그 분야에서 당신보다 훨씬 뛰어난 사람이 나타나게 된다면요? 과연 고정 마인드셋은 뭐라고 할까요? 결코 그 사람만큼 잘하지 못할 거라고 할까요? 그것 때문에 당신이 그 사람을 약간이라도 더 미워하게 될까요?
- 우리의 고정 마인드셋이 다른 사람을 향하게 되면 어떤 일이 벌어질까요? 교육자라면, 중요한 시험을 치른 후엔 어떤 일이 벌어질까요? 누가 더 똑똑하고 누가 그렇지 않은지 판단하게 될 겁니다. 관리자라면 큰 프로젝트를 수행한 후엔 직원들의 재능을 심판하게 되겠죠. 부모로서는 아이에게 남들보다 더 똑똑하다는 걸 입증하라고 강요하고, 아이가 성적에 의해 심

판받는다는 느낌을 받게 할지도 모릅니다.

잘 생각해 보세요. 최근에 당신이 어떻게 고정 마인드셋에 이끌리게 되었는지, 당신의 고정 마인드셋 페르소나가 어떻게 소환됐는지. 그 페르소나가 당신의 귀에 뭐라고 속삭였나요? 또 당신은 어떤 기분이 들었나요?

제가 사람들에게 보통 언제 그들의 고정 마인드셋이 등장하는지 물어보자 다음과 같은 대답을 들을 수 있었습니다.

"압박을 받을 때 내 고정 마인드셋이 나타났어요. 그건 내 머리를 온갖 소음으로 채우고 내가 할 일에 주의를 쏟지 못하게 했죠. 그래서 어떤 일도 하지 못하겠더군요. 불안이나 슬픔 등의 감정도 고정 마인드셋을 불러내요. 이미 기분이 좋지 않은 나를 더 약해지게 만들고요. 제게 '너는 그런 어려운 개념을 이해할 능력이 없어. 여기가 네 한계야'라고 말하지요."

"내가 뭔가 미루고 꾸물거릴 때, 누군가와 의견이 맞지 않을 때, 파티에서 다른 사람에게 말 걸기가 쑥스러울 때마다 내 고정 마인드셋의 페르소나가 나타나서 '네 **실패**가 다 네 탓은 아냐'라고 해요. 언뜻 들으면 좋은 말 같은데 유독 '실패'만 큰 소리로 말하고 나머지는 들릴 듯 말 듯 얘기하는 게 문제죠."

"내 고정 마인드셋이 만들어낸 이미지를 실현하지 못할 때마다 스트레스를 받고 방어적이고 무기력해져요. 그건 '성공한 사람'이라는 내 평판을 위협할 수 있는 일은 못하게 하죠. 틀릴까봐 두려워서 아무 말도 못하게 하고, 뭐든지 노력하지 않아도 다 이해하고 해낼 수 있는 사람처럼 행동하게 합니다."

"마감 날짜가 다가오고 우리 팀 전부가 스트레스를 받는 상황에서 내 고정 마인드셋의 페르소나가 심판자로 등장합니다. 그럼 나는 팀의 사기를 올리기는커녕 잔소리꾼 완벽주의자가 되어 버리죠. '제대로, 때 맞춰 일하는 사람이 하나도 없네. 누구 좋은 생각 가진 사람 없어? 이래선 아무 것도 못할 거야!' 하는 식으로요. 그 결과 많은 일을 혼자 떠맡고 끙끙대죠. 팀의 의욕에 좋은 영향을 주지 못하는 건 말할 필요도 없고요."

당신의 고정 마인드셋을 자극하는 원인을 이해하고 그 페르소나의 정체를 알게 되더라도 함부로 판단하지는 마세요. 일단 그냥 지켜보면 됩니다.

세 번째 단계 : 명명(命名)

이제 당신의 고정 마인드셋 페르소나에게 이름을 붙여 주세요.

잘못 들은 게 아니에요. 맞습니다. '이름'을 붙여서 부르라고요.

저는 수전 맥키가 자신의 고정 마인드셋에 이름을 붙인 금융권 임원들을 다루는 모습을 지켜봤습니다. 그들은 각자 자신의 페르소나를 불러내는 게 무엇인지에 대해 말하고 있었지요. 한 고위급 임원은 "우리가 중대한 상황에 놓일 때 '두에인'이 등장해요. 그는 나를 모두에게 아주 비판적인 사람으로 만들고, 나는 남들을 도와주기보다 군림하고 요구만 하는 사람이 되어 버리죠"라고 말했습니다. 그러자 그의 팀원인 한 여성이 재빨리 이렇게 맞받았어요. "맞아요, 그리고 당신의 두에인이 나타나면 내 '래니'가 성질을 부리지요. 래니는 나를 무능하게 만드는 마초형 남성이에요. 당신의 두에인이 내 래니를 끄집어내면 나는 겁을 먹고 불안해하는데, 그게 또 두에인을 화나게 만들죠." 그리고 이런 놀라운 대화가 계속 오고갔습니다. 그 똑똑한 금융전문가들이 언제 자신의 '이름을 가진' 페르소나들이 나타나는지, 그 때문에 어떤 기분이 들고 어떻게 행동하게 되는지, 또 남들에게 어떤 영향을 끼치는지 얘기했지요. 그런데 이렇게 서로의 페르소나와 자극 원인을 알게 되니, 그들은 서로를 어떻게 대해야 하는지 알 수 있었고 이 조직의 사기는 급격히 높아질 수 있었습니다.

매년 가을 저는 신입생 세미나를 주관합니다. 아주 열정적이고 또 아주 걱정이 많은 16명의 새내기 스탠퍼드 대학생들을 상대하죠. 매주 저는 그들에게 매번 다른 주제에 대한 짧은 작문 숙제를 내줍니다. '자신에게 중요하지만 바꾸고 싶은 무언가를 찾아 어떻게 바꿀 것인지 적어라', '변화의 차원에서 어떤 일에든 성장 마인드셋을 적극적으로 적용해 보라', '25년 후의 자신을 상상해서 자신이 어떤 사람이 되었는지, 그 과정에서 겪은 고난, 실망, 역경과 실패에 대해 서술하는 편지를 써라' 등등의 내용입니다.

올해에는 새로운 시도를 해봤어요. 과거에 학생들에게 자신의 마인드셋을 살펴보라는 숙제를 내주면 꼭 학생들 중 몇몇은 자신이 오랫동안 완전한 성장 마인드셋을 갖춰왔다고 주장했죠. 하지만 올해에는 학생들에게, 자신의 고정 마인드셋을 유발하는 원인을 파악하고 그 고정 마인드셋 페르소나에게 이름을 붙여보라고 주문했습니다. 결과는 흥미로웠습니다. 그 결과 그런 원인이나 페르소나가 없다고 주장한 학생이 단 한 명도 나오지 않은 것이죠. 그들 모두 유려하게(그리고 고통스럽게) 자신의 고정 마인드셋 페르소나에 대해, 그 유혹과 영향에 대해 글을 쓸 수 있었던 겁니다.

> "내 비밀스럽고 잘난 체하는 고정 마인드셋 페르소나 거트루드를 소개하겠습니다. 그녀는 내 무의식에 스며들어 나를 잠식했어요. 이 '거트루드'란 이름은 '강력한 창'이란 뜻으로 그녀의 고집과 타고난 힘을 상징하지요. 그녀는 힘든 일, 2등, 불완전을 경멸해요. 실패나 불완전을 암시만 해도 거트루드가 등장하죠. 수영 기록이 3초가 느려졌다? 훈련에 안 나가요. 같은 반의 다른 애보다 자화상을 못 그렸다? 예술은 내 분야가 아닌 거죠. 언니보다 어휘력이 부족하다? 그럼 절대 언니처럼 똑똑하지 못하다는 뜻이고요. 거트루

드는 한 번 실패는 결정적이라고 제게 얘기합니다. 한 번의 실수가 미래의 성공을 다 망칠 수 있다고요."

"내 '슈거대디'는 마치 남편처럼 평생 나와 함께 붙어 있을 거예요. 그는 내가 안전지대 밖으로 나올 때, 비난을 받을 때, 실패를 경험할 때마다 나타나서 나를 방어적이 되게 하고, 남을 비난하게 하고, 침체되게 만들죠. 슈거대디는 자신의 안전지대를 절대 벗어나지 않으려 하고 나를 답답하게 옭아매려고 해서 점점 나와 갈등을 겪고 있어요."

"실패, 특히 공공연한 실패가 내 고정 마인드셋을 자극하는 주범입니다. '헨리에타'가 등장하는 순간이죠. 그녀는 할머니처럼 절 비난하고, 고정 마인드셋에 빠지는 저는 자신보다 그녀의 얘기를 더 잘 들어요. 내 헨리에타는 자신의 자존심을 지키기 위해 곧잘 남들을 비난하죠. 실패를 끌어안지 않고 거부하는 스타일이고 남들이 나를 패배자로 여기지는 않을지 걱정하게 만듭니다."

"내 고정 마인드셋 페르소나의 이름은 '제트(Z)'에요. 내 이름의 첫 글자인 'S'와 비슷하게 붙인 이름이고요. 제트는 꼭 내가 가장 원하지 않는 순간에 등장하죠. 어떤 시도가 실패했을 때, 거절당했을 때, 기회를 놓쳤을 때처럼요. 나는 항상 작가를 꿈꿔왔어요. 고등학교 때는 교지의 편집자였고 온라인 소설도 한 편 썼죠. 그래서 학교신문인 '스탠퍼드 데일리'에 지원할 기회가 생기자 바로 지원했고요. 아주 공들여 지원서를 썼고 나름 꽤 잘 썼다고 생각했죠. 그래서 금요일 아침 누군가 기숙사 문을 두드리며 '스탠퍼드 데일리입니다'라고 했을 때 내 가슴은 쿵쾅거렸어요. 그런데 내 룸메이트가 문을 열자, 편집장이 '스탠퍼드 데일리에 합격한 걸 축하해요!'라고 말하더라고요. 룸메이트에게 말이죠. 일이 이렇게 되자 Z가 난리도 아니었죠. '바보, 바보, 바보야. 네가 감히 학교신문에 들어갈 실력이나 된다고 생각해?' Z를 특히 열 받게 만든 건 그 룸메이트가 지원서를 쓰는 데 정확히 나보다 절반의 시간을 투자했고 심지어 무슨 내용을 쓸지 나에게 물어보기까지 했다는 점이었죠." (참고로, '어떤 일에든 성장 마인드셋을 적극적으로 적용해 보라'는 다른 숙제를 위해 S는 다시 한 번 스탠퍼드 데일리의 문을 두드리고 혹시 기자가 더 필요하지 않은지 물어봤어요. 그런데 실제로 충원이 필요했고 그녀는 학교신문 기자가 됐죠! 뼈아픈 거절에 맞선 그녀의 용기에 저는 아직도 감탄하고 있습니다.)

잠시 시간을 갖고 당신의 고정 마인드셋 페르소나를 주의 깊게 살펴보세요. 혹시 당신이 아는 누군가의 이름을 거기에 붙일 건가요? 책이나 영화에 나온 주인공의 이름이나 당신 이름 중 일부를 붙일 건가요? 당신이 싫어하는 사람의 이름을 붙여서 당신이 그런 사람이 되고 싶지 않다는 암시를 줄 수도 있을 겁니다.

네 번째 단계 : 교육과 동행

이제 당신은 당신의 고정 마인드셋 페르소나에 대해 속속들이 알게 됐습니다. 이름까지 붙여줬으니까요. 그럼 이제 뭘 해야 할까요?

교육을 시키는 겁니다. 당신의 여정에 동행시키세요.

당신의 고정 마인드셋을 자극하는 동기에 대해 더 잘 알게 될수록, 당신은 그 페르소나의 출현을 더 잘 경계할 수 있게 됩니다. 당신의 안전지대 밖으로 나오게 될 것 같으면, 그 페르소나가 나타나 멈추라는 경고를 날릴 거라고 미리 예상하고 준비할 수 있지요. 그 경고에 고마움을 표한 후, 당신이 왜 이 일을 해야 하는지 설명하고 함께 가자고 손을 내미세요. "자 보라고. 나도 이게 잘 안 되리란 걸 알아. 하지만 꼭 한번 해보고 싶어. 그러니 나와 함께해주지 않을래?"

당신이 고난에 빠졌을 때도 페르소나가 나타날 가능성이 아주 높지요. 억지로 억누르거나 막지 말고 그게 춤을 추든 노래를 부르든 자기 할 일을 하도록 놔두세요. 그러다가 좀 잠잠해지는 것 같으면 이 고난으로부터 무엇을 배워 앞으로 전진할 건지 당신의 계획을 설명해 주세요. "좋아, 내가 이걸 잘하지 못할 수도 있지만, 다음에 뭘 해야 할지 알겠어. 그러니 그냥 한번 해보자고."

당신의 고정 마인드셋 페르소나가 탄생한 이유는 당신을 안전하게 보호하기 위함이란 걸 기억하세요. 다만 그 방법이 매우 제한적일 뿐입니다. 그러니 새로운 성장 마인드셋 방식으로 교육시켜서 당신을 지원할 수 있게 해주세요. 도전을 받아들이고 감내하며, 실패로부터 회복하고, 다른 사람들이 성장하도록 돕는 일에 참여하게 하세요. 그 페르소나의 관점을 이해하되, 다른 사고방식으로 천천히 유도하고 성장 마인드셋을 향한 당신의 여정을 함께하는 겁니다.

누구나 각자의 고정 마인드셋 페르소나를 가졌다고 이해하면 타인에 대한 우리의 시선이 더 부드러워질 수 있습니다. 그들도 각자의 싸움을 하고 있다고 이해할 수 있는 거죠. 앞에서 저는 일부 교육자들이 고정 마인드셋에 따라 행동하는 아이들을 야단치는 모습에 화가 났다고 말한 적이 있습니다. 그건 마치 교실 앞에 마인드셋 차트를 그려 놓고 아이들에게 실적을 쌓으라고 강요한 것과 마찬가지인 겁니다.

이런 일을 다음에 말하는 교사의 방식과 한번 비교해 봅시다. 이 교사는 자신이 가르치는 학급의 아이들에게 각자의 고정 마인드셋에 대해 이야기하게 한 다음, 이름을 붙이게 했습니다. 한 소년은 그러기를 거부했어요. 매번 그러는 아이였죠. 아무리 선생님이 부드럽게 달래도 절대 하지 않는 일이 많은 아이. 몇 주 동안 이 아이는 가만히 앉아만 있었습니다. 다른 아이들이 자신의 페르소나에 '겁쟁이 샐리', '게으른 래리', '불안한 앤디', '힘없는 한나' 등등의 이름을 붙이고 이야기하는 동안에도 항상. 하지만 그래도 선생님은 아이가 준비되면 언제든 자신이 들어줄 준비가 되어 있다고 말하며 기다려줬죠. 그러다 어느 날 갑자기 아이가 "엉망진창 댄이요"라고 입을 열었어요. "뭐라고?" "엉망진창 댄이라고요." 아이는 반복해서 말했어요. "뭘 하려고 해도 전 잘 못해요. 뭐 하나 잘하는 게 없어요. 그래서 애들이 전부 절 보고 엉망진창이라고 욕해요." 아이가 학교에서 공부를 하려 할 때마다 '엉망진창 댄'이 소리를 질러대는 통에 집중할 수 없는 듯 보였습니다. 그럴 때 선생님은 아이 곁으로 다가가 공부를 도와주었지요. 그러면 엉망진창 댄도 차츰 수그러들었고, 덕분에 아이는 평화를 찾고 공부할 수 있었습니다. 그런 후에는 놀랍도록 빠르게 성장했고요.

현재 자신이 놓인 상황 때문에 잘 적응하지 못한다는 이유로 무능하고 고집 세고 반항적이라는 평가를 받는 학생들이나 직원들이 얼마나 많은가요. 그리고 우리는 얼마나 자주 이런 사람들을 위협하고, 벌주고, 포기하는 경우가 많은가요. 그들이 이런 상황을 이겨내도록, 자신이 성공할 수 있는 조건을 조성하도록 도와주는 대신에 말입니다.

우리들 각자에게는 저마다 떠나야 할 여정이 있습니다.

- 그 여정은 우리가 모두 두 가지 마인드셋을 가졌다는 걸 받아들이면서 시작됩니다.
- 그 다음 무엇이 우리의 고정 마인드셋을 불러오는지 알아야 하죠. 실패? 비난? 마감기한? 의견의 불일치?
- 그럼 우리는 고정 마인드셋 '페르소나'가 나타나면 어떤 일이 발생하는

지 알게 됩니다. 이 페르소나는 누구인가요? 이름이 뭔가요? 우리가 어떻게 생각하고 느끼고 행동하게 만드나요? 우리 주변에 어떤 영향을 끼치나요?

- 중요한 것은, 우리가 자신의 페르소나를 교육시켜서 우리의 여정에 참여시키면 성장 마인드셋의 상태를 유지하는 방법을 배울 수 있다는 겁니다.
- 더 좋은 건, 우리는 다른 사람들이 그들의 여정을 지속하도록 돕는 법 또한 배울 수 있다는 점이죠.

항상 '배움'에 집중하라

자 이제 당신이 고정 마인드셋 페르소나에 이름을 붙이고 길들였다고 합시다. 그건 대단한 일이지만, 아직 당신의 여정이 끝났다고 생각하지는 마세요. 당신의 성장 마인드셋이 결실을 맺기 위해서는 성장을 위한 목표를 계속해서 세워야 합니다. 매일 당신에게는 성장할 기회, 당신에게 소중한 다른 사람들의 성장을 도울 기회가 주어지지요. 이런 기회들을 어떻게 잡을 수 있을까요?

다음 쪽의 표는 두 가지 마인드셋의 요점을 정리한 겁니다. 이걸 복사해서 눈에 잘 띄는 곳에 붙여 놓으세요. 매일 아침, 이걸 보면서 고정 마인드셋과 성장 마인드셋이 어떤 차이를 불러오는지 되새기는 겁니다. 그런 다음 오늘 하루 맞게 될 일들을 떠올리면서 다음의 질문에 대답해 보세요. 이 질문들도 표와 함께 적어놓으면 좋습니다.

오늘 내가(또는 내 주변 사람이) 배우고 성장할 기회는 무엇인가?

그 기회들에 대해 계획을 세우고, 또 이렇게 묻습니다.

고정 마인드셋 vs 성장 마인드셋

두 가지 마인드셋	고정 마인드셋	성장 마인드셋
기본 전제	지능은 정해져 있다	지능은 성장할 수 있다
욕구	남들에게 똑똑해 보이고 싶다	더 많이 배우고 싶다
		따라서…
도전 앞에서	도전을 피한다	도전을 받아들인다
역경 앞에서	쉽게 포기한다	맞서 싸운다
노력에 대해	하찮게 여긴다	완성을 위한 도구로 여긴다
비판에 대해	옳더라도 무시한다	비판으로부터 배운다
남의 성공에 대해	위협을 느낀다	교훈과 영감을 얻는다
		⇩
결과	현재 수준에 정체되고 잠재력을 발휘하지 못한다	잠재력을 발휘해 최고의 성과를 낸다

언제, 어디서, 어떻게 나는 이 계획들을 실천할 것인가?

'언제, 어디서, 어떻게'는 계획을 구체화시켜 줍니다. '어떻게'는 계획을 실제로 적용하고 효과를 내게 할 모든 방법들을 묻는 것이죠.

만약 피할 수 없는 장애나 역경을 만난다면, 새로운 계획을 세우고 다시 스스로에게 물어보세요.

언제, 어디서, 어떻게 나는 이 새로운 계획을 실천할 것인가?

아무리 기분이 나빠도, 고정 마인드셋 페르소나와 대화를 나누고, 정한 계획을 실천하세요! 그리고 그 계획에 성공했을 때 마지막으로 이렇게 묻는 걸 잊지 말아야 합니다.

이 성공을 유지하고 계속 성장하기 위해 나는 무엇을 해야 하는가?

우리 앞에 놓인 길

변화란 어려운 것일 수 있습니다. 하지만 변화에 성공한 사람 중 그 변화가 '가치 없다'고 하는 사람은 보지 못했지요. 물론 자신이 직접 그 고통스런 과정을 겪은 사람들이 그 가치를 낮춰볼 수는 없겠죠. 하지만 변화를 이룬 사람은 자신의 삶이 얼마나 더 좋아졌는지 얘기해 줄 수 있을 겁니다. 예전에는 갖지 못했지만 지금은 갖추게 된 것, 전과는 다른 기분에 대해 당신에게 이야기해 줄 수 있지요.

성장 마인드셋을 향한 변화가 제가 가진 모든 문제를 해결해 줬냐고요? 아닙니다. 하지만 저는 그 덕분에 이전과는 사뭇 다른 삶, 더 풍성한 인생을 살 수 있게 됐다는 걸 압니다. 그리고 더 생동감을 느끼고 용기를 얻게 됐으며 더 열린 자세를 갖추게 됐죠.

지금 당신이 변화해야 할지 결정할 수 있는 사람은 당신뿐입니다. 변화가 당신에게 필요할 수도, 아닐 수도 있지요. 하지만 어느 쪽이든 부디 성장 마인드셋만은 마음속에 담아 두세요. 그럼 어떤 장애에 부딪힐 때마다 그 성장 마인드셋에 의지할 수 있을 겁니다. 성장 마인드셋은 미래를 향한 길을 당신에게 보여주며 항상 당신과 함께할 테니까요.

옮긴이 : 김준수

연세대학교 인문학부에서 국문학과 영문학을 전공했고, 현재 출판기획과 번역에 종사하고 있다. 옮긴 책으로《트리거》,《숙제의 힘》,《TED처럼 말하라》등이 있다.

마인드셋

1판 1쇄 발행 2017년 10월 30일
2판 9쇄 발행 2025년 01월 01일

지은이 캐럴 드웩
옮긴이 김준수
펴낸이 이부연

펴낸곳 (주)스몰빅미디어
출판등록 제300-2015-157호(2015년 10월 19일)
주소 서울시 종로구 내수동 새문안로3길 30, 세종로대우빌딩 916호
전화번호 02-722-2260
인쇄·제본 갑우문화사
용지 신광지류유통

ISBN 979-11-91731-41-5 (03190)